カント哲学における
影響関係

形式論理学、観念論から量子力学、AI まで

伊野　連

三恵社

まえがき

カントに及んだ影響、カントが及ぼした影響

　イマヌエル・カント(1724-1804)は近代最大の哲学者と目されることが多い。そして彼を評して、「彼以前のすべての哲学がそこに注ぎ込み、彼以後のすべての哲学がそこから流れ出す」という喩えがよく語られる[*1]。

　実際には、そのようなことはなく、カントと無関係な哲学は幾らも存在するかもしれない。しかし、事が形而上学や存在論（それは認識論でも倫理学でも美学でも目的論でも同様である）と関わるとすれば、カントを避けて議論することはきわめて困難であろうし、我々カント研究者からすればそれらは大方は不毛に映る、と述べても彼に対する過褒にはなるまいと思われる。

　本書は、カント哲学に関わる膨大な論点から、無限判断論、哲学的構想力論、超越論的統覚論、反省概念論、そして現代自然科学からもっぱら物理学に関わる論点、とほんのわずかを採り上げ得たにすぎないが、それでも考えるべき事柄は豊富にある。既に示されたこれらを反復熟考しつつ、必要に応じて、さらに新たなる問題へと視野を拡げていかねばならない[*2]。

[*1]　あるいは本書でも重要な役割を担うシェリングは『近世哲学史』講義でこう述べている。「カント以後にもまして、人間精神の思考なる所有をめぐる内外の大いなる戦いが戦われたことなく、カント以後にもまして、学的精神がその努力において深くかつ実り豊かな経験を得た時代は無い」(*Schellings Werke*, V: 143)。

[*2]　なお、『純粋理性批判』については広くおこなわれているように、1781 年初版を A 版、1787年増補改訂第二版を B 版と表記し、その他の引用等に際してももっぱら慣例に従っておこなった（欧語文献については、考えた末、ドイツ哲学に関するものについても概ね英語による略語等を用いた（ただしかえって混乱するのを避けるため、例外もある）。こうした表記には著者[＝伊野]自身もいまだ違和感を禁じ得ぬこと無きにしもあらずだが、ご容赦を乞う）。

　加えて、英語の論考が書物の末尾に置かれている配置に訝しく思われる向きもあろう。著者が近年、英語での（ドイツ哲学・倫理学に関しても）執筆機会が多くなっていること、ま

た、日本人以外の研究者に拙論・拙著を読んでもらう機会も増えていることを鑑みて、試験的にこうしてみた。元々は邦語の部分を縦書き・縦置きに、書物に向かって右側を表紙にし、英語の部分を横書き・横置き、向かって左側を（裏）表紙に、と目論んでいた（大学の紀要などではよく採られる体裁である）。しかし結局全頁横書きで、このように相成った。

目　次

第Ⅰ部　無限判断論

　無限判断はカントが『純粋理性批判』の「判断表」の議論で新たに提起したものとされる（本書第Ⅳ部の反省概念論でも不可欠の役割を果たす）。アリストテレスのオルガノン以来、判断は「肯定」的か「否定」的かのいずれかに定められるとされてきた。カントはそこに「無限」的を導入し、以下の如くした：

　肯定　S ist P

　否定　S ist nicht P

　無限　S ist nicht P

　すると、第二の否定と第三の無限とはまったく同じかたちであり、これらを峻別したカント超越論的論理学に対する疑義が禁じ得ぬ、という事態となる。

　だがこの、まったく同じ「かたち」、というのが正しいのである。これを、なまじ否定と無限とを「かたち」の上で区別しよう、書き分けようとするのが誤りの元である（詳細は本文参照）。

　「かたちの上では否定で、実質的には肯定であり、その指すもの［対象］は無限に存在する」という無限判断の主旨こそ、カントをして伝統的な無限判断を超越論的論理学に導入せしめることとなった（この「その指す対象は無限に存在する」云々に批難の矛先を向けたのが、カントール以前の19世紀初頭の無限論で大きな貢献を果たした哲学者・論理学者・数学者・神学者でもあるベルナルト・ボルツァーノである。Pを除いたすべては、無限マイナスPであって、断じて無限と同じものではない、というボルツァーノの主張は確かに正しい）。

　また、付随するように発生しがちな新たなる問題として、無限判断〔Sは「Pではないもの」である〕のP［賓辞］に当たる部分を、例えば、日本語（漢語）で「非P」と表そうとする（「不 - 死」や「不 - 滅」の如く）と、本書でコーヘンについて難じた誤解に陥ることとなる。

　なお、本書第9章の「反省概念の多義性」についての論考も参照のこと。

第1章

カント『純粋理性批判』「無限判断」について
——アカデミー版における改訂をめぐって——

はじめに

　本章はカント『純粋理性批判』のうち、特に「超越論的分析論」で「カテゴリー表」とともに「判断表」が掲げられる際での、無限判断に関するカント独自の見解について考察したものである。この主題は古典的なものであり、数多くの優れた先行研究が内外問わず存在する。後掲する石川求2018ほかはそうした古典的な業績も十分に踏まえたものであり、本章を作成するにあたって大いに参考となったが、本章ではそれらを直接に採りあげるのではなく、やはり独自の問題点を指摘することに努めた。

　それがアカデミー版の編者ベンノ・エルトマンが或る箇所に施した幾つかの改訂に関する問題である。それについて、まずはごく近年の邦語文献にみられる成果を紹介し、後に我が国における『純粋理性批判』翻訳の歴史とそこからうかがえる傾向として指摘する点と呼応させて、本章主題への導入としたい。

第1節　我が国近年における研究の活況

　ごく近年になって、我が国ではカントの無限判断に関する興味深い研究文献が続けて出ている。筆頭に挙げるべきものは前掲石川求2018であり、また冨田2017Aの第4章「「無限判断」とは言うものの　伝統的論理学のよくない使い方」も興味深い。他にも研究論文の規模で複数の注目すべきものが登場している。以下、簡潔に紹介する。

　石川求2018はこの論題に関しての決定的文献とみなしてよく、国際水準においても最上のものと評価できるであろう。ただし独自の見解については異論の余地が

ある。とはいえ、最も新しくひじょうに包括的な研究書としては第一に評価すべきであり、必読書と言える。

冨田 2017A はギリシャ、ラテンの古典から参考となる文献を紹介し、その上に自説を展開している。そういったギリシャ語文献やラテン語文献への的確な対応は、後代の研究者に大いに資するものがある（もちろん本書の著者も大いにその恩恵に与っている）。さらに冨田は続く冨田 2018 の第 5 章「判断とカテゴリーの恣意的な扱い」でも、カントによる「無限」判断から「否定」カテゴリーの導出を批判するなど、参考となる議論を展開している（cf. 冨田 2018: 125-134）。

次に研究論文規模のもので幾つか特筆すべきものは、古典語文献にも目配りが届いている点で石川求 2018 と同様であるが、資料面で特に秀でている三重野 2013 である。これは主題こそ、これまでにもカント無限判断論よりずっと数多く書かれてきたヘーゲル無限判断に関する論考だが、その前提として無限判断論の系譜を適切に辿っており、アリストテレスとそのアンモニオス（およびロス）による注解、ボエティウス、アベラルドゥスによるポルピュリオス注解、トマス、ペトルス・ヒスパヌスなどが古典語原文とともに紹介されていて、大いに参考となるものである。

加えて五十嵐 2015 が挙げられようが、この論文は我が国における無限判断をめぐる論争から論を展開している。

我が国において無限判断の定説というものは、石川文康(1946-2013)による数々の著述が大きな影響力を有していたように著者には思われる。『岩波　哲学・思想事典』（1998）や、石川自身も編集委員に名を連ねていた弘文堂『カント事典』（1997）のいずれにおいても「無限判断」の項を彼が執筆していることからも、それが或る程度裏づけられると言えるであろう。

それを集約したともいえるのが石川文康 1996 である（御多分に漏れず、著者自らもそこからカント無限判断論について学んでいった）。事実、石川求 2018 でも、この石川文康 1996 を引用することから、議論の本題に取り掛かっている。

さて石川求はかねてより（著者の参照したかぎりでは 1988 年の論文から）無限判断について論じている。そして彼はその当初から旧来の説を批判し続けている。ただし管見では、後者から前者への再批判は確認していない。したがって、著者の限られた文献収集にとどまれば、他に我が国における無限判断に関する「論争」なるものも見出せていない。すなわち、石川文康から石川求への再反論に類するもの

は未だ目にしていない。

　そこへ、五十嵐 2015 は、まず石川文康説と石川求説の双方を採りあげ、それぞれの是非について論じた後に、とても興味深いことに、現代論理学の観点から独自の見解を示したものであり、これもまた資するところ大であった。

第2節　カントの原文をめぐって

2A　新旧両版の原文

　まず、カントの原文を見て、所見を施してみる。当該箇所のカントによるドイツ語原文は以下のとおりである。

　A-Ausgabe [version/edition] (1781), p. 72

　[4] Hätte ich von der Seele gesagt, sie ist nicht sterblich, so hatte ich durch ein verneinendes Urteil wenigstens eine Irrtum abgehalten. [5] Nun habe ich durch den Satz : die Seele ist nicht sterblich, zwar der logischen Form nach wirklich bejaht, indem ich die Seele in den unbeschrankten Umfang der nichtsterbenden Wesen setze.

　B-Ausgabe (1787), p. 97

　[4] Hätte ich von der Seele gesagt, sie ist nicht sterblich, so hatte ich durch ein verneinendes Urteil wenigstens eine Irrtum abgehalten. [5] Nun habe ich durch den Satz: die Seele ist nicht sterblich, zwar der logischen Form nach wirklich bejaht, indem ich die Seele in den unbeschrankten Umfang der Nichtsterbenden Wesen setze.

　【4】もし私が魂について、それは死すべきものではないものであると言うのならば、或る一つの否定的な判断を通じて私は少なくとも一つの誤りを防いだことになるであろう。【5】というのも、この「魂は死すべきものではないものである」という文によっては、私は魂を死すべきものではないものという無制限の領域に置いたわけだから、確かに論理的な形式からは実際に肯定したのである。〔著者による試訳〕

2B　カント自身による異同

　「カントの無限判断」という問題に取り組む研究者にとっては、この二つの引用文章も、おそらく以下しばらく続く説明も、ごくごく自明のものであろう。しかし、この問題を共有しておらぬ者にとっては、両者（A と B）の異同はきわめてわかりにくいに違いない。

　実は、両者の異同はたった一文字、【5】の最後から 3 つ目に位置する語の、'nichtsterbenden' と 'Nichtsterbenden' のみなのである。この異同がいかなる意味を有するかは（おそらく軽微なものであろうことは確かである）、本書の主旨とは異なるゆえに、特に問題が無ければ、本書の主旨をまず示す。

　それは、このカント原文がいかなる改訂を施されているか、ということに関わる。本章の規模からいって、残念ながら 18 世紀末から 19 世紀中のさまざまなカント著作集における編集結果については、大幅に見送らざるを得ない（それでも、本来は後に掲げるエルトマンやコーヘン［コーエン］が参照していたと思しきテキストも、看過できないはずであることは認めざるを得ず、その点の不備をあらかじめ詫びておくこととする）。

2C　エルトマンによる改訂

　さて、20 世紀に入って最も重要なカント著作の編集といえば、何といってもアカデミー版全集である。これは現行版に関しては、A 版（初版）・B 版（第二版）いずれも、先に掲げた該当箇所の編集をエルトマンが担当している。

　そしてエルトマンによってなされた改訂のうち、著者が最も問題視するのは、前掲箇所に 4 つ存在する 'nicht sterblich' の 2 語が、或る意図をもってか、'nichtsterblich' の 1 語に改められている点である。すなわち、

・カント原著　A 版【4】　nicht sterblich　【5】　nicht sterblich

　　　　　　　B 版【4】　nicht sterblich　【5】　nicht sterblich

なんのことはない、四者すべて同じ 'nicht sterblich' である。これが、

・エルトマン改訂　A 版【4】　nichtsterblich　【5】　nichtsterblich

　　　　　　　　　B 版【4】　nicht sterblich　【5】　nichtsterblich

すなわち、A 版の両者と B 版の【5】において改められることとなる（ちなみに

アカデミー版以前の、例えばエルトマン編集ヴァルター・デ・グロイターWalter de Gruyter 社第 6 改訂版（1923 年刊。初版年は記載されておらぬが、本書 p. 33【参考資料】にある 1880 年版に繋がるものであろう）も【4】 nicht sterblich 【5】 nichtsterblich である。双方ともちょうど改行箇所に位置し、前者は nicht/sterblich（/は改行）と 2 語を分けて、後者は意図して（ビンデシュトリヒ[-]を用いて）nicht-/sterblich としている）。

第 3 節　アカデミー版の登場と日本語訳の系譜

3A　アカデミー版の大きな影響力

　これがどういう大きな問題となるかについて、まず我が国におけるカント研究という観点から考えるならば、現行のほぼすべての邦訳が、ここでのエルトマンの改訂を採用しているということが挙げられる。

　我が国におけるカント『純粋理性批判』翻訳の歴史は、最初の天野貞祐訳から、最も近年の石川文康訳（ただし氏は前記のとおり 2013 年に逝去しており、2014 年刊行の同訳は死後完成されたものである。けれども、後に詳述するように、本書が問題視する無限判断論について、それをめぐる一連の石川文康説に基づけば、当該箇所の現行訳に関してはその遺志は忠実に反映されていると考えてよいであろう）。

　本章末尾に附した文献一覧には、全部で 10 種の邦語全訳の書誌情報が掲げてある。天野訳は 1921（大正 10）年から 1931（昭和 6）年にかけて刊行されたが、その前に彼が桑木厳翼と共訳で『哲学序説 Prolegomena』に取り組んでいることも考慮すべきであろう。まだ我が国に大学が一つしか存在せず、その哲学科を首席で卒業、ゆくゆくは母校の教授となることを約束され、京都帝大の新設とともに教授として赴任後、洋行してまずベルリン大学、次いでライプツィヒ大学でさらに研鑽を積んだ桑木と、その桑木の京都帝大時代の門弟で自らも十代初めより獨逸学協会に学びドイツ語の読み書きに不自由の無かったと述懐する天野の両名による 1914（大正 3）年のこの刊行こそが、本邦初のカント著作の完訳となっただけでなく、後に岩波文庫から改訂復刊されることで、我が国のカント研究の重大な系譜を形成した。

　たしかにそれ以前にも、例えば明治期に出された清野勉（1853（嘉永 6）−1904（明治 37）年）による、我が国初のドイツ語原典による『純粋理性批判』研究書といわれる『標註　韓図純理批判解説』（1896（明治 29）年）などの興味深い資料もあるが、やはり著者はこの『プロレゴメナ』邦訳事業の以降、今日に至る流れの方に注目する。それは、アカデミー版刊行が開始されたことにより、カントのテキスト研究に新時代が到来したと考えられる点ともまったく呼応する。

　こうした意味から、我が国における本格的なカント邦訳も 20 世紀に入ってからのアカデミー版刊行以降になされたとみなしてよく、その点をもってしても、アカデミー版の登場は大きな影響力を有していたとあらためて思われるわけである。

　天野訳はその後も永く唯一の邦訳として重宝され続け、1960 年代になりようやく篠田訳、高峯訳、原旧訳が登場する。その間の 1920 年代にドイツ語原典版カント全集の『純粋理性批判』も、従来のアカデミー版に加えカッシーラー版（ゲールラント編）や PhB［哲学文庫］旧版（フォアレンダー版、ヴァレンティナー旧編集（本書【文献一覧】には記載せず）、シュミット新編集）が揃っていった。

　いま挙げた 3 種の邦訳のうち、篠田訳はカッシーラー版を、理想社版全集の一環である原旧訳は PhB 旧版を、それぞれ底本としているものの（高峯訳は底本について記載無し）、しかしいずれも当該箇所に関してはエルトマン改訂に従っている（以下、PhB 版について、本章では原則として PhB 旧版を「PhB 版」とのみ記し、これと 1998 年の新版とで大きな変更のあるという理由から、PhB 現行版を PhB 旧版と区別して指摘する必要があればそれに限り「PhB 新版」と特記する。ただしこの変更とは、本章で主題となる、当該箇所についてのテキスト自体には異同は無く、後述するように、ゴルトシュミットの重要な見解が新版では顧みられなくなった、という変更のことである（cf. 石川求 2018：30 注 19、他）。

　なお、アカデミー版の B 版（第 III 巻）は当初 1904 年（篠田訳はこれを参照している）に刊行され（その後 1905 年以降に、ゴルトシュミットによるエルトマンの方針に対する批判が出された期間を経て）、1911 年に現行第二版（A・B 版双方）が刊行されている。

　また、アカデミー版以外の他のドイツ語版全集 2 種について、例えば訳者篠田が「あとがき」でも記しているように（同訳第一巻 367 頁以下）、カッシーラー版はカントの原文にできるだけ変更を加えずに文意を通じさせようとする方針を採

用しており、『純粋理性批判』でも編者ゲーラントは前記ゴルトシュミットによるエルトマン批判を承け、一部で賛同を示している。とはいえ、当該箇所についてはエルトマンに従っている。一方の PhB 版は後に詳述するように、当該箇所もエルトマンに従わず、カント原文のままである（後掲宇都宮訳はこれを底本としている）。なお、著者の個人的な評価では、PhB 版こそが定本・レファレンスとして最も適格であると考えられる。

　その後、邦訳はまた数十年の間隙の後、2000 年代以降に数点が続けて出されることとなる。宇都宮は既になしていた訳注『実践理性批判』『判断力批判』および『倫理の形而上学の基礎づけ』の叢書をさらに発展させ、解説つきの『純粋理性批判』を満を持して上梓した。渡邊は亡師の訳業を校訂し、一門の優秀なカント学者たちにより大きく手を加えた。ゆえに本書はこれを新たな改訳と数え、原新訳とみなしたが、ただし当該箇所についてはやはりエルトマンに従っている。有福訳は、理想社以来の新たなカント全集の要として岩波書店（この書肆にとっても二度目の、それもより完全な新全集）から登場し、それゆえ最も権威ある邦訳として位置づけられていると考えられるが、やはり当該箇所はエルトマンに従っているうえに、そこでのカント無限判断論の独自性に対し訳注で「原版のままでは意味が通じない」（同訳、上巻、437 頁）とする理解に関しては、石川求 2018 も疑問を隠していないようであるし（石川求 2018: 19 注 3）、著者も概ね同意見である。中山は全 7 巻の各々に詳細な解説を施した労作だが、やはり当該箇所はエルトマンに従っており、やはり訳注においてカント原文のように【4】と【5】が同じでは難があると表明している（後掲）。熊野は三批判をきわめて短い年数で完訳し（三批判と『倫理の形而上学［道徳形而上学］の基礎づけ』の個人完訳は篠田（加えて『プロレゴメナ』も）以来二人目）、著者も個人的に当該箇所の解釈に注視したが、残念ながらエルトマンに従う旨のみが記され、その理由は特筆されていない。カント解釈者として全翻訳者で最も熱心に無限判断について論じた石川文康が、そのカント研究者人生の集大成として『純粋理性批判』全訳を遺し、これで目下全 10 種を数えることになる（他に原理論までの安藤春雄訳（春秋社、1931 年）がある）。

　以上、あくまで当該箇所の訳し方について簡略に述べただけで、それぞれの訳業全体の正否や優劣について云々したわけではない。ただここで確認したのは、宇都宮監訳（そのなかの田村一郎訳担当の当該箇所）のみがエルトマンに従わず、その

点では結果的にはカント原文に最も忠実な訳となった。しかし、それは「魂は不滅である」と訳している点で著者の見解とは異なるものである。

　　　3B　当該箇所の邦訳においてエルトマン改訂はいかに理解されたか

　以上から、これら 10 種の邦訳では、宇都宮訳のみ、カント原著（あるいは PhB 版）に従って、A・B 版双方（あるいは全 4 者）をあえて訳し分けぬ方針を採用している点に注目すべきである。ただし、同訳書は訳注本であり、それぞれの箇所の訳者（当該箇所を含む「超越論的感性論」および「超越論的分析論」は田村訳注）による詳細な訳注が附されてはいるものの、エルトマンの措置については言及していない。

　しかしこれは逆もまた同様である。他の、エルトマンに従った邦訳もまた、その改訂に従ったのであれば、本来はエルトマンが何を意図してそういう措置を施したのか、特に、アカデミー版全集 A 版（第 IV 巻）と B 版（第 III 巻）とでいかなる理由から改訂を異にしたのか、それについての訳者の見解があるとよいのだが、それを表明した例はまだ無い。

　あるのは例えば、【5】が 'die Seele ist nicht sterblich.' のままでは、「これは無限判断ではない」（前掲中山訳、p.245 注 6）という理由から、エルトマンによる改訂に従った、という表明である。すなわち、【4】が否定判断について言及しているのだから、次の【5】は今度は無限判断について言及しているはずだ、と訳者が理解しているのであろう（しかし後に詳述するように【5】も立派に無限判断なのだ）。

　さらに、おそらくエルトマン本人も【5】がカント原文のままでは「これは無限判断ではない」と考えたのに相違無く、だからそう改訂したのだろうという訳者の見解が表明されたのだとも考えられる。

　しかし、エルトマンは A 版では【4】も【5】も両方とも '(die Seele) ist nichtsterblich' と改訂しているのであるから、とすればエルトマンは A 版では【4】も無限判断について言及しているとみなしていることにならないだろうか。

　『純粋理性批判』は、邦訳に限らず、原典であるドイツ語以外の言語に翻訳されるに際して、A 版と B 版とで大きな異同の無い箇所は原則として B 版に基づいて翻訳がなされるのが慣例となっている。カテゴリーの演繹や誤謬推論など、両者の

異同の著しい箇所は、PhB 旧版の体裁を継承して見開き頁で対照表記するか、B版の訳文をひととおり記した後、改めて A 版の訳文を記すのが通例である。

　したがって、一般的にはあくまで B 版を基準に『純粋理性批判』は読まれており、分けても、おそらく半永久的に用いられるであろうアカデミー版の B 版において、当該箇所の四つのうち三番目のみが'nicht sterblich'とカント原文を踏襲し、他の三つが改訂されたのであるから、エルトマンによる A・B 両版の（もし存在するならば）齟齬は、本来であれば不審な点として看過できるはずはないと思われる。

3C　エルトマンの意図への推測

　それでは、当該箇所をめぐるエルトマンの意図はいかなるものであったか。これまででは、本書の著者（伊野。以下、特に断り無く「著者」という場合も同様）の疑問へ直接に答えているのはただ一つ、石川求の推測のみであった。それはおよそ以下のとおりである（著者宛ての私信より大意を示す）。

　　　すなわち、エールトマン［エルトマン］はキーゼヴェターよりもやはり字面に拘っている（この点ではコーエン［コーヘン］、いやむしろ石川文康と同じである）。【4】も【5】も nichtsterblich だったら、これらは表現として無限判断でしかありえないと決め付けたから、【4】を"改訂"して否定判断を作ったのである。

　　　しかし、いずれも無限判断の例文であると考えた点は、"改訂"された B 版に比べると結果的には正しかったことになる。

　　　これに対しキーゼヴェターは述語表現をかなり柔軟に考えている。彼は unsterblich, nicht　sterblich, nicht=sterblich を、どれがなに判断であるかどうかにはさほど拘っていない。その場その場で使い分けている。定式の呪縛に囚われていないからである。思うに田村訳も同じである、云々。

3D　無限判断論の系譜からの観点

　ここで当然ながら、この推測に適当な説明を補足せねばならない。キーゼヴェター（Johann Gottfried Kiesewetter 1766-1819）はこう述べている。

「例えば die Seele ist unsterblich という〔引用者補：無限〕判断においては、魂は、可死的であるという述語が帰せられるもののクラスから排除され、それは可死的ではないものの無限数のなかに置かれる。一つの対象について無限な数の無限判断が下され得るが、これによってその対象については何かが認識されることはなく、それゆえ無限判断という名前がついた。」（Kiesewetter 1824: 166-167; cf. 石川求 2018: 101-102）

　したがって、「A は非 B である」という無限判断の定式に即して当該箇所を、キーゼヴェターは「非 B」= ‘nicht sterblich’ と捉えている。つまり ‘die Seele ist nicht sterblich’ を「A は B でない」（A ist nicht B）という定式の否定判断と読んではいないのである。
　そしてこの読みを、石川求 2018 は「意外な？正解」と評価している（cf. 石川求 2018: 101-102）。「意外な？」というのは、例えばエルトマンに従った 9 種の邦訳はすべて、すぐ前に記した定式、すなわち ‘die Seele ist nicht sterblich’ を「A は B でない」（A ist nicht B）の否定判断の定式として解釈しているからである（そしてエルトマン本人はどうかといえば、これは大問題である）。
　とはいえ、むしろこれが常識的な解釈ではなかろうかとも思われ、前記 9 種の措置はむしろ無理からぬものとみなすべきであろう。かえって（あくまでさしあたり当該箇所に限っての話であるが）、‘die Seele ist nicht sterblich’ を否定判断 ‘A ist nicht B’ と読まずに、無限判断（この定式に関しては、あえてラテン語で ‘A est non B’ と表記したい。理由はこれも後述する）と読むという方が、或る研究者の言うように「標準的な解釈の、大きな読み替えを要求するもの」（五十嵐 2015: 4）とみなされるべきであるだろう。

　　　　3 E　エルトマン型解釈は当該箇所を正しく読解したのか
　いま引用した五十嵐の「標準的な解釈」とは、原著者カントは当該箇所において「否定判断と無限判断の区別を論じ」ている、とみなす解釈である。実はこれこそ石川求 2018（さらに管見では石川求による三十年前の論文以来この方）が糾弾している解釈である。
　同書ではその指摘が数多く挙げられている。例えば石川文康説のように、当該箇

所に「標準的な解釈」を施すことによって、無限判断を「否定的述語を通して、否定されたものの反対を積極的に措定する」（『カント事典』1997 年「無限判断」の項、執筆は石川文康）と解し（石川求 2018：3-4 では②型解釈とされる）、当該箇所の【5】を「魂は不死である」と邦訳し、これを「「死」という概念の反対を魂に積極的に帰している」（同項）と解すること（同②）は、無限判断を「形式的には肯定、内容的にはある種の否定」（同項）と解すること（同様に石川求 2018：2-3 の①型解釈）とは、「道理として両立できない」（石川求 2018：3）、「①と②の両者を無限判断がもつ"二面性"などといって済ませることはできない」（石川求 2018：3）とされている。

3F　国内外の通説

　しかし、本章でも既に述べたように、こうした『カント事典』（あるいは同じく石川文康が執筆した『岩波哲学・思想事典』「無限判断」の項）の解釈こそが、我が国のみならず国際的にも「標準的な解釈」なのであり、実際に当該箇所はそのように解されている。

　それに合致する例とそうでない例とを挙げてみる（ただし断っておくと、ここで合致するか否かというのは、解釈として正しい・正しくないを安易に表すわけではない。先のキーゼヴェターのように、一見破格とも思われる無限判断の捉え方も許容できるからである。なお、著者が実際に確認した 36 種のテキスト（原典、翻訳の双方）で、カントの意向に沿ったと思われるものは 13 種、エルトマンの改訂に近いものは 23 種であった。さらに網羅した詳細は、ひとまず次章(pp. 31-32)にて採りあげ、より完全なものは異同一覧として将来作成するつもりである）。

伊訳

【4】So io dicessi dell'anima che non e mortale, eviterei almeno un errore con un giudizio negativo. 【5】Laddove, in quest'altra proposizione：　<l'anima e non-mortale>, io ho realmente affermato quanto alla forma logica, ponendo l'anima nell'ambito illimitato degli esseri che non muoiono. (Kant 1924: 106)

英訳

【4】If I had said of the soul, that it is not mortal, I should, by means of a negative judgment, have at least wared off an error. 【5】Now it is true that, so far as the logical form is concerned, I have really affirmed by saying that the soul is non-mortal, because I thus place the soul in the unlimited sphere of non-mortal beings. (Kant 1922: 58)

仏訳

【4】Si je disais de l'ame qu'elle n'est pas mortelle, j'ecarterais du moins une erreur par un jugement negatif. 【5】Or, en avancant cette proposition, que l'ame n'est pas mortelle, j'ai bien reellement affirme au point de vue de la forme logique, puisque j'ai place l'ame dans la categorie indeterminee des etres immortels. (Kant 1902: 114)

いずれもアカデミー版に近い年代に翻訳されたものである。なお、コプラ［繋辞、ラテン語では est］否定か述語否定か、という観点からは、否定判断はコプラ否定（A non est B）、無限判断は述語否定（A est non B）と定式化される。

伊訳は【4】non e（コプラ否定）、【5】non-mortale（述語否定）、英訳も【4】is not（コプラ否定）、【5】non-mortal （述語否定）であり、いずれも前者を否定判断、（2 語をハイフン［-］で繋ぐことで）後者を無限判断と解していることがわかる。

一方、興味深いのは仏訳で、【4】n'est pas、【5】n'est pas といずれも同じである。【4】には'qu'elle'が用いられ、例えばカントがドイツ語による解説で用いている表現'"Die Seele ist etwas anderes als das sterbliche": ist unendlich, aber bejahend.'（Kant 1924 [=Akademie-Ausgabe/AA, XVI-3]: 638）からもわかるように、やはりドイツ語でビンデシュトリヒ［-］を用いて'nicht-sterblich'としたり、あるいはエルトマン風に'nichtsterblich'と一語化したりするのではなく、代名詞を用いた（やや古めかしい日本語の（関係代名詞）「〜するところの〜」という）表現により、（例えば'Anima est non mortalis'という単純な表現で誤解を生じることなく伝達が可能な）ラテン語でなければ難しい表現をなんとかこなしているわけであ

る。

　だがいずれにせよ、先に引いた「否定判断と無限判断の区別を論じたものである
とする標準的な解釈からの、大きな読み替えを要求するものである」（五十嵐
2015：4）が深刻なものであることは十二分にうかがえるであろう。

むすび

エルトマン改訂への批難

　やはり、それでもエルトマンに対する不審は拭えない。第一に、【4】の校訂に
おいて、アカデミー版第Ⅳ巻（A版）と同第Ⅲ巻（B版）とを区別したということ
は、すなわち原著者カントの意図がそうであったと彼がみなしたことになる。

　それに対して、（先に断っておくならば、）著者はこの箇所に関するかぎり、A
版とB版とでカントが考えを改めたことはまったくないと考えている。その理由
を以下に示す。

　周知のとおり、同著のA版とB版とではまったく相容れぬほど見解が隔絶して
いる箇所が多数存在する。言うまでもなくその最たるものが「超越論的分析論」に
おける「カテゴリーの超越論的演繹」と、「超越論的弁証論」における「誤謬推論」
に関する論考である。

　一方、カントは判断表における無限判断に関する所説を、それらと同様に、A版
とB版とで大きく改めたとは考えにくい。少なくとも、そうした疑問は古今のカ
ント研究で提出されたことが無かったであろう。

　その仮説を裏づけるものとして、隣接する箇所と照らし合わせたうえで論拠とみ
なせるであろう点が幾つかある。例えばまず、本章の冒頭に示した異同である。す
なわちB版において、【5】終わり近くの'Nichtsterbenden'をカントはA版では
'nichtsterbenden'と小文字で書き始めていた。これは明らかに、nをNに直すとい
う、ほんのわずかなニュアンスの違いにカント本人が配慮した結果である。その同
じカントが、件の'nicht sterblich'の扱いに無神経なはずはありえぬのではなかろう
か。

　以上から確言できることはすなわち、当該箇所を再考するにあたり、A版・B版

を通じて、カントの見解はまったく首尾一貫しているということである。しかるにエルトマンはどうであろうか。さらなる努力によって、その真意を見出すことがはたして可能であろうか。それが次の著者の課題である。

【参考資料】

アリストテレス『命題論 De interpretatione』をめぐって

　「「人間でない」は名称ではない。しかし、それを表す適切な名称が無い。実際、それは、言表でも否定言明でもない。そこで、それを「不確定な［非限定な］名称」(ὄνομα ἀόριστον) と呼ぶことにしよう」(16a29-32)。「私は「健康ではない」や「病気ではない」を動詞とは言わない。たしかに、それらは付加的に時制を表示し、常に何かに帰属するものの、それが有する特徴には名称が無い。そこで、それらを「不確定な動詞」(ἀόριστον ῥῆμα) と呼ぶことにしよう」（16b12-15）。

　このように、アリストテレスは、否定の付加された名称や動詞を「不確定な〜」と呼び、これを含む言明について考察している。

　「肯定言明は何かについて何かを表示するが、先の「何か」〔引用者補：「何か」についての「何か」〕は、名称か「名称ではないもの」(ἀνώνυμον)〔引用者補：不確定な名称〕のいずれかである。……すべての肯定言明は、名称と動詞、もしくは不確定な名称と動詞とからなるであろう」。「「すべての人間でない者は正しくないものである」(πᾶς οὐ δίκαιος οὐκ ἄνθρωπος) は、「すべての人間でない者は正しくない」(οὐδεὶς δίκαιος οὐκ ἄνθρωπος) と同じことを意味する」（19b5-18）。

　このアリストテレスによる「不確定な〜」を含む言明への言及を承け、ボエティウスが「不確定な名称」を'nomen infinitum'、「不確定な動詞」を'verbum infinitum'とラテン語訳し、これを含む言明を「不確定言明」（enuntiatio infinitia）という項目のもとに論じた（cf. Boethius 1894: ii, 341f.; 424ff.; 520f.）。〔以上、冨田 2017A も参照のこと〕

第2章

カント『純粋理性批判』の「無限判断」と「無限」をめぐる誤解
──カント、コーヘン、エルトマン──

はじめに

前章に部分的に引き続き、本章で論ずるのは主に次の二点である。

１．カント『純粋理性批判』アカデミー版の編者ベンノ・エルトマンがおこなった或る改訂について是非を問うこと。

２．ヘルマン・コーヘンがカントの〈無限判断〉論を踏まえて展開した「根源の判断」（"Urteil des Ursprungs", cf. Cohen 1902）に関する、カントの無限判断理解からの逸脱を指摘すること。

両者はいずれも古代以来の〈無限判断〉論がいかに理解（あるいは誤解）されたかに深く関わる。一般に無限判断はアリストテレス『命題論』の所見に端を発すると理解されているが、〈無限〉という問題に着眼すれば、プラトンやパルメニデス、さらにはアナクシマンドロスにまで遡る、哲学的な大問題であり、例えばヤスパースの「包括者」（das Umgreifende）および「包括存在論」（Periechontologie; periechon + Ontologie）などはいうまでもなくアナクシマンドロスの「ト・アペイロン」に由来するわけであるから、或る意味では実存思想の淵源を認めることもできるだろう。

第1節　カントの〈無限判断〉論

1A　エルトマンの改訂

ここではエルトマンの無限判断論をめぐる解釈を中心に検証する。

カントが『純粋理性批判』「超越論的論理学」「超越論的分析論」のおける「判断表」で、判断の「質」に関して、一般に形式論理学で問題となる肯定判断と否定

判断の別に加えて、第三の「無限判断」の意義を強調していることについては、これまでにも頻繁に論じられてきた[*1]。同書の当該箇所におけるカントの原文は次のとおりである（度々ではあるが、段落全体の核となる２つの文のみ引用する。[　]内は文番号。傍線引用者）。

[4] Hätte ich von der Seele gesagt, sie ist nicht sterblich, so hätte ich durch ein verneinendes Urteil wenigstens eine Irrtum abgehalten.[5]Nun habe ich durch den Satz: die Seele ist nicht sterblich, zwar der logischen Form nach wirklich bejaht, indem ich die Seele in den unbeschränkten Umfang der N[n]ichtichtsterbenden Wesen setze.（A72/B97）

　原著者カントが第二版（B版、1787年）に大幅な改訂をおこなったことはよく知られている。しかし「純粋悟性概念の超越論的演繹」や弁証論とは異なり、当該箇所に関してカントは、初版（A版、1781年）とB版とを通じて大きな書き換えはおこなっておらず、とりわけ核心となる傍線部分はまったく同一である。

　しかしこれに対して、原著者の没後約百年にして、いわゆるアカデミー版カント著作集第III巻が編集されるに際し、編者エルトマンによって改訂が施された。それは[5]の"nicht sterblich"という２語を'nichtsterblich'という１語に改めるという措置であった（die Seele ist nichtsterblich）。

　試みに、当該箇所の訳文（前掲）を掲げてみる。カントの原典では次のようになろう。

[4]もし私が魂について、それは死すべきものではないものであると言うのならば、或る一つの否定的な判断を通じて私は少なくとも一つの誤りを防いだことになるであろう。[5]というのも、この「魂は死すべきものではないものである」という文によっては、私は魂を死すべきものではないものという無制限の領域に置いたわけだから、確かに論理的な形式からは実際に肯定したのである[*2]。

　これがエルトマンの改訂にともなってどう変化するか。それは例えば、[5]「魂は不死である」（あるいは、「……不滅である」、「……死なないものである」等[*3]）

という具合になると考えていいだろう。

　ではここで、本章の第2節で主題となる、コーヘンの〈根源の判断〉説をあらかじめ先取りしておくと、こうした「魂は死すべきものではないものである」という命題を、「魂は不死（不滅）である」という命題に置き換え、さらに、例えば「死なないものである」という判断（つまり〈無限〉判断）において、「死なないもの」という（意味上の）〈地点〉[*4]から「連続性が無限判断を導く」（Cohen 1883: 35）ことによって、「不死」という（やはり意味上の）〈地点〉へと「真の移行」（Cohen 1902: 91）が果たされる、とコーヘンは主張しているのである。

<h2 style="text-align:center">1B　なぜ改訂がなされたか</h2>

　しかしこれらの、エルトマンの改訂も、またコーヘン独自の無限判断論も、いずれも本来のカント解釈とも、伝統的な〈無限判断〉理解からも逸脱したものである[*5]。

　以下、まずはエルトマンに絞って反証する。

　カント『純粋理性批判』の一般的な解釈（ドイツ語原文およびその他の言語への翻訳にも反映されている）において、アカデミー版（言うまでもなく、半永久的に基本テキストとして用いられ続けるであろう、カント研究の最重要文献である）におけるエルトマンのこうした、原文そのものに手を入れるといういわば思い切った改訂がなぜなされたのか。

　推測するに、①原文に散見される、カント自身がたびたび残していた誤記や誤植（例えば第二版で小見出し「カテゴリーの超越論的演繹への移行」の冒頭にパラグラフ番号「§ 14」が欠けている（B124）　など）を修正したものであり、②それはさらに具体的には、カントが当該箇所の、まず［4］で否定判断を、次いで［5］で今度は無限判断をと、順を追って説明するために、形而上学では古来よく用いられてきた〈魂の不死性〉を採りあげ（"die Seele) ist nicht sterblich"を例文として挙げたわけであり、③ところが、二つの異なる判断を説明するにもかかわらず、両者の例が同一ではどうもおかしいから改めねばならぬはずだから、というのがいわば〈定説〉となっている。

　エルトマンだけでなく、例えば本章第2節で詳述するようにコーヘンもそう考えていたはずである。そして同様の解釈は、近年の邦訳や邦語研究文献においても根

強く残っており、既に挙げたように、例えば有福訳は「原版のままでは意味が通じない」（同訳書上、注 p. 437）として、あるいは中山訳も［5］が原文のままでは「無限判断ではない」（同訳書2、p. 245 注6）として、いずれもやはりエルトマン改訂に従っている。

　だが、本章で後に詳述するように、上記二訳者はそもそも無限判断を誤解している。あらかじめ断っておけば、当該箇所でのカントの無限判断に関する叙述・例挙いずれにも一切誤りは無いのである（あえて言うならば、カントの叙述に不親切さはあるといえよう。これについても後述する）。

　にもかかわらず、こうした誤った読解に基づくカント不信の原因がさらに、カント自身が無限判断について無理解であったため、と説明されることすら多い。

　例えば、かつて我が国での〈無限判断〉論の第一人者と目されていた*6石川文康は、「『純粋理性批判』の当該箇所を何度読んでも、たいていの読者にとってカントの意図がどこか釈然としない理由の一つは、そもそもカント自身が無限判断の名称を誤解しているからである」（石川文康 1996: 49。傍線引用者）と述べ、さらにその記述箇所に附した注で、無限判断をめぐるカントの〈誤解〉に対して、ランベルトの正しい理解を例挙している（石川文康 1996: 49）。しかし結論から言えば、ランベルトもカントも同じように無限判断を〈正しく〉理解していたわけである。

　順に検証していこう。まず石川文康は上の引用箇所の直前で、カント自身の「ウィーン論理学」講義における「［否定的述語によって排除された］この残余の領域が無限であるがゆえに、この判断は無限判断と呼ばれる」(Wiener Logik,　XXIV/2 931. 強調原著者)という記述を例に、「カント自身は」無限判断をこのように「単純に考えていた」と指摘している（石川文康 1996: 49）。

　また、ランベルトに関する先の引用箇所に石川文康が附した注では、ランベルトがおよそ以下のような（正しい）理解を示している、と高く評価されている。ランベルト曰く、「「A は B ではない」(A ist nicht B)、「A は非 B である」(A ist nicht-B)。前の命題においては ist と nicht が一体（例えば英語特有の略記 "isn't"のように）であり、命題は否定的である。後ろの命題においては非 B (Nicht-B) が全体が一つであり、命題は肯定的である。そして、非 B とは、その述語あるいは指標(Merkmal)には B は属さない、と言い得るような概念を表している。しかしだからといって

この概念は、まだ積極的な（positive. 具体的）あるいは一定の仕方（bestimmte Art）で明らかになっているわけでは（kenntlich gemacht wird）ない（nicht）ゆえに、論理学（Vernunftlehre）においては非 B は無限述語（Terminum infinitum）と呼ばれている」（Lambert 1771: §254, p. 228）＊7。

　石川文康はこのランベルト説を「（カントとは）対照的に、ランベルトがこの判断契機の名称の由来を知っていた証拠」だとみなし、それと比較しつつ「われわれが今突き止めたように、「無限判断」という名称の由来は、カントが考えているのとはまったく別である」という評価を下している（石川文康 1996: 53 注 49）。すなわち、こうした〈非-積極〉性（nicht positiv）、〈非-規定性〉（nicht bestimmt）こそが、無限判断の核心なのである（ただし石川文康も、彼の訳した『純粋理性批判』（筑摩書房、上巻、2014 年）の当該箇所には何ら訳注を付していない。しかし訳本の性質上やむをえない措置であろうから、彼の無限判断について解釈は彼自身の論著に求めるほかはない）。

　また、無限判断理解に関するカントに寄せられた疑念に関しては、石川文康だけでなく、もう一人の我が国の代表的なカント研究者である中島も「カントの論じていることがら自体がわかりにくく、カント自身の書き方も明快とはいえず、しかもみずから間違っている」（中島 2010: 109。傍線引用者）と述べている。

　しかし実はこの両人も、カントの適切な理解を正しく解し損ねたことによる、見当外れの批難をしてしまっているのではなかろうか。カントがさしたる疑いもなく挙げた”(die Seele) ist nicht sterblich”という例文は、それを適切に（例えば今引いたランベルトの説明のように〈表現形式は肯定だが、といって特に何も積極的に表しているわけではない〉述語であると）解するならば、無限判断を表すものとしては何ら障碍は無く、ましてやそれを無理に'nichtsterblich'と改める必要など無いのである。

1C　各版はどう解釈しているか

　しかし、両版の原文（の当該箇所）に一切異同が無いにもかかわらず、各種のドイツ語版にも、他の外国語訳版にも、当該箇所に関するテキストの問題は数多く認められる。

　今回著者が実際に手に取って参照することのできたドイツ語および翻訳の各版

における状況を、本章末に一覧できる〈資料〉として掲げた。それによると、カントの原文に忠実なものと、（いわゆる）エルトマン改訂型とみなせるものとは、邦訳を除くとおよそ半々といってよい。しかしそれに比して極端ともいえるのが、全10種の邦語全訳のうち、9つまでがエルトマン型だということである（これについては既に本書第1部第1章で別に採り上げてある）。我が国独自の傾向といってよいだろう。しかし訳書という性質からか、先に引いた有福や中山、あるいは石川文康らを例外として、各訳者のこの件に関する見解が十分に入手できぬ憾みがある。今後の検証がさらに必要な課題であるといえるだろう。

第2節　コーヘンの「根源の判断」

2A　コーヘンの無限判断論

　それではコーヘンの無限判断論についてより詳細に検証する。まず、カントの当該箇所をコーヘンはどう解釈していたか。彼は著書『カント『純粋理性批判』への注釈』(Cohen 1907)において、あの"nicht sterblich"は'unsterblich'の方が理解しやすかっただろう(Das Beispiel von der Seele wäre besser verstädlich durch den Ausdruck unsterblich anstatt "nicht sterblich."; Cohen 1907: 48)とコメントしている[8]。

　なぜコーヘンはそう解釈したか。その理由は、"Die Seele ist nicht sterblich"では主語である〈魂〉と述語である〈死すべきものである〉とが、nicht によって断ち切られてしまう、と彼が解釈したであろうからである。

　この nicht がコプラ（繋辞。この場合は ist）に結びつく否定は〈コプラ否定〉と分類され、すなわち否定判断を形成する。この例文（否定判断）は、そのまま裏返す（喩えて言えば〈マイナスにマイナスを掛けてプラスにする〉ように）ことにより、"Die Seele ist sterblich"「魂は死すべきものである」という肯定判断に変換できる。すなわち形式論理学における〈換質〉である。

　しかしコーヘンにとっては、これでは彼の標榜する〈根源の判断〉に何ら資するものではないのである。なぜならそこには先述した「真の移行」(Cohen 1902: 91)の契機が存在しないからである。

　そこで彼は〈コプラ否定〉ではない、〈述語否定〉と分類される、「Ｓは非Ｐで

ある」と定式される無限判断を要請せねばならなかった。それが彼が『注釈』で提案した "(Die Seele ist) unsterblich" である。それはどういうことを意味するのか。

2B　〈根源の判断〉の構造

　石川求によると、コーヘンにとって、まさに無限という概念が（コーヘンが独自に理解する）〈無限判断〉に固有の表現であって(cf. Cohen 1902: 87)、無限は有限のたんなる否定ではない、ということになる（cf. 石川求 2018: 23）。すなわち、コーヘンが理解する〈無限判断〉は、肯定を「はじめて」根拠づけるような無、すなわち「「絶対的な無ではなく、相対的な無(Nichts)」としてまさに「根源」を意味する」(cf. Cohen 1902: 105; 117)、いわば「アルキメデスの点」(Cohen 1902: 38)に擬えるべきものなのである（cf. 石川求 2018: 23-24）。

　そこで重要となってくるのが、先述した「真の移行」(Cohen 1902: 91)であり、コーヘンは〈無限判断〉を、〈無から有への連続性〉として理解している（cf. 石川求 2018: 24）。さらには「無限のほかにも不滅や非凡のたぐい」といった、「私たちが日常でもよく用いるこれらの表現も（著者補：コーヘン流の）"無限判断"の立役者」であり、コーヘンによれば「それらは「見かけの(scheinbar)無」(Cohen 1902: 119)であり、「否定の見かけ」(Cohen 1908: 93-94, 101)をもつにすぎず、我々はわざわざこうした無＝否定を「媒概念（Mittelbegriff）」(Cohen 1902: 104)ないし「方便(Opperationsmittel)」(Cohen 1902: 89)として活用することで、すなわち、あえて「無の迂路」ないし「無の迂回」(Cohen 1902: 84; 105)をたどることで、真正の肯定がえられる」と、石川求は理解している（cf. 石川求 2018: 23-24）。それを裏づけるべく、彼はコーヘンの次の言葉を引用する。「判断は、有をその根源において発掘しようと望むなら特に、冒険的な迂回を避けてはならない」(Cohen 1902: 84)。

　以上のように、コーヘンが独自に考える〈無限判断〉は、こうして「連続性」「真の移行」「媒概念」を本質としたものでなければならず、それはコプラ否定ではなく述語否定の、〈非-〉をともなったものでなければならないのである*⁹。

2C　コーヘンの誤り

　しかし、ここには明らかな誤りがある。既に述べたように、本来の無限判断は、

主語と述語との繋がりを一切断ち切る、言うならばむしろ判断以前の関係のようなものである。

　それは、形式論理学ではたしかに〈S は非 P である〉と図式化されるが、かといってその「非 P」が何らかの肯定的要素となることはまったくない。そこにはただひたすら、〈S は P 以外のものである〉としか主張しか存在しない。

　例えば、我が国を代表するヘーゲル研究者である加藤は、無限判断を（このカントの当該箇所において）コーヘンと同じく'unsterblich'で（さらにいえば、ほとんどすべての邦訳と同様の「不死的である」で）理解しているが、コーヘンとはまったく異なる見解として、およそ次のように述べている。

　「「霊魂は死すべきものであり、かつ死すべきものでない」と言えば矛盾であり、「霊魂は、可死的であり、かつ不死的である」と言えば矛盾ではなくなるということになるのである。カントは、「……は死すべきものではない nicht sterblich」という「否定判断」と、「……は不死的である unsterblich」という「無限判断」とを区別する古い論理学で行なわれていた区別を復活させて、判断の質に関して「肯定」、「否定」、「無限」という三つのものを区別した」（加藤 1980: 322）。

　そして加藤も認めるように、カントから「ヘーゲルもこの区別を受け継いだ」（加藤 1980: 322）。すると、形式論理学の鉄則である矛盾律は、「同一の主語と、同じ意味の述語に関して、肯定判断と否定判断を連ねることを禁ずるものであって、肯定判断と無限判断を連ねることを禁ずるものではない、ということになる」（加藤 1980: 322-323）。これは確かに一見「興味深いこと」に映るかもしれないが、よくよく考えてみれば、無限判断はいわば〈判断以前の判断〉なのであって、それが肯定判断と連ねられたとしても、何ら不都合はあるはずがないのである。

　では次に、〈否定判断〉と〈無限判断〉とはどこで区別されるか。それは、「「不死」、「無限」、「非分割」というような述語を、合成されたものとみるか、単純なまとまりをもつものとみるかという、意味形態の完結性にのみ関わっている」（加藤 1980: 323）。したがって、名辞が否定の接頭辞をもつ複合語であるか否かには無関係だということになるのである（cf. 加藤 1980: 323）。

　以下、こうした加藤説を踏まえて改めてコーヘン流解釈を捉え直してみる。

2D　無限判断の真の核心

　コーヘン流の〈非-死すべきもの〉即〈不死〉という解釈は、本来の無限判断を理解し損ねていることになる。少なくとも、古代に発し、カント-ヘーゲルへと正統に継承された無限判断に関しては、そう断ぜざるをえない。

　一部の的確なコーヘン研究者にとっても、同じ評価が下されている。例えばブラクスタインはこう述べている。「（著者補：無限判断をめぐるカント以降の）この歴史はコーヘンとは対立する。なぜなら、マイモン、ヘーゲルそしてシェリングは無限判断を、主語と述語との間にいかなる合理的な関係も無いような命題と定義しているからである」（Bruckstein 2004: 13; cf. 石川求 2018）。マイモニデス、マイモンといったヘブライ思想家については本章ではさらに詳述することはできないが、カント、（フィヒテ、）シェリングそしてヘーゲルへと正統の無限判断論は継承されている。しかしそれは、コーヘンの解釈したのとは懸け離れた「主語と述語との間にいかなる合理的な関係も無いような命題」にほかならないのである。

　あるいは、誰でも容易に思い浮かぶような例を挙げて糾弾してみればよい。〈ピカソは凡（人）ではない〉は、或る無限判断として理解することも可能である。しかし、この命題（＝判断）から、それは〈ピカソは非凡である〉ということであり、すなわち〈ピカソは天才である〉と解釈するのならば、そこには〈20 紀最大の天才画家パブロ・ピカソ〉という〈過去の歴史的事実〉、そしてそれらは今日の我々にとって〈予備知識〉ないし〈先入観〉、端的に言えば〈教養〉、それが多分にそうさせるのである。そしてそうであるのならば、その解釈は主語の意味を事前に定めてから述語の意味と照らし合わせるという〈論点先取(petitio principii)〉の誤謬に陥っていることになるのである。

むすび

　ヘブライ思想史の重要な人物の一人としてのコーヘンにとって、例えば〈不死〉、〈不滅〉、〈無限〉、〈非凡〉等々といった存在は、まずもって〈神〉である。ここから、偽ディオニュシオス文書からスピノザをも視野に収めた否定神学の系譜に論を進めることももちろん本章では叶わぬが、コーヘンがカントの超越論的論理学に対して示した独自の見解は、本書のように批判的に評価されるのみならず、より

多角的に捉えられる余地があるといえる。

　そもそもハイデガー以降、新カント学派自体が「認識論」の一言で片づけられがちである。しかしそこには多くの問題が未だ伏在しており、さらなる検証の要を感じさせずにはおかない。

【参考資料】

　著者が参照した主なドイツ語原典および仏英伊日各語訳における当該箇所の処理一覧（K：カント原著型、E：エルトマン改訂型。AA はアカデミー版。その他、今日もよく用いられる全集版についてもその旨を付記した）

1835: E: Tissot (French)

1855: K: Meiklejohn (English)

1867: K: Hartenstein

1877: K: Kehrbach

1880: E: Erdmann

1881: E: Müller (English)

1911: E: Erdmann (AA)

1913: E: Görland (Cassirer)

1920: K: Barni (French)

1921: E: Gross

1922: E: Valentiner

1924: E: Gentile/Lombardo-Radice (Italian)

1924: K: Schmidt

1926: K: Schmidt (PhB)

1928: E: Messer

1931: E: 天野

1931: E: 安藤（抄訳）

1934: E: Smith (English)（抄訳）

1944: E: Tremesaygues/Pacaud (French)

1956: K: Weischedel

1961: E: 篠田

1962: E: 高峯

1968: K: Weischedel (Suhrkamp)

1973: E: 原（旧訳、理想社版全集）

1980: K: Delamarre/Marty (French)

1998: K: Guyer/Wood (English)

1998: K: Timmermann

2004: K: 宇都宮

2005: E: 原（渡邊らによる改訂を含む。平凡社ライブラリー版）

2006: E: 有福

2008: E: 中山

2012: E: 熊野

2014: E: 石川

計 33 種

K　12 種

E　21 種

【注】

*1　この古典的な問題に関する最も新しくかつ最も綿密な考察は、石川求 2018 である。本書もこの石川求 2018 から最大の恩恵を蒙っている。また、本章に先立つ著者の予備的な考察の一つとして前章（本書第 1 章）も十分に参照されたい。

*2　本章における訳例「死すべきものではないものである」はいかにも生硬な言葉遣いとも思われようが、例えば無限判断の〈原点〉の一人アリストテレスの『命題論』では「すべての人間でないものは正しくないものである」（πᾶς οὐ δικαιος οὐκ ανθρωπος）という命題と「すべての人間でないものは正しくない」(ουδεις δικαιος ουκ ανθρωπος) という命題とは「同じことを意味する」（19b17-18）とされている。本書第 1 章参照。

　以上から、無限判断の定式（と一応はみなされている）「S は非 P である」に忠実に当て嵌めるために採用したものである。古代ギリシャ語、カントが念頭に置いて考察していたラテン語、彼の母語ドイツ語、そして我々の日本語と、それらを組み合わせて考える以上、こうした不具合は不可避といってよいだろう。加藤もまた「ある述語を肯定形と否定形の両方

　　の形で言えるか言えないかは、まったくその国の国語の性質によることで本質的意味はな
　　い」（加藤 1980: 323）と述べている。

*3　実際に近年相次いで出された邦訳例を見ると、「不死」（原新訳、宇都宮訳（田村担当箇
　　所）、熊野訳、石川訳）、「不死的」（有福訳）、「死なないもの」（中山訳）等となって
　　いる。
　　　ただし、既に本書第 1 章で詳述してあるように、全邦訳中の一例を除くすべてのものが二
　　つの箇所を訳し分けているのに対して、ただ宇都宮／田村訳のみが、いわゆる PhB 旧版（シ
　　ュミット編）の措置、すなわちカント原文に忠実に、［4］と［5］とを同一に訳すという
　　方針を貫いている。
　　　これはすなわち、宇都宮／田村訳が（"die Seele) ist nicht steblich" を一貫して「（魂は）
　　不死である」と訳している、ということであり、ここを「死すべきものではないもの」と訳
　　した著者はこの見解（訳語）に関しては大きく意見を異にしているが、テキスト選択に当た
　　り、あえてアカデミー版ではなく、PhB 旧版に従いカント原文に忠実に日本語訳したとい
　　う方針には強く賛同する。

*4　〈地点〉とは何のことかと訝しく思われる向きもあろうが、無限判断を導く「連続性」を
　　保証する「地（点）」について、実際コーヘンはこう述べている。「精神は非物質的である。
　　精神は、物質的なものの排除によって特徴づけられるような思考的諸規定の同じグループに
　　属する。この無限のグループが、比較の第三項（terminus comparationis）である。しかし
　　第三項は辺鄙な共有地（ein entlegener Gemeinplatz）であってはならず、むしろ自然な境で
　　隣り合っているのでなければならない。精神にとってそのような連関が達成され得るのだ、
　　という思惟の気概は、意識の連続性のこうした源泉に養われる。とすれば、精神にかんする
　　肯定判断の力は結局あの無限判断に基づいてはいないだろうか」（Cohen 1883: 36. 訳文は
　　石川求 2018: 26 に基づく。なお、石川求は「辺鄙な共有地」をあえて「とっぴな決まりこ
　　とば」と意訳しており、所説ともども大いに参考となった）。

*5　ところで、コーヘン(1842-1918)とエルトマン(1851-1921)とはたしかに同時代人であるが、
　　おそらくコーヘンはエルトマンとは無関係に、まったく個人的に彼独自の無限判断論を着想
　　したであろう。その理由の一つには、新カント学派の二大潮流の一つマールブルク学派の領
　　袖コーヘンが、当時新たに企画されつつあったドイツ科学アカデミーによる、まさに画期的
　　ともいえるカント全集の編集には加えられることなく（cf. 村岡 2008: 40-42. 村岡はこれを
　　反ユダヤ主義に関連づけている）、ベルリン大学のディルタイ(1833-1911)を主幹として企

画され、エルトマンが『純粋理性批判』第二版と初版（第三・四巻）をいずれも編集することとなった経緯もあるし、さらに、それ以前のエルトマンのこの件に関する所説（本章末の資料にあるように、エルトマンは既に一八八〇年に自らが編集した『純粋理性批判』を刊行し自説を明らかにしていた）に基づいて、コーヘンが彼の所説を作り上げていったわけではもちろんないはずである。むしろコーヘンはアカデミー版とは対立的な、いわば離反した立場から、後のカッシーラー版（ゲーラント編）と PhB 旧（フォアレンダー）版双方の全集成立に関与している。

*6　石川文康は『岩波 哲学思想事典』（1998 年）でコーヘンの著書「『純粋認識の論理学』」（*Logik der reinen Erkenntnis* 1902）の項目を執筆し、それを「重要なのは、他のすべての判断の根源となる〈根源の判断〉が、「Ｓは非Ｐである」と定式化される〈無限判断〉に求められ、「非Ｐ」が根源を意味するとされることである。あるものの根源はあるもの自身でありえないことから、それは別のあるもの、すなわち「非Ｐ」と表現されるものだからであるという。ここには、微分法に基づいて、非存在を存在の根源とするコーヘン特有の思想が働いている」と結んでいる（この重要な〈根源の判断〉に関しては、本章注９で後述）。
　　　さらに彼はその前年の『カント事典』（1997 年）ではまさしく〈無限判断〉の項目執筆も担当していたわけだから、こうした彼の、コーヘンの流れを汲む〈無限判断〉論（〈無限判断〉解釈）が当時の我が国哲学界では定説・主流であったと推測される。

*7　さらに石川文康はここに先立つ箇所でも、ランベルトについて「彼は無限判断考察を、特に「存在と非存在」（das Seyn und das Nichtseyn）(Lambert 1771: 196)あるいは「何かであることと無であること」（das Etwas seyn und das Nichts seyn）(Lambert 1771: 227) 等に関する存在論的・形而上学的論究の一環としておこなっている」と述べ、さらに「彼が無限判断を論理学書ではほとんど扱っていないのは、この判断契機の真の根を見つめていたからである」と理解している。さらに、「「時として「ない」（nicht）という辞は述語に付加され、それによって述語はいわゆる無限述語に変じられる」（Lambert 1771: 201）。またこのことは、カントが考えていたように、無限判断が哲学史的にも本質論的にも、もはや論理学にではなく、存在論に根をもっていることを改めて示唆している」とも述べている（石川文康 1996: 42）。

*8　もしこの提案が［５］だけではなく、あるいは［４］もまたその対象としているとすればそれは大問題であるが、どうやら彼も、この件でカントは、否定判断と無限判断との対比を説明しようとした、と解釈し、それを彼独自の無限判断論へと関連づけているようである。

*9　後年に、コーヘンのいわゆる新カント学派三部作（『純粋認識の論理学』（=『論理学』）、『純粋意志の倫理学』、『純粋感情の美学』）を個人完訳することとなる村上寛逸は、その第一訳書『論理学』（1932 年）の冒頭に置いた「用語解説」の最初で、「一　非の判断」として、「Nicht の判断、即ち根源の判断」をコーヘン論理学の枢軸とみなし、およそ以下のような、興味深い記述をおこなっている。すなわち、Nichts は一見「無」であるがここではそうではない。村上は師に当たる田邊元の『数理哲学研究』pp. 358-359 の以下の文言を引きつつ、「マールブルク派の言方に従へば、無限の過程たる思惟が其の根原の原理に従つて基礎を求める」ことであり、その基礎とは「已に与へられた対象に存するのではなく、これから発見すべきものを意味」し、「即ち其は未だ思惟の攻勢を経ざるものとして（の）「無」たる原体験の中に発見定立せらるべきものである」とし、ではそれはどういう意味であるのか、と問題提起している（同訳書、pp. 13-14）。

　　そこでさらに村上は、コーヘン自身による説明に基づき、「根源の Nichts とは所謂 Nichts（著者補：先述した一見「無」と思われがちな Nichts）ではな」く、「それは無限判断の Nichts であり、ギリシャ語の μή による判断である」と述べ、さらにこうも述べている。「「無」は漢語に於いて本来、無限判断を表はす言葉であるであらうか？」（同訳書、p. 14）。

　　これはどういうことか。それは、コーヘンにおいては根源の判断である Nichts と、矛盾の判断、すなわち否定 Nicht とは峻別されるということである。さらに否定の接頭辞「不」という漢字も、根源の判断を表現するには不適当である。村上によると、「無」は無限判断の意味に使用されることもあるが、それは特殊例であるにすぎず、「「無」はこれを判断として解するならば、本来は不有を意味する。即ち、それ自身の中に既に否定を含んで居る」（同訳書、pp. 15-16）。

　　したがって村上によれば、本来の無限判断を表す表現としては、「非」こそが適当であり、「無」を使用することは明らかな誤謬であって、許されざることである。なぜなら、「無」即ち「不有」の判断においては、根源の判断に於ける不可欠的制約である「連鎖」が働かないからである（cf. 同訳書、p. 16）。

　　そうだとすると、コーヘン流の無限判断を、単純に〈非-　〉と図式化し安易に批難することは、新たに大きな誤謬を生じさせかねないとも思われる。それ故に再考が求められる。

　　現在では、例えばわが国でも幾人かの研究者が率直にコーヘンを「忘れられた思想家」（村岡 2008: 34）、あるいは「一方で端正、したがって退屈な印象を与え、もう一方ではすでに御用済みの感を及ぼす」（石川文康 1996: 251）などと評している。もちろん、現にこうし

てコーヘンに言及し、彼を採りあげている研究者こそかえって、きちんと彼の問題と向き合っているわけであり、その姿勢に学ぶべきところは多いだろう。

　なお、著者が参照した中では、ユダヤ思想家としてのコーヘンに関する研究（例えば馬場智一らによるもの）は今も活発であるように思われ、理解に役立った。

※　以下について補足として述べておきたい。いわゆる「イエッシェ論理学」（講義用ハンドブックとしてカント本人の了承を得て生前の 1800 年刊行）における無限判断の記述として、例えば「すべての可能なものは A であるか非 A〔non A〕であるかのいずれかである。だから私が、「或るものは非 A である」、例えば「人間の霊魂は非死ぬもの nicht=sterblich である」とか、「幾らかの人間は非学者 Nicht=gelehrte である」と言うとすれば、これが無限判断である。というのも、無限判断によっては、A の有限な範囲を越えて、客観がいかなる概念のもとに属するかが規定されるわけではなく、もっぱら客観が A の外の範囲に属することが規定されるからである。だが A の外とは、本来は範囲などではまったくなく、或る範囲が無限のものに対して限界づけられること、ないしは限界づけそのものにすぎぬのである」（AA, XI: 104 nb. 1）とある。だが、この記述は（夙に石川 2018 が指摘しているように）本書の無限判断論の考察にとってはほとんど考慮するに値しないと思われる。

　だが、カントと同時代でやはり哲学者本人のお墨付きを貰って『純粋理性批判』の要約本を早くも 1784 年に出版したヨハン・シュルツ Schulz〔シュルツェ Schulze〕は、次のようにまとめている（この本は古来かなり多くの人々に読まれたようで、それには専門研究者・教授から、まだ十代の天才少年シェリングまで含まれている。本書第 5 章参照）。「しかし超越論的論理学が要求するように、同時に述語の内容にも注意を払うならば、無限判断が本来言っているのは次のようなことである。すなわち、述語を認識の無限の外延から分離し、残りのなおそれでも無限であり続ける外延のうちに主語を置くことで、私は認識の無限の外延を制限すべきだ、ということである。したがってこのかぎり超越論的論理学では、無限判断は肯定判断から、たしかに区別されねばならない。例えば、私が、魂は死すべきでないものである、と言う場合、これはたんに、魂は、私がすべての可能的なものの無限の圏域を、すべての死すべきものをこの圏域から取り去ることで制限しても、なお残る諸々の数の無限の諸集合の中の一つだ、というだけのことなのである」（シュルツ 2008: 32、強調引用者）。これなら誤解は生じなかろうかと思われる。

補　章

アリストテレス推理式の、カントによる応用について

はじめに

　この章では補足として、アリストテレス「オルガノン」における三段論法の、カント批判哲学における応用について考える。それは感性／構想力／悟性［知性］という展開のみならず、感性論［感性の学］と論理学との連繋、さらには批判哲学全体（三批判書）の構成にも関わってくる大問題である。

　カントは『純粋理性批判』第二版における大改訂に先立ち、当時刊行されたばかりのF・ベイコン『新オルガノン』の英訳を読み、決定的な影響を被ったとされる。カントが第一批判において「オルガノン」という術語を多用する際、読者はその含蓄を十分に検討せねばならぬのである。

第1節

　アリストテレスの「三段論法」［推理。なお、いわゆる *συλλογισμός*/syllogismus/syllogism を「三段」論法、と訳すのは我が国特有のもので、周知の（以下にも記されている）とおり、三段階の「推理式」という意味で、卓見といえるだろう］は、大前提と小前提（あるいは大命題と小命題。二つの真なる「前提」（「命題」、すなわち古典派論理学における「判断」））から、一つの真なる命題としての結論を導出するという手法をとる推論形式である。最も標準的なかたちとしては、大概念・中概念・小概念（あるいは大名辞・中名辞・小名辞）からなる大・中・小の三つの項について、「両端」の項を「中間」の項［媒概念・媒名辞］によって媒介させる。すなわち、それは例えば「AはBを含む」「BはCを含む」「ゆえにAはCを含む」という包摂関係である。

　ところで、カントがアリストテレス論理学においては名辞レベルで適用されてい

第Ⅰ部　無限判断論

た三段論法モデルをさらに発展させ、「超越論的分析論」に応用しているという興味深い指摘[1]がある。すなわちそれは、カントが直観と概念の関係を三段論法モデルで捉えようとした、とする見解である。より詳しく述べれば、カントは直観を小項、概念を大項の位置に据え、両者の包摂関係を媒介する中項に相当するものとして「図式」（Schema. アリストテレスの三段論法で「格」を意味する σχήμα （スケーマ）を語源とする）という語に独自の意味を附与し、概念が図式を媒介として直観を包摂するというかたちで、直観と概念の関係を捉えようとした。

　さらに、カントにおいては直観と概念はそれぞれ感性と悟性の産物であり、図式は構想力の所産である。したがって、図式が直観と概念の関係を媒介するということは、構想力が感性と悟性の関係を媒介するということを前提とすることになる。こうしてカントは、我々の認識が生ずる心の二つの源泉である、受動的／感性的な直観と自発的／悟性的な概念とを、構想力によって媒介させる。

　初版でのカテゴリーの超越論的演繹において、カントの論証はこうした「三段の綜合［総合］」と呼ばれる予備的分析から始められている。すなわち、それは①直観における覚知の綜合、②構想力における再生の綜合、③概念における再認の綜合、である。このことはまた、図式論が展開される超越論的論理学（ロゴス の学）が、超越論的感性論（アイステーシスの学）を自らにおいて包摂することを意味する。

　事実カントは「超越論的感性論」の末尾で、この感性論の「第二の重要な案件［仕事］」が、「方法論［オルガノン］として役立つべき一個の理説について要求され得るほどに確実で疑うべからざるものであること」であると述べ、「超越論的感性論」にも「オルガノン」とみなされ得る要素が含まれていることを示唆していた(cf. A46/B63)。

　その「第二の案件」について、これは第二版で若干の修正が施された箇所であるのでより注意が必要である。まず、これに先立つ第一の案件と思われるのは、カントによれば「まず何よりも必要なことは、我々の見解に対するあらゆる誤解をあらかじめ防ぐために、感性的認識一般の根本性質に関し、我々の見解がいかなる点にあるかを、できるだけ明瞭に説明すること」(A41/B59)である。ここでカントは、ライプニッツを批判しつつ、感性と悟性[知性]との区別を論理的なものではなく、超越論的なものとみなければならぬ、と説く（これについては、やはり「超越論的

40

分析論」の末尾「反省概念の多義性について」でも論ぜられる。本書第8章参照）。

　そして「第二の重要な案件」としての「オルガノンとして役立つべき一個の理説について要求され得るほどに確実にして疑うべからざるものであること」について、この「確実性を十分に明瞭にするために、その妥当するゆえんが一目瞭然であり得るような例」として、カントは直後で幾何学におけるア・プリオリな純粋直観と経験的直観との区別について言及している。

　『純粋理性批判』の初版から第二版への改訂にあたって、これ以外にも多くの箇所で大小様々な変更が施されている。まずこの記述が含まれる「超越論的感性論に対する一般的注解」そのものが大幅に加筆されている。それに伴い、全体がローマ数字でⅠからⅣまで章立てされ、さらに末尾に「超越論的感性論の結語」が付け加えられている（B66-73）。すなわち、初版における当初の記述は、現行第二版のほぼ「Ⅰ」の部分のみ（A41-49/B59-66）にすぎぬのである。

　まずより広い視野でこの論述の周囲を見渡してみると、「第二の重要な案件」について、「そして、「3」において述べられたことをいっそう明瞭にするために役立ち得るような」という語句が加わっているのは、そもそもこの「3」（A25-30/B40-45）自体が第二版で大幅に増補されているからである。このあたりの事情を検証してみよう。

　何よりもまず、各節に番号が付加されたことが第二版以降からのことであるし、「3」に「空間概念の超越論的究明」と見出しがつけられたのも同様である。なおこれは、これに先立つ記述（A22-25/B37-40）が、同じく「空間概念の形而上学的究明」と改められたことに呼応している。さらに詳しくいえば、カントが当初の初版での説明に「形而上学的究明」という題名を付け加え、「上述の諸概念からの結論」（A26-30/B42-45）とのあいだに、新たに「超越論的究明」を挿入したのである。

　すなわち、そもそも初版においては、空間・時間ともに、それらについて「形而上学的究明」「超越論的究明」の区別はなされていなかった。この補筆に関して特記すべきは、カント自身が言うように「そこから他のア・プリオリな綜合認識の可能性が洞察できるような原理」について、この補筆が説明している、ということである。すなわち、空間とは「根源的直観」であり、「対象についての一切の知覚に先立って」いる、つまり「純粋直観」である。「客観そのものに先立って存在し、

客観概念がそこでア・プリオリに規定できるような外的直観」が「我々の心に内在できる」のは、この外的直観が「客観によって触発され」て、「客観の直接的表象」つまり「直観」を得るという、「主観の形式的性状」・「たんに外部感官一般の形式」として「たんに主観のうちにその座を有する」(A25/B41)ことなのである。

　こうしてカントが形而上学的究明と超越論的究明の区別を書き加えたことによって、問題が「知的直観」と関わってくることがより明らかとなる。カントはこの「超越論的究明」で、はっきりとその名を挙げてはおらぬが、「我々以外の思惟する存在の直観」すなわち神の直観について言及しているからである。「知的直観」をめぐるカントと、後代のフィヒテおよびシェリングの比較的考察の足掛かりが、ここに見出せる。カント以後、フィヒテによる構想力論のさらなる展開を経て、シェリングが「藝術［芸術］は哲学のオルガノンである」と極言するに至った系譜が予示されている。

　もちろんカントは、きっぱりと知的直観を自身の批判哲学から排してはいる。それはカントが、後述する「超越論的観念性」と純粋直観としての空間のありようを、あるいは空間の空間性を、堅持しようとしていることの現れである（ただしその際には、同じカントがより後の『判断力批判』では、「直観的悟性」というかたちで、知的直観を消極的にせよ肯定するようになることも忘れてはならない）。

　さて、空間以外のどんな表象にも、超越論的観念性は属さない(cf. B44)。この主張は第二版で書き足されたものである。カントは初版の表現では意を尽くしておらぬと考え、その結果、こういう一連の補筆がなされることになった。そのことによってカントがより明確にしたいと考えていたのは、超越論的感性論で確認された空間の超越論的観念性が、次段階の超越論的論理学において、しかるべき成果として保たれねばならぬということである。バウムガルテンによって「下級認識」の学として創始された「感性学」(Äthetik)が、空間の超越論的観念性という成果をもって、超越論的論理学において貢献する。ロゴスの学に包摂されたアイステーシスの学は、オルガノンとしての超越論的原理論において「超越論的論理学」ともはや不可分な有機的つながりを有し、結合を果たしているのである。

　こうした「一方においてはカテゴリーと、他方においては現象と同種でなければならぬ」ような、「一方では知性的、他方では感性的」であるような、純粋な「媒

介的表象」としての「超越論的図式」(A138/B177)を産出する「構想力」こそ、「現象の領域では対立している感性と悟性という二つの要素」を「結合する」*2 ものであり、そこにこそ「知性的存在の実り豊かで無尽蔵な性格を辿ることができる」のであり(スミス『注解』、Smith 1923: 265)、注目すべきである（これについては、拙著『ドイツ近代哲学における藝術の形而上学』（2012 年）の第 1 部第 2 章「シェリングのテーゼ「藝術は哲学のオルガノン」」pp. 48-59 で詳述しているシェリング藝術［芸術］哲学における「媒介」と「結合」の意味も参照せよ）。

　ここで主要な点を概括しておくと、まずカント独自の「オルガノン」観であり、より重要なことは、批判哲学における「構想力」の意義である。この働きはカントにおいて三批判の綜合に不可欠であるだけでなく、シェリングの体系においても（さらには、ヤスパースにおいて「すべての包括者の紐帯」たる「理性」に関してすら）、そのつながりを見出すことが可能であろう。

第 2 節

　なお、坂部によると、カントが『純粋理性批判』第二版の標語［エピグラフ］にベイコン『大革新』序文からの一節を引いたのは、ベイコンの「オルガノン・プログラム」（新しい哲学的方法論による、世代を超えた新たな学の体系の構築への提唱）という理念の継承という意味のみならず、論理学史における意義もある、という*3。

　ベイコンの一節がおおよそ意味するのは、論じられる事柄が私見や学派に関わるものではなく、「人類の福祉と尊厳の基礎づけ」に関わり、人々の参加を求め、無限な超人間的なことに関わるものではないことの正しい理解と期待に俟つものであり、さらに「まことにこの革新こそ、限りない誤謬の終わりであり、またその正当・合法的な限界だからである」というものである。

　この一節を引用することで、ベイコンの主著に関する自己理解に仮託して、カントは自己の主著の意義と性格に関する自己理解を暗に示している。しかしそれだけでなく、むしろ『純粋理性批判』の基本的性格を理解するためにより重要なのは、カントが、例えばより認識論的なロックと『人間知性論』ではなく、他ならぬベイ

コンと『大革新』を自らの仰ぐべき先達として意識していたという点である。

　ベイコンは近世初頭において、学問改革、およびそのための論理学・方法論の革新を志した。その際に彼が多くを負ったのは、古代ローマで完成したレトリック［修辞法］の伝統であった。具体的には、彼は古典レトリックの五部門[*4] を範型として、新たな知見の獲得・発見や、知識の吟味・組織化等のための論理を模索していた。

　近世に入って多分に形骸化したスコラの学問とその論理に代えて、自由学芸、なかんずくレトリックの伝統を重んじて復活させ、時代の知的活動を活性化しようとする傾向は、ベイコンに先立ってルネサンス以来の人文主義者［ユマニスト］に見られたものである（神学‐哲学‐自由学芸、という中世の序列は順次切り崩され、その基底を露呈していった）。ベイコンは、フランスの人文主義者ペトルス・ラムス［Petrus Ramus/Pierre de La Ramée ピエール・ド・ラ・ラメ］（1515-1572）らを通して、この傾向を受け継いだ。そのラムスがとりわけ重んじたのが〈配置〉の下位区分の一つである criteria（批評、批判）であった。

　ラムスらユマニストの論理思想は、ベイコンに影響を与える一方で、ドイツ学校哲学の論理学教本に取り入れられてプロテスタント圏のドイツに広まった（カントが論理学講義の底本にしたマイアーのドイツ語論理学教程も、今日の論理学教科書のイメージとかなり違って、思考法・方法論概観といった趣のものである）。〈批判〉の基本理念はこのような経路をたどってカントに伝えられた。

　主著の冒頭にカントがベイコンの『大革新』の一節を置いたのには、自らの仕事のルーツや素性を再確認するという意味があった。〈批判〉に対しもう一方の〈批評〉の意味での criteria は、後に 19 世紀の批評で先鋭化され「あらゆる創作の営みは批評をそのうちにもつ」という自覚の形成に至る。

　だがカントはそれに先立ち、〈批判〉無しには知識の組織化・配置はありえず、知識は自己自身の成立条件についての根本的な反省を内に含まざるを得ない（哲学は哲学そのものの存立可能性を問わざるを得ない）という近代知性の危機(crisis)的な在り方を明らかにしたのである。

【注】

[*1]　例えば上山春平「カントのカテゴリー体系」（『歴史と価値』岩波書店、1972 年に所収）、

参照。

*2　なおこの構想力の「結合する」ということについて、ハイデガーがアリストテレスの「ろ
　　ごすノ学」としての『命題論』において、最も重要な意義を見出した「「結合ニヨッテ κατα
　　συνθήκην」：「結合すること」〔合致〕」(Aristoteles, *De Int.*, IV, 17a2; Heidegger, GA21:
　　127; GA29/30: 447; GA62: 235-236)との関連を想起させる。より詳細には、拙論「ハイデ
　　ガーとアリストテレス『命題論』」（伊野 2008: esp., 110-111）および学位論文（伊野 2010:
　　esp., 45-47）を参照。

*3　以下、『岩波哲学・思想事典』（1998 年）所収の『純粋理性批判』（項目執筆坂部恵）を
　　参照。

*4　inventio（発見）、dispositio（配置）、elocutio（修辞）、actio（弁舌）、memoria（記憶）

第Ⅱ部　哲学的構想力論

　構想力（独 Einbildungskraft/Phantasie; 英 imagination/fantasy）は日常語とし
ては「空想力／想像力」程度の意味であり、哲学用語（特に独語と日本語）がや
やしかつめらしい。通常、哲学史ではアリストテレス（主に『ニコマコス倫理学』）
まで遡り、φαντασία［パンタシアー］を淵源とする。

　我が国の研究歴においては、第二次世界大戦の敗戦直後に非業の獄死を遂げた
逸材三木清の『構想力と力』（『思想』誌 1937-1943 年連載、『構想力の論理　第
一』1939 年、同『第二』1946 年出版）が労作であり、著者も大いにこの書に助
けられている（同書を最早「古過ぎる」と言う向きもあるが、カントのみならず
古代から 19 世紀まで構想力を包括的に検証した点でまさしく古典の名に値する
業績であり、今なお学ぶべき点は大いにある）。

　哲学的構想力論の系譜は、カント以後、フィヒテ（独立的能動性）、シェリン
グ（知的直観）によって積極的・肯定的に継承され、しかしヘーゲルによって厳
しい批判にさらされることとなる。

　哲学的構想力を論じるうえで、直観的悟性、そして「原型的悟性」（intellectus
archetypus）なども当然問題となり、カント批判哲学においてだけでも、『実践理
性批判』、さらには『判断力批判』がその解釈における主戦場となる。

　また、この部では、カント以下哲学者だけでなく、シラーやノヴァーリス
シュレーゲル兄弟などの芸術家の構想力論も射程とした。

※引用に際してはそれぞれの原典版全集（例えば Schiller は *Nationalausgabe* など）を用いた。

第3章

カントの構想力論[*1]

はじめに　構想力論の系譜

　構想力をめぐっては、一般に、カントが主張する人間の有限性に対して、フィヒテとシェリングとは、それぞれ無限性、すなわち「絶対的自我」に類するものを主張した、とする位置づけが知られている。例えばフェガーはもっぱら最初期のシェリングを引き合いに出し、「カントにおける統覚の綜合統一、すなわち、彼が超越論的哲学の「最高点」として演繹した純粋自己意識を、フィヒテとシェリングはカントの後継者として、知的直観の統一において、「すべてが依存する実在性の最終点」(Schelling, *Vom Ich als Prinzip der Philosophie* (1795), in: SW, I: 162)として理解している」（cf. フェガー2002: 49）とする。

　こうした系譜を検証するにあたり、ここで比較できるのは、カント「超越論的構想力」、フィヒテ「構想力の動揺」、そしてシェリングの「一つに形づくる力」としての構想力、などであろう。

　まず、カントからシェリングへの、構想力論の継承と断絶については、天才概念において興味深い対比が見られる。というのはまず、カントが『純粋理性批判』において、感性的直観と悟性的概念との橋渡しとして、なかば仮設的に提起したはずの構想力が、一転、『判断力批判』では、創造的な天才に固有の能力として採りあげられることとなる。周知のように、カント『判断力批判』において「天才」とは、構想力の独創性である（§46）。すなわち、天才には独創的な構想力が属しており、この構想力のみが創造的である。

　カントのいう「天才」とは、いわゆる「無から有を創り出す」という意味での創造的な天才かといえば、むしろそうではなく、天才として現われたその者およびその創作物が、かえって自然と思われるような、そういったものをカントは天才と見ている。カントが天才の「独創的な構想力」を「創造的である」というとき、その独創性・創造性は自然そのものの「無から有」を創造する類稀れなものである、と

そのまま理解することはできないだろう。

　また、フィヒテの構想理解に関しては、たんに哲学史上でカントとシェリングとをつなぐという役割にとどまらず、きわめて独創的な意義を我々に知らしめてくれる。当初、1794/1795 年の『全知識学の基礎』は、シェリングのような明確な「知的直観」の立場を有しておらず、むしろそれはフィヒテ知識学に影響を受けたシェリングからの逆影響というかたちで、後の 1797 年『知識学の第一序論』になってあらわれるようになった。その知的直観とも深く関わってくるのが、フィヒテ知識学における構想力観の変遷である。ここでまず呈示しておきたいのは「独立能動性」であり、これは感性と悟性との中性的ないし媒介的な作用としてフィヒテ知識学で重要な役割を担っている。

　そしてもう一つ呈示せねばならぬのは、フィヒテ知識学の本質ともいえる「動揺する構想力」(das schwebende Einbildungskraft)である。文字どおり感性と悟性とのあいだを「動揺する」この構想力の働きは、フィヒテの目的論および有機体論において、きわめて重大に作用する。

　さて、シェリングにおける構想力(Einbildungskraft)は、さしあたって、字義どおり「一つに形づくる」(einbilden)力の意義をもつものである。ここでの「一つ」とは、無限と有限との一如ということであって、これをみることのできる者が「天才」である。カントの先述の言葉、天才とは構想力の独創性であり、構想力のみが創造的である、に対して、シェリングにおける天才とは、あらゆる有限的存在者のなかに意識せぬ(bewusstlos な)無限性そのものをみる者、つまり有と無の一如をみる者であり、これこそが天才の真の独創性であり創造性である、という意味となる。

　それゆえ、超越論的自由がその意識的自由の立場から、有限的客観性へとかかわるという、いわば「有的立場」をとるのに対して、美感的〔美的〕直観は、無意識的な立場において、あらゆる個性美へと自己を表現しつつ、しかも自己の客観へのかかわりを可能にするという、これもいわば「無的立場」をとる。だから美感的直観とは、たんに意識的主観の立場からみてとるような主観主義に終始するのではなく、有限と無限との一を如実にみるという全体的意味において、客観的であるといえる。おおよそこれがシェリングの主張である。

　本章では哲学史順にカントを、続く各章でフィヒテ、シェリングらの構想力観を概観していく。

第1節　構想力の特性描写

　まず、主に『純粋理性批判』における構想力の定義に関して、重要な点について
あらかじめ整理してみる。

　「構想力」について、カントは『純粋理性批判』のB版でこう述べている。「構
想力とは、直観において対象が現に存在していなくとも、対象を表象する能力であ
る。ところで、我々のあらゆる直観は感性的だから、構想力はそのもとにおいての
み悟性概念に対し、これと対応する直観を与え得る主観的条件をなすという点に関
しては、感性に属する」(B151)。

　構想力とは、一口でいえば「形成的直観能力」である。構想力は、同じ感性的直
観能力でも、知覚や感覚などの感官〔感能〕(Sinn)のように、感受的な直観ではな
い。したがって、この感性的‐形成的直観能力は、知的直観〔悟性的直観〕でもな
ければ、純粋感性的直観すなわち空間・時間の直観形式でもない。

　構想力はたしかに受動的な感受性ではないが、それが知覚にあって活動するかぎ
りでは経験的な直観とみなされ、直観のもとに所属させられる。理性および悟性と、
感性との関係において、構想力は感性の方向に位置づけられており、直観一般を
「類」とした場合、感官と共にその「種」として感性のもとに属している。したが
って構想力とは、形成作用という「種」を有する直観能力という「類」である。あ
るいは裏返していえば、感性すなわち直観能力を「類」とし、その下に、形成作用
を「種」として属する、ともなる。しかし、この「形成作用」とは「形成する(bildende)
働き」のことであり、それは能動的であるため悟性とも関わると考えられるから、
「形成的直観能力」は、字義どおりには、明らかに直観と悟性の亜種である。

　そこで、受動的な感受性である感官と、自発性をもって印象を綜合し印象形象を
形成してそれを原型・基盤とし、種々の形象を形成する自発的能動的作用である構
想力とは、はっきりと区別されねばならない。構想力は、経験的能力として、感官
の感覚作用が対象から受容する印象を素材として、さまざまな「形象」(Gebilde/das
Ge-bildete)を形成する自発的・能動的な表現能力である。形象の例としては、

　①印象形象
　②再生形象〔想起／記憶〕
　③先見形象〔期待／予期〕

④幻想形象〔創作／空想／仮構／仮想〕

⑤表示形象〔記号／象徴／言語〕

などが挙げられる。このうち①は覚知作用（Apprehension）による形成体であり、先述したように、一切の形象の原型・原因であって、これを基盤として種々の形象が形成される。

カントは『純粋理性批判』A版の演繹論で「覚知」について、これを構想力が「直接に知覚に及ぼす働き」であるとしている（A120）。覚知および内実である印象形象を除いたすべての形象は、現前する現実的対象が現に存在していなくても現象する。したがって、構想力は先にも挙げたカントの言葉が示すとおり、「対象が現に存在していなくとも、表象する能力」（B151）だということができる。そしてこれが、古代ではアリストテレス以来、近世ではバウムガルテン以来の、一般に構想力に想定された能力であり、上記②、③、④、⑤等はこの概念に適合する。

このように、構想力における形成的な直観能力は、知覚や感覚などの感官のような受動的な直観ではなく、印象を積極的に迎えて受容する能動的な直観であり、むしろ受動的直観の根柢［根底］にあって、これを可能にする作用である。すなわち、形成された印象形象において、注意し識別し綜合すべく an-sehen する知覚的な直観であり、また、再生形象によって nachsehen する想起的な直観であり、さらに、先見形象によって vor-sehen する予期的な直観でもある。そして、時間性の純粋形象を形成する純粋直観における純粋構想力が、これらの根源的な能力として働いている、そうした純粋形成的な直観能力である。

経験的な構想力の根源的なはたらきは、産出的〔生産的〕構想力、すなわち勝義の表象作用（das Vorstellen）である。一般に、表象作用によって表象されたもの（das Vor-gestellte）が表象（Vorstellung）であり、これは感性的表象〔形象〕と悟性的表象〔概念〕とに大別できる。

産出的構想力は再生的構想力を包み、これを可能にする。産出的構想力は悟性〔判断能力〕や、狭義の理性〔推理能力／理念の能力〕、統覚〔勝義の理性としての自覚作用、つまり本質直観〕とは区別された、自由に基づいて形成する自発的作用である。一方、広義の理性は構想力を包括する。しかし、思惟能力と認識能力としての、すなわち、より狭義な理性とは構想力は対立し、かつ協力もする。こうした独自な性質こそ、構想力の本領ともいってよい。

　以上のように、構想力は広義の理性の内に含まれ、そこに位置を占める。しかしまた、感性の根源として働く、すなわち自発的な能動作用でもある。こうして、理性は構想力との協働無しには、経験的にもア・プリオリにも他の認識作用を可能にしない。

　理性はそれの狭義の面では、感性とはまったく異質なものとして、感性から峻別され、感性と対立する。しかし広義の面では、そのア・プリオリ性と能動性において感性を包んでいる。

　同様に、印象を受け取る感性的で経験的な直観、すなわち感官・感覚作用は、理性の経験的な質料として理性に対立するが、広義の理性は、感性的でア・プリオリな直観、すなわち感性的形式としての時間・空間を、そのア・プリオリ性と形式性の点で、類同的なものとして、自己のもとに包んでいる。

　構想力はその本質において、純粋作用ないし超越論的〔ア・プリオリな‐綜合的‐超越的〕作用である。それは純粋形象や超越論的図式を形成し、空間・時間の純粋直観の根源的根拠となる。その形成作用がア・プリオリで、超越論的である点で、この超越論的形成作用には深い理性の根源、心性(Gemüt)が窺い知られる。勝義の純粋理性は自由に基づく形成的自覚作用と理解でき、その形成の点では純粋構想力は自由を根拠とする自己形成的表現作用として働き、その自覚の点では純粋統覚が自己直観作用として根源的自覚作用を有する。しかも両者は協働し合い、相互に関係し合い補充し合う。勝義の純粋理性とは、「私は考える」(Ich denke)にして同時に「私は表象する」(Ich stelle vor)である。純粋統覚は構想力を知性化・論理化し、それに意味を附与する。そして純粋構想力は統覚を直観化〔感性化〕・時間化し、それにア・プリオリな、ないし経験的な形象を与える。認識は、こうした意味と形象との相互限定関係において成立する。

　判断力の二つの別、すなわち「規定的」か、あるいは「反省的」の、それぞれで構想力との関わり方は変わってくる。規定的な判断力は、普遍的なものにおいて特殊的なものを包摂する能力であり、その包摂の根拠には綜合がなければならない。そこで綜合作用としてそのなかで働くのが構想力である。一方、反省的な判断力は、特殊的なものにおいてその普遍的なものを目的として発見し、それによって特殊的なものを定立する。そしてここでも構想力が働く。また、知覚作用においても、印象形象の形成と綜合、つまり覚知作用が働いている。知覚の内部に働く、注意・識

別・比較・抽象・綜合には、反省〔統覚〕と共に、構想力が働いており、両者は協働し合っている。

認識論の場合はもちろん、実践論や目的論、すべての領域で働く理性には、構想力が、経験的には形象形成への表現的直観作用として、そして超越論的には純粋形象の形成や超越論的図式作用として、協働している。経験的、超越論的のいずれにおいても、構想力は形象の形成的表現能力である。この形象に意味を附与するのは、理性であり、純粋統覚である。認識は、形象と意味との相互限定関係をなす超越論的図式構造において可能となる。

同様に、実践論に関しても、傾向性の形成、道徳法則への畏敬〔道徳的感情〕の産出と媒介的綜合作用には構想力が働き、その根源には超越論的構想力が働いている。

目的論における構想力の重要な働きについてはいうまでもないが、詳論は別の機会に譲る。

第 2 節　カント構想力論の変遷

2A　著作別の概観

カントの構想力論を整理するにあたり、領域を著作によって大別するということは有効であろう。現に、我が国における構想力研究の古典的労作である三木清『構想力の論理』（著者が参照したのは岩波版全集第 8 巻、1967 年）で、三木は同書第四章「経験」の第八節以降巻末までにわたり（cf. 三木 1967: 323-509）カント構想力論を詳細に検証する際、もっぱら「形而上学」講義、『実用的見地からの人間学』（1798 年刊。ただし講義自体は 1772／1773 年冬学期から 1796 年春までおこなわれていたので、ここでは第一批判（1781 年初版）成立まで——当然、いわゆる「沈黙の十年間」で着々と主著の執筆は進められてはいたが——に主として該当するとみてよい）、『純粋理性批判』、『判断力批判』という四段階でそれをおこなっており、これはきわめて妥当な見解であると評価できるだろう。ここでもそれをなぞって、構想力の機能をカントの著作に沿って縦断的に見渡してみたい。

一　形而上学

　まず(1)、「形而上学」講義においては、当時のいわゆる「ドイツ学校哲学」で主流であったバウムガルテンの形而上学を踏まえて、人間的認識能力の区分がなされている。

　次に(2)、『人間学』においては、純粋な空間および時間の直観は、産出的〔生産的〕構想力の根源的表出（exihibitio originaria)に属するものとされている。

　(1)についての三木による詳解は以下のとおりである。

バウムガルテン『形而上学 Metaphysica』（第四版 1757 年）の「経験心理学」(Psychologia empirica)の部分は、カントの講釈とともに、アカデミー版カント全集第 XV 巻に復刻収録されている。バウムガルテンは、「上級認識能力」(facultas cognoscitive superior)すなわち「悟性」(intellectus)に対して、「下級認識能力」(facultas cognoscitive　inferior)を区別した。

　後者は「感覚」(sensus)、「構想力」(phantasia)、「識別力」(perspicacia)、「記憶」(memoria)、「想像力」(facultas fingendi)、「先見力」(praevisio)、「判断力」(judicium)、「予期力」(praesagatio)、「構図力」(facultas characteristica)に分かたれている（バウムガルテン、前掲書、第 519 節から第 650 節を参照）。

【邦語および羅語―独語を対照させると、それぞれ、

感覚 sensus ― Sinn、構想力 phantasia ― Einbildungskraft、識別力 perspicacia ― Unterscheidungsvermögen、記憶 memoria ― Gedachtnis、想像力 facultas fingendi ― Dichtungsvermögen、先見力 praevisio ― Vorhersehungsvermögen、判断力 judicium ― das Vermögen, zu beurteilen、予期力 praesagatio ― das Vermögen, etwas zu erwarten、構図力 facultas characteristic ― das Vermögen der Zeichenkunde

となる】

　これが構想力についてのカントの見解の主要な文献的源泉となった。バウムガルテンの分類は、ただ上級認識能力と下級認識能力との区別が体系的であるのみで、その他はたんにこれら機能を並列的に挙げているにすぎない。したがって、焦点をそのうちのカント構想力概念と特に関係があるものに絞れば、三木が援用しているR・シュミットの指摘どおり、「構想力」、「記憶」、「想像力」(cf. Schmidt 1924)、ということになる。

　構想力とは、かつて感覚に現在した知覚を、対象が現在しない場合に、ふたたび表象する能力[*2]のことである。バウムガルテンはあの有名な古典的定式、すなわち「無から有は生じない」を転じて、「まず感官のうちになかった何ものも構想力のうちにない」[*3]と言っている。

　構想力の像(imaginationes)は観念連合(associatio idearum)の法則に従い、この法則はいわば全体性の法則(percepta idea partiali recurrit eius totalis)である[*4]。「記憶」はこの〔再生的〕構想力とはまったく独立に取り扱われている。それは「構想力」によって再生された表象を、かつて意識のうちに現在したものとして再認する能力である。それが感覚表象の再認に関わる場合、「感覚的記憶」(memoria sensitiva)と呼ばれ、概念的内容の再認に関わる場合は、「知的記憶」(memoria intellectualis)と呼ばれる。「記憶」のうちには、共通なもの、普遍的なものを表象する力がはたらいている[*5]。「想像力」とは、バウムガルテンによると、再生された意識内容を分析して、部分部分を新しい独立の構成体にふたたび組み合わせる特殊な能力である。この能力もまた、或る全体性の法則に従っている[*6]。「詩的想像力」(facultas fingendi poetica)は、その一つの種類として取り扱われている。

　批判哲学成立に先立って、当時この地方（ケーニヒスベルク）に定められていた学則に従い、カントはこうしたバウムガルテンの教本に基づいて、講義をおこなったとされている。カントはまず、バウムガルテン説に依拠して、構想力概念を闡明することを企てた。三木が検証したペーリッツ編集のカント「形而上学」講義(Pölitz 1821/Schmidt 1924)において、「構想力」（あるいはそこでは「形成力」(die bildende Kunst)とも呼ばれていた）は、次の三つの形式においてあらわれる。

　一、現在の表象に関係する「現形成」(Abbildung)の能力として
　二、過去から表象を取り出して、現在のそれと連合によって結合する「追形成」(Nachbildung)の能力として
　三、現在の表象の過去に対する関係に従って、現在の表象から未来のそれを形成する「先形成」(Vorbildung)の能力として

　ここでの分類において注目すべきことは、この分類が「現在」、「過去」および「未来」という、時間の方向による純粋に形式的な原理に従っておこなわれていることである、というのは、三木の指摘するとおりである。たしかに、この分類が時間を原理としてなされたところには、『純粋理性批判』における、超越論的構想力

の本来の領分が時間であるという説の萌芽を見出すことができるであろう。「現形成」の能力においては、バウムガルテンにおける「感覚」を、「追形成」の能力においては同じく「記憶」を、そして「先形成」の能力においては、やはり「先見力」を、それぞれ認めることができる。しかしそれにしても、カントにおいてはやはりバウムガルテンとは異なっていて、「構想力」がそれらの上位概念をなしている。

　また、「形而上学」講義においては、この分類と並んで、同じく構想力の三つの機能を示す他の分類が現れている。

1．Einbildung の能力、すなわち対象の現実性から独立に、自分から像を作り出す能力。
2．Gegenbildung の能力。「対象」(Gegenbild)は他の物の像を作り出すのに役立つのであって、言葉は物の表象を描くためのこうした対象である。
3．Ausbildung の能力。それは全体の理念を作って、対象をその全体の理念と比較することに努める。

　ここではまた、はじめの二つの能力（1、2）において、バウムガルテンにおける「〔生産的〕想像力」(facultas fingendi)と、「構図力」(facultas characteristica)を、それぞれ再確認することができる。そしてこれらもやはり、すべて「構想力」という一つの能力に還元されている。

　以上から、第一の分類が時間的であるのに対して、第二の分類は空間的ニュアンスをもっており、後者の根拠として、三つの能力のそれぞれ Ein, Gegen, Aus という前綴りは、いずれの空間的性格のものである、ということに三木は注目する。するとここでもまた、空間を構想力の領分とする超越論的哲学の前段階を認めることができる。

　なお、「形而上学」講義においては、「形成力」すなわち「構想力」はまた、その作用の仕方の「有意性」(Willkürlichkeit)と「無意性」の見地からも考察されている。その際、「構想力」の無意的な作用は「下級認識能力」としての「感性」に、そしてその有意的な作用は「上級認識能力」すなわち「悟性」に、それぞれ属させられている。こうして「構想力」の領分が、「感性」の限界を超えて「悟性」の領域にまで拡げられたことは、これもまた『純粋理性批判』における「構想力」の地位に関連しているとして、三木は注目している。

　さらにそれのみでなく、既に「構想力」は「理性」とも関係づけられている。す

なわち第二の分類における第三項 Ausbildung の能力としての「構想力」も、バウムガルテンにおける「構想力」(phantasia)に比較することができ、それは既述のように、全体の理念に関わるものとして、「理念」の能力もしくは「全体性」の能力と考えられる「理性」に関係するということができる、と三木は指摘する。

　このように、バウムガルテンによる構想力の概略は、カントにおいてはさまざまな観点から変化され、そのつど、批判哲学におけるカント構想力概念の特徴も、既に決定的なかたちで現れ出ていることがわかる*7。

二　「人間学」

　以上のように、「形而上学」講義における構想力概念が、明らかにバウムガルテン心理学からの来歴を示しているのに反して、批判哲学成立直前の 1778 年の「人間学」講義（前述のとおり、カント自ら『実用的見地からの人間学』として 1798 年に刊行。それに先立ちカントは、「自然地理学」を過去三十年にわたり、「人間学」も 1772 年以来、実に 1796 年まで講義していた。以下、「人間学」と略記）においてカントは、はるかに多く、独立した見解を述べている。

　さらに、「形而上学」講義での分類がやや外面的であるのに対して、「人間学」における分類のしかたは、いわば諸機能の構造そのものから得られたものである、と三木は指摘する。

　この能力のいくつかの面における特徴づけは、明瞭に超越論的哲学の影響を示している。注目すべきは、ここでは構想力が、なんといっても「産出的」〔生産的〕(produktiv)と「再生的」〔再産的〕(reproduktiv)とに分けられていることである。「構想力」(facultas imaginandi)は、「対象が現在しなくても直観する能力」(ein Vermögen der Anschauungen auch ohne Gegenstandes)、として定義される。この定義はもちろん、たびたび引いた『純粋理性批判』B 版における構想力の定義「直観において対象が現に存在していなくとも、表象する能力」(B151)に通ずるものであることはいうまでもない。

　そして「産出的」構想力は、対象の「根源的表出」(exhibitio originaria)であり、それゆえに経験に先行する表出の能力である。一方の「再生的」構想力は、同じく「派生的表出」(exhibitio derivative)、すなわち、以前にもっていた経験的直観を、心に呼び戻す表出の能力である。カントによれば、純粋な空間および時間の直観は

　前者の表出に属しており、他のすべてが経験的直観を前提しているのに対して、「人間学」第28節でも「このものは、それが対象の概念と結合され、それゆえに経験的認識となる場合、経験と呼ばれる」（AA, VII: 167）と述べられる。このように、純粋な空間および時間の直観が、産出的構想力の根源的表出に属する、と述べられていることは、『純粋理性批判』での構想力論と比較して、明らかに注目すべき点であるとみなしてよい。

　しかし、こうした構想力の「産出性」〔生産性〕が、以前に感覚能力にまったく与えられていなかったような感覚表象をも、まったく新たに作り出すことができる、という意味に理解してはならない。そもそも「構想力」は、いかに偉大な藝術家であっても、たとえ魔術師であったとしても、そんな意味で「創造的」ではなく、むしろその形成に対する素材を、感覚に依存し、感覚から取ってこなければならぬ、という意味で経験的なものである（先述）。

　しかし構想力の形成物は、悟性［知性］概念のように一般的に伝達することはできない。その際、三木のいうように、カントが「感覚」（Sinn）、それも、つねにただ単数において、この語の特殊な意味に注意しているのには興味を惹かれる。すなわち、伝達における構想力の表象に対する感受性が、「感覚」と呼ばれる。「或るものに対してなんらの感覚ももたない」といったとしても、しかしその場合は「感覚」の無能力なのではなく、むしろ或る部分では悟性が、伝達された表象を捕捉しそれを思惟において結合する際での無能力のことを意味するのである。

　日常の用語においてきわめて普通の感覚という言葉は、このようにして構想力と関係する、と三木は指摘する。カント自身の主張によれば、ドイツ語で Unsinn（ナンセンス）とか、あるいは der gesunde Menschenverstand を Gemeinsinn と称する場合においても、Sinn という語は構想力との関係無しには考えられない（cf. AA, VII: 169）。

　さらに天才を定義して、カントが『人間学』の第30節や第57節で「構想力の独創性（模倣的でない生産）は、それが概念に一致する場合、天才と呼ばれる」等と述べているのは（cf. §30, AA, VII: 172; §57, AA, VII: 224）、『判断力批判』における構想力の問題とも比較して、きわめて注目すべきであるといえる。

　さて、産出的構想力の「感覚的想像力」（das sinnliche Dichtungsvermögen）は、次の三種類に分けられる。

A. 「形成」(Bildung)の感覚的想像力、すなわち空間における直観の形塑的能力(imaginatio plastica)。その無意的な作用が想像(Phantasie)であり、その有意的な作用は、「構成」とか「発明」などと呼ばれ、藝術的創造の力となる。

B. 「連合」(Beigesellung)の感覚的想像力、すなわち時間における直観の「連合的能力」(imaginatio associans)。連合の法則は、しばしば継起する経験的表象は、心のうちに習慣を作り、一つが現れるとき他もまたあらわれるということ、すなわちそれは「近接」の法則のことである。

C. 「親和」(Verwandtschaft)の感覚的想像力、すなわち表象相互の共通の由来による「親和の能力」(affinitas)。「親和」とは「多様なものの一つの根基からの由来による結合*8」を意味している。いわゆる「構想力の戯れ」は、この場合、それに素材を与える感性の法則に従い、その連合は、規則の意識無しに、しかも規則に適って、こうして悟性「から」(aus)導来されたのではないとはいえ、しかし悟性「に適って」(gemas)行なわれる。

これらの見解についての三木の指摘によると、カントが習慣に基づく「連合」を産出的構想力に属させたことは、それが詳しい説明に缺［欠］いているとはいえ、D・ヒュームのなお機械的な思想に対比して深い示唆を含むものである。

また、こうした三木の指摘を俟つまでもなく、超越論的哲学全体における構想力の理論と、特に重要な関係をもっているのは「親和」の感覚的想像力の説である。なぜならこの「親和」［親近性］(Verwandtschaft)こそ『判断力批判』第 51 節における美的判断と実践理性とを架橋する重大な概念にほかならぬからである。

さて、この「親和」の感覚的想像力についてカントは、「悟性と感性とは、種類を異にするにもかかわらず、あたかも一つが他から、あるいは両者が一つの共通の系統から起こったかのように、我々の認識を生ずるために自ずと親和する」と述べている。もっとも、その事情は「すくなくとも我々にとっては理解し得ず」(『人間学』第 31 節、AA, VII: 177)、それを探ろうとするとき人間理性は闇のうちに迷わざるを得ないこととなる。

次に再生的構想力は、「過去のものおよび未来のものを構想力によって現在化する能力」という題のもとに取り扱われている。ここでも注目すべきは、三木が既に『構想力の論理』第一章で指摘していたことを自ら言及しているように（cf. 三木 1967: 50）、カントが「先見力」(Vorsehungsvermögen)、すなわち或るものを未

来のものとして表象する能力を、再生的構想力に属する、としていることである。それに対して、過去のものを現在化する能力は「想起力」（Erinnerungsvermögen /Vermögen der Respicienz）であり、これは次の二つに分かれる。

　まず、無為的に働く場合には、たんに再生的構想力であり、それに対して、有意的に働く場合、それは「記憶」（Gedachtnis）である。「先見力」（praevisio）はDivinationsvermögen [Vermögen der Prospicienz]とも呼ばれ、「あらゆる可能的な実践と、人間が自分の力の使用とを関係づける目的の条件」（『人間学』第35節、AA, VII: 185-186）である。すなわち、すべての欲求は、その力によって可能であるものの「予見」を含んでおり、したがって、過去の「想起」によって未来の「予見」は可能になり、むしろ過去の想起はそのためにのみおこなわれる。その際、我々は或ることを決心するため、あるいは覚悟するために、およそ現在の立場で、おのれの周囲を見る、とカントは述べている。

　先見力は、バルムガルテンにおいてと同じく、特殊の場合には、「予言者的才能」（Wahrsagerbage/facultas divinatrix）にまで高まる。想起力と先見力とのいわば中間に位置するのが「構図力」であり、それは予見されたものの表象と、過去のものの表象との結合手段としての、現在のものを認識する能力である。

　さらにカントはここで、「象徴」（Symbole）および「特性」（Charaktere）の認識についても論じており、三木はこのカントの見解をもとに、近代認識論では閑却されている表号や記号の重要性について喚起し、さらに当時、ハイデガーやヤスパースがそれぞれ象徴論や暗号論を展開していることについて、自分の立場とは異なるとはいえども、それらを興味深いと高く評価している[9]。

　三木のカント人間学についての検証は、さらに遺稿（cf. カント「人間学へのレフレクシオーン[Reflexion 省察]」第228番）にまで及んでいる。そこにおいてカントは、構想力のさらなる別の分類を展開している。1798年の『人間学』刊行後も、最晩年に至るまでカントは、人間の能力体系における構想力の位置を人間学的に定めようと試み、それを感性の全範囲のみならず、全体の心的活動の中心概念にまで高めようとする傾向をみせていた。三木によれば、カントの構想力についての解決には、たしかに動揺が認められる。そしてそれは、カントが諸機能を、孤立的に、固定的に、並列的に分類することに満足しなかった兆しである。その際、構想力において様々な観点からあらわになる「創造的原理」は、心の根源的な力とし

て、それらすべてがそこから出て来る、あるいはそこに総合［綜合］される統一根基であるかのごとき予感があったもののようであり、それが構想力に絶えず新たな能力を帰属させる動機になった、という（cf. 三木 1967: 334f.）。

あの有名な問い、「私は何を知り得るか」「私は何をなすべきか」「私は何を願い得るか」、そして「人間とは何か」、このうちの前三者は言うまでもなく、カントが『純粋理性批判』「超越論的方法論」（B 833）で掲げた有名な問いである（例えば20世紀において、最もカントに対して深い親しみをもっていた自認する哲学者であるヤスパースも、その最晩年に至るまで（最後期の講義を編集した遺稿 *Chiffren der Transzendenz* 1970（邦訳『神の暗号』）等を参照）、カントのこの問いをめぐって哲学することに勤しんでいた）。しかしより詳しくは、はじめの三つの問いはその最後の第四の問いに収斂され、そしてそれは人間学の問題であると、カント自身が「論理学」講義のなかで述べている（三木が参照した W. Kinkel 新編 *Logik*, 1904: 27）ことを三木は明かしており、それは我々にとっても既によく知られたことである。三木はカントのこの見解をヒュームに照らし合わせており、そしてそれは、この『構想力の論理』の章の構成において、ヒュームの検証がカントに先立って配置されている（同書「経験」章、参照）こともあって、きわめて妥当な捉え方であるという印象を多くの読者に与える結果となっている。

ヒューム『人性論［人間本性論］*A Treatise of Human Nature* 1739』によれば、「人間学(the science of man)は他の諸学にとって唯一の堅固な基礎であるから、この学自身に我々が与え得る唯一の堅固な基礎は経験と観察とに基づかねばならない」（同書序論 Introduction）。カントも他のさまざまな問題と同様に、当然ながらヒュームを強く意識して、しかしヒューム流の経験的人間学ではない、固有の超越論的人間学を展開しようとしたのであろう。そして三木によれば、それこそ、「カントの名を偉大ならしめたあの先験哲学の全く新しい、独特の問題提出を通じて可能にされ得るもの」なのである（cf. 三木 1967: 336）。

するとここで、心理学と論理学との関係について考察する必要性が浮かび上がってくる。そもそも超越論的哲学はまったく論理的であるから、そこで取り扱われるのは認識の妥当性を基礎づける論理的ア・プリオリ性である。そしてそれはもちろん、心理的発生の問題とは厳密に区別されねばならない。三木が参照しているように、アロイス・リールもその著 *Der philosophische Kritizisismus*（『哲学的批判論』）

において、『純粋理性批判』にみられるそうした心理学的な解明や演繹を、「不適当なもの」(das Ungehörige)とみなしこれらを斥けている(cf. Riehl 1908: 503ff.)。

　もちろん、たんなる経験心理学的な問題であれば、それは切り捨てられるべきであるだろうが、認識において、認識対象のみならず認識作用が問題とされるならば、そこに超越論的論理学と並んで、超越論的心理学が考えられる余地が生じるであろう。そこで三木は、彼にしては珍しく長々と、『純粋理性批判』A版の序文から、次の記述をカント自身の見解として引いている。

　「その一つの面は純粋悟性の対象に関係し、その概念の客観的妥当性を先験的に証明し理解せしめなければならぬ、まさにそれ故にそれはまた本質的に私の目的に属している。他の面は純粋悟性そのものを、その可能性と、その上に純粋悟性そのものが拠っている認識諸力とに従って、かくてそれを主観的関係において考察することを目差している、この解明は私の主要目的に関して大きな重要性を有するにしても、本質的にはこれに属しない。なぜなら主要問題はつねに、悟性と理性は何をまた如何に多く、あらゆる経験から離れて、認識し得るかということであって、思惟する能力そのものが如何にして可能であるかということではないからである。後者はいわば与えられた結果に対する原因の探求であり、何か仮説に類するものをそれ自身に有するから（私が他の機会に示すであろうように、実際にはそういう事態にあるのでないにしても）、この場合私には臆見することが許されており、従って読者にとってもまたそれとは違って臆見することが自由でなければならぬかのように思われる」(A: X-XI)。

　この記述は、あの有名な、「私の知るかぎり、我々が悟性［知性］と呼ぶ能力を探究し、悟性使用の規則と限界とを決定するのに、私が超越論的分析論第二章で、純粋悟性概念の演繹という題名のもとに試みた研究以上に、重要だといえる研究はなかろう」ではじまる段落に含まれる一節なのである。カントは先の引用文の直前で、この演繹論はきわめて深い根柢に立つものであり、二つの側面を有するといっている。すなわち、カテゴリーの超越論的演繹における「客観的演繹」と「主観的演繹」との区別である。これらはそれぞれ、前者が超越論的論理学的、後者が超越論的心理学的である。

　さらにいえば、A版の演繹論は主観的演繹、超越論的心理的側面を色濃く出したものであり、B版での大幅な改訂は、そうしたA版での不徹底さ（と著者カント

自身には映った）が原因となっているのであろう。しかしより興味深いことは、三木も指摘するとおり、カントは主観的演繹が『純粋理性批判』での主要目的に本質的には属さぬと断りながらも、A 版ではあえてその主観的演繹をしていることである。かつて R・シュミットも、客観的演繹の抽象的な志向を理解しやすくするための「具象化的意義」(eine illustrative Bedeutung)を有するにすぎぬ、とみなした(cf. Schmidt 1924: 18)。このような部分は、現に B 版ではすっかり書き改められている。だがそうかといって、B 版で超越論的心理学的な要素がまったく拭い去られたかといえば、そうみることもできぬ、と三木は釘を刺す。超越論的論理学は主観の超越性に基づくものとして、超越論的心理学から離れることはできず、カントも言うように、超越論的哲学には認識の「源泉」もしくは「根源」の問題があり、その問題こそ、超越論的心理学の問題にほかならぬのである。

　というのもカントは、経験一般とその対象の認識可能性の基礎として、感官、構想力、統覚のいわゆる「三つの根源的源泉（心の能性あるいは能力）」「認識の三つの主観的源泉」を挙げている(A 94; A 115)。これらの能力には経験的使用と同時に超越論的使用があり、後者こそが超越論的心理学の問題である、と三木はみなしている。超越論的論理学と超越論的心理学は、相互に結びつかねばならず、論理と心理、客観的演繹と主観的演繹とは、統一されねばならない。たしかに主観的演繹は、まさに主観的であるという理由から、カントのいうように「何か仮説に類するもの」をそれ自身もっている。しかしそうだとしても、それは客観的演繹と結びつくことで、そのような主観性を脱することができる。

　つまり、三木の推察によれば、カントはこの心理学的な仮説を、そうした認識論的結果と一致させようとしたのである。こうして人間学は、超越論的心理学の問題を通じて、超越論的哲学に結びついていく。カントの人間学が経験的なものを超えて深められ、諸能力の系統の統一化、心の「創造的」機能の探究へと向かっているのは、こうした超越論的なものへの突入を示している。以上が三木による見解である[*10]。

　このような見解は、超越論的論理学と超越論的心理学との相関の重大さを呈しているであろう。論理学と心理学との問題が、構想力の根源に関わる重要な問題であることがあらためて知られてくると、構想力そのものの定義もふたたび問われるようになる。周知のように、カントが『純粋理性批判』「緒言」(A15/B29f.)で述べ

た「人間認識の二本の幹」すなわち「感性と悟性」が「おそらく一つの共通な、しかし我々には不可知の根から発する」ところ、いわばその「深淵」とは、ハイデガーによれば、超越論的構想力にほかならぬのであって、彼はその「カント書」のあの有名な件でこう書いている（これについては本書で後に詳述する）。

「もし純粋理性が超越論的構想力へと急転するとすれば、『純粋理性批判』からはそれ自身によって主題が奪われるのではなかろうか。このような根拠づけは、一つの深淵の前へと導くのではないだろうか。カントは形而上学の『可能性』を、彼の問いかけの徹底性においてこのような深淵の前にもたらした。彼は不可知なものを見たのである。彼は退避せざるをえなかった。なぜならば、たんに超越論的構想力が彼を脅かしただけでなく、そのあいだに純粋理性が理性としてさらに強く彼をその呪縛のなかへと引き入れたからだった」(Heidegger, *Kant und das Problem der Metaphysik*, in: GA3, p. 168)。

ハイデガーが問い質したのは、『純粋理性批判』の初版と第二版をめぐる、「感性」「悟性」の二元論と、「感官」「構想力」「統覚」という三元論の併存であり、その際ハイデガーが自説の根拠として挙げているカントの第二版での改変は次のとおりである。二箇所ともに、先述したように三木も引用している初版の、「あらゆる経験の可能なための条件を含み、それ自身は心のいかなる他の能力からも導出不能な、三つの根源的源泉（心の能性あるいは能力）」「すなわち感官、構想力および統覚」(A94)、ならびに「経験一般の可能および経験の対象の認識の可能な理由が基づく三つの主観的認識源泉」すなわち「感官、構想力および統覚」(A115)であり、これらの箇所はいずれも B 版では削除されている。

カントが現行のように改めた理由として、ハイデガーは先の「カント書」で次のように推測している。前者の引用箇所がロックとヒュームの分析についての批判的論究によって置き換えられることにより、カントが初版での手法を、ハイデガーのみるところ「不当にも」、いまだ経験論に近いところでみている、ということを示唆しており、一方、後者の引用箇所は超越論的演繹全体が創り直されたことによって生じた缺落にほかならぬ、という(cf. Heidegger, GA3: 161f.)。

カント自身による第二版での改変について、ハイデガーにとって「決定的な問い」とは、「超越論的構想力は置かれた根拠として、まさに人間の主観の主観性の有限的本質的を根源的に、すなわち統一的そして全体において規定することを担い得る

に十分であるか、それとも人間の純粋理性の問題は、超越論的構想力の排除によって既に問題として把握し易いようにかたちづくられ、そして可能的解決により近づけられ得るか、という問い」(Heidegger, GA3: 171)にほかならない。そしてもちろんその答えは「然り」なのであって、それはこの超越論的構想力が、感性と悟性という二つの幹の根であり、存在論的な綜合の根源的統一を可能にするからである(cf. Heidegger, GA3: 202)。ただしハイデガーにとっては、その超越論的構想力という「根」すら、さらに「根源的時間」に根ざしている。すなわち「時間」こそが、最新の根拠づけとなってゆく根源的根拠なのである(cf. Heidegger, GA3: 202)。

2 B　カントの直観的悟性[*11]

　第三批判『判断力批判』が探究する美や有機的生命は、認識論の水準による「批判哲学」では、可知性と不可知性のあいだに境界線を引くのは困難である。そこでは、悟性にとっては不可知とされるところにこそ、至上の知の源泉を求めねばならぬということもおこり得るし、むしろあえて人間悟性を超える神の知性——カントはこれを「直観的悟性[*12]」と称する——を想定することで、人間的悟性の領域を設定し直すといった「アクロバティックな手続き」（佐藤 2005: 6）を踏む必要も生じる。そして、この人間悟性を超える神の知性こそが問題となる。現に『判断力批判』第 77 節では、この知性と比較することで、人間の認識能力が確認される。そもそもいかなる根拠によって、人間の認識形式と自然とが合致するであろうか。それが意味することは、かつてカントが『純粋理性批判』で初版・第二版を問わず一貫して論の展開の軸とした「ア・プリオリな綜合判断はいかにして可能か」という問いを、さらに、「ア・プリオリな綜合判断などそもそも可能なのか」という問いの次元にまで遡らせるということでもある。それによって、「我々はこの世界のうちに自らの支えを見出せる者なのか、それとも一介の異邦人にすぎぬ者なのか、ということが問われる」（佐藤 2005: 6）。そのような根源的な問い、人間的知の条件への問いかけがここではなされているのである。

　カントは同じ「批判哲学」のなかでも、第一の『純粋理性批判』の段階、より詳細には A 版の段階と B 版の段階、そして第三の『判断力批判』の段階とでは、明らかに悟性に関する見解が異なってきている。狭義の、すなわち理論的な理性をめぐる第一批判では、周知のように「受動的な感性による直観」と「能動的な悟性に

よる概念」という区別、こうした堅固な認識論的手法を維持しようとする努力が随所にみられるが、それが第二の『実践理性批判』になると、広義の理性をめぐる実践的な理性の検証がなされるに際して、もはやその課題は理論理性の手に余るようになる。そしてこの第一批判と第二批判とを綜合したのがもちろん第三の『判断力批判』であって、ここで遂行された批判哲学全体の綜合によってこそ、カントの超越論的な批判哲学はその頂点に達する、とみる研究者はきわめて多い（例えば熊野2002も第三批判こそカントの頂点であると述べている）。

　それをより詳しくまた具体的に言い換えれば、先述したように、第三批判が探究する美と有機的生命は、もはや理論理性にもとづく認識論的なアプローチにとっては不可知の領域に属している、ということである。そしてこの「不可知」とは文字どおり「可知」の彼岸にあることであり、我々にはそもそもその不可知性すら容認することもできぬはずである。実はカントは既に第一批判においても、このような「不可知の深淵」に直面し慄いていた。いうまでもなくそれは、ハイデガーが指摘していたカント構想力論に見られるA版・B版の双方をめぐる齟齬にもあらわれており、いわばそこで棚上げされた問題が実践理性の批判を経て、第三批判で主問題としてふたたび首を擡げてきたとみることもできる。有限的な人間の悟性では、不可知の領域において至上の知の源泉を求めることなど、とても能うところではない。そこでカントが呈示するのが、人間悟性を超え、あたかも神の知性とも呼べるような「直観的悟性」なのである。

　それでは、カントの直観的悟性をめぐる議論とはいかなるものか。件の『判断力批判』第77節をみてみると、この「自然目的という概念を我々に対して可能にする人間的悟性の特質について」と題された節は、まず合目的性概念を支える判断力についての考察を経た後、議論はついに人間の条件についての根本的考察にまで達している。この「自然目的」という概念は、有機体を対象とした場合には採用せざるをえぬ理念である。それはあたかも対象の「構成的原理」であるかのようでいて、しかし実はあくまでも「統制的原理」に従わねばならず、さらにこの自然目的の理念は、悟性にとっての原理ではなく、反省的な判断力にとっての「理性原理」であることが確認される。

　「この偶然性は、判断力が悟性諸概念の普遍的なものへともたらすべき特殊的なもののうちに、きわめて自然に見出される。というのも、我々の（人間の）悟性と

いう普遍的なものによっては特殊的なものは規定されず、互いに異なった事物が、或る共通の標識〔徴表〕においてなら合致〔一致 zusammenstimmen〕していても、どれほどまで多様な仕方で我々の知覚に現れ得るかは偶然的だからである」(Kant, *Kritik der Urteilskraft,* §77, in: AA, V: 406; 3rd edn. (1799. 現著者生前最後の版。以下、アカデミー版の頁数に続き、/の後に（佐藤 2005 が引用している）第三版の頁数を並記する): 346-347)。

　経験を通じて与えられた対象に、判断力が反省を加える際の、我々の悟性が示す特質を考察するにあたり、カントは人間的悟性を超えた、神的な悟性のようなもの、すなわち「直観的悟性」を比較対象として提起する。

　カントの定義によれば、人間的悟性は「概念能力」あるいは「論証的［論弁的／比量的］(disc[k]ursiv) 悟性」(§77, V406/347)であることなどを特質としている。それは、カテゴリーから出発し、そこに直観の与える特殊なものを包摂することで、客体の認識へと達する。そのような論証的悟性に対して、ここで提起される直観的悟性は、かなりの隔たったものである。

　判断力が規定的判断力と反省的判断力とに二分されることについては、いまさらいうまでもなかろう。前者の規定的判断力は、多様なものとしての直観を、普遍的なものとしての純粋悟性概念すなわちカテゴリーへと包摂する。

　ただし、直観の特殊的内容と、悟性の普遍的概念とのあいだには、質的な断絶が存在しており、もともとカテゴリーの普遍性とは、量・質・関係・様相の四綱目のいずれにおいても、特殊的な内容を一切捨象した普遍性であって、それゆえに抽象的なものにとどまっている。したがって、そのカテゴリーの普遍性から、直観が我々に与えるような多様性を導出することは不可能である。さらに、先の「論証的悟性」は、賓辞的［述定的］言語の論理に従う悟性を意味しており、それは直観の特殊的内容に対峙する。悟性が判断力に関して有する特性について、カントは次のように論を接ぐ。

　「それゆえ、我々の悟性は判断力に対して、我々の悟性による認識においては普遍的なものによって特殊的なものが規定されず、したがって特殊的なものは普遍的なものからだけでは導出することができない、という独自の性質を有している。とはいえしかし、自然の多様性のうちにあるこの特殊的なものは、普遍的なものに包摂されるためには（概念と法則とによって）普遍的なものに合致すべきであるが、

その合致は、これらの事情のもとではきわめて偶然的で、判断力にとっては規定された原理を欠いていなければならないのである」（§77, V406-407/348）。

　或るカテゴリーに関して、対象においてその認識が成り立つということは、普遍的な概念と特殊的な直観内容のあいだに合致（Zusammenstimmung, 一致）が果たされるということである。しかしその合致は、先のカントの引用によれば、人間的悟性にとっては偶然的なものでしかない。人間の論証的悟性がカテゴリーから出発し、直観の与える特殊なものを包摂することで客体の認識へと達する際には、自然の多様な産出物とその悟性とが合致するというのは、あくまで偶然に委ねられている。この「偶然」とは、認識が成立するからにはその合致が存在しているはずではあるが、けれども我々がその根拠を知ることができぬということである。

　したがって、両者を結合する判断力は「規定された原理」、すなわち我々にとって明白な原理、これ無しに自らの作業を始めねばならない。これは、人間の悟性能力の限界確定をしたうえに、なお、その限界を超える課題に立ち向かわざるを得ぬということである。

　この難問に対してカントが呈示した解法が、人間の悟性を超えた「直観的悟性」（anschauender Verstand）（前掲した V406/347 では「直覚的 intuitiver 悟性」、後出の V407/348 では「直覚的（原型的）intuitiv[en]（urbildlich[en]）」と並記、さらに V408/350 では「原型的知性 intellectus archetypus」とラテン語で表記される。これらについては本節末尾で詳述）の想定である。人間的悟性はその認識過程において論証的であって、それは普遍的な「概念」から、特殊的で多様な「所与の経験的直観」へと進まねばならない。カントによれば、悟性は特殊的なものの多様に関してはまったく規定せぬから、そうした規定に関しては、「判断力が経験的直観（もしその対象が自然の産出物である場合）を、概念のもとに包摂することに期するほかはない」（V407/348）。

　悟性のもつ概念であるカテゴリーは、経験的直観の多様な内容に適用可能な点では普遍的であるが、それは外的な関係にすぎず、多様な内容の多様性をそのまま規定できるわけではなく、つまり「分析的で普遍的なもの」（V407/348）でしかない。それゆえ、現実に直観内容がカテゴリーへと包摂される際には、それを判断力に委ねるほかはない。

　それに対して、直観的悟性は悟性でありながら、文字どおり「直観的」でもある

から、人間的悟性とは逆に、「綜合的‐普遍的なもの」すなわち「全体の、そのようなもの〔全体〕としての直観〔或る全体そのものの直観〕」(Anscahuung eines Ganzen als eines solchen)から、特殊的なものへと、つまり「全体から部分へと進む」(V407/349)。直観的悟性においては、全体が全体としてあらかじめ把握され、そこで得られた「普遍」によって、特殊的な部分の成立が可能となる。このように、直観的悟性をめぐっては、「全体」と「部分」の議論が肝要となる。したがって、そこには明らかに目的論的な発想が伏在している、ということができる。

　人間的悟性の場合は、先述したように、普遍的に思惟された諸根拠としての部分から、その部分に包摂されるべき帰結としてのさまざまな可能的形態へ、と進まねばならない(cf. V407/349)。だから、全体についての規定された形式が可能となるためには、「部分間の結合に伴う偶然性」を、みずからのうちに帯びておらねばならない。それに対して、直観的悟性には当然ながらそのような偶然性は必要がないわけである。

　しかし、そもそもそのような直観的悟性など可能なのだろうか。カント批判哲学の基盤である二元論に従えば、直観はあくまで受動的、悟性はあくまで自発的であって、この認識の二大契機は、まったく性格を異にしている。ただし、想定のうえにおいてにかぎり、「直観の完全な自発性の能力」(V406/347)は可能である。

　「自然の事物と判断力との間のこのような合致（我々はこの合致を偶然的なものとして、したがってただそれへと方向づけられた目的によってのみ可能なものとして表象するが）の可能性をせめて考えてみることができるということだけのためにも、我々は、同時に、或る別の悟性について考えてみなければならない。その別の悟性とは、それと関係することで、とりわけそれに附加される目的というものと関係することで、我々が自然法則と我々の判断力とのあの合致を必然的なものとして表象できるようなもののことである」(V406-407/348)。

　いま傍線を施した箇所に注目すれば、ここでは明らかに、直観的悟性によって初めて可能となった目的論的な観点が要請されているのがわかる。「自然法則と判断力との合致」など、人間の論証的悟性にとっては「ただ目的という結合媒体〔結合手段〕を通じてのみ、考えることができる」(V407/348)。こうして、カントは『判断力批判』における人間的悟性の根柢に潜む問いを、「直観的悟性」という仮説概念で解明することに努めてきた。そしてそれは、必然的に、目的論的観点を要請す

る結果となったのである。

　特殊的なものと普遍的なものとの合致は、この文脈では自然の事物と判断力との合致のことである。自然認識においては、その合致の必然性そのものは不可知であって、論証に際しての一連の認識過程の目的として、想定されている（佐藤は合致の必然性としての「目的」を、我々が「知らず知らずのうちに吸い寄せられている虚焦点であるかのような」と巧みに喩えている。佐藤 2005: 232 を参照）。

　論証的悟性にとって、対象〔客体〕の多様性と悟性概念との合致は、それが合致している以上、偶然的でしかない。それに対して直観的悟性は、文字どおり、直観と悟性との双方の能力を併せもっている。そのため、対象の多様性と悟性概念との合致も必然的である。しかし、こうした直観的悟性はまさに人智を超えた叡智にほかならず、こうした「或る別の悟性」（V407/348）をカントが想定したのは、ほかならぬ目的論的観点からの発想であり、それは前掲のやや長い引用箇所（V406-407/348）で、カント自身も認めているはずである。

　最後に三点、追記しておきたい。第一に、直観的悟性は「全体を直観するような特別の知性」つまり「原型的悟性」（intellectus archetypus）と関わる。カントは次のように述べる。

　「このような原型的悟性が可能か否かについて証明する必要はまったくない。ただ我々の論証的な、像〔形象 Bild〕を必要とするような悟性——模写的〔論弁的／模型的〕悟性(intellectus ectypus)——と、この悟性のこうした性状〔素質Beschaffenheit〕にともなう偶然性とを対照させるなかで、あの理念に導かれていくのであり、この理念がまた矛盾を含むものではないことが証明されるだけで十分である」（V408/350-351）。

　このような原型的悟性の系譜ははるか太古、プロティノスにまで遡ることをカッシーラーは指摘している(cf. Cassirer1918: 299)。しかしカントは、手放しでこうした「神の手」を用いようとはせず、あくまで批判哲学の枠内で、直観的悟性を仮想概念として提起するにとどまる。

　第二に、ヘーゲル『信と知』における直観的悟性の評価である。彼はカントが反省的判断力に帰したこの力を、批判的に評価し、超越論的構想力は、それ自身で直観的悟性であるとし、さらにそれを「理性」と結びつけている。

　第三に、ヘルマン・メルヘンが指摘した『純粋理性批判』初版の手稿本における

訂正についてである。そこでは「綜合一般は、後でみるように、構想力のたんなる作用であり、構想力とは、魂の、不可欠ではあるが盲目的な機能であり(die Einbildungskraft, einer blinden, obgleich unentbehrlichen Funktion der Seele)……」(A78/B103)とある後半が、「構想力とは、悟性の機能であり(die Einbildungskraft, einer Funktion des Verstandes)……」と改められていたという(cf. Hermann Mörchen, *Die Einbildungskraft bei Kant*, 2. Aufl., 1970, p. 44. そしてメルヘンが手稿の典拠としているのは、*Nachträge zu Kants Kritik der reinen Vernunft*, 1881, Nr. XLI, S. 24 とのことで、いずれも石井 1994: 23, 30-31 注 1 および 2 を参照。なお、遺憾ながら著者はメルヘン著および遺稿の双方とも入手できず詳細は不明なため、本書の参考文献一覧にはいずれも掲載しない)。上記のとおり、第二版（B版）においてもここは変更されぬままであったが、それが何を意味するのか。

　メルヘンは、第二版でカントが、綜合という機能を構想力から奪い、それを悟性に帰したのだ、とみているのだという（cf. 石井 1994: 23）。それは、初版では「2) 構想力による多様なものの綜合 Synthesis」(A94)とあったのが削除され（ちょうど「第一節」（表題無し、§§13-14）末尾の位置する）、第二版では「それゆえ、結合 Verbindung はすべて悟性の働き Verstandeshandlung である。我々がそれを意識しようとしまいと、直観の多様の結合であれ様々な概念の結合であれ、また前者（直観の多様の結合）の場合、感性的直観の結合であれ非感性的直観の結合であれ、結合はすべて悟性の働きである。それゆえ我々はこの悟性の働きに、総合という一般的な名称を与えるだろう」(B130)と述べられることになる点からもそう考えられる。

　たしかに B 版の改訂はカントの遺稿への書き込み（修正）と当初の A 版との中間的な措置、いわば妥協点とも思えなくもない。カントは初版以来、構想力を「魂の」「盲目的な」しかし「不可欠の」「機能」と考えていたことは一貫していた。その一方で彼は、初版時点の構想力から結合という働きを切り離し、より知的な悟性へとそれを帰することで、悟性的結合つまり総合という認識機能へと整理して、第二版においてそのとおり改訂したわけである。

　だが B 版のこの措置でカントが構想力の真相から一旦は目を逸らした（あるいは背けた）と解釈するのは下衆の勘繰りであろうか。むしろ、カントは人間の有限性と、それが対峙する深淵に少なからず戦慄し、敬意とともにそれについて詳論す

る任務を遠ざけたとはいえまいか。

　そう述べるのは、21世紀の今日、我々がヒト以外の知性体（例えばAI）について考察する時、カントの構想力論や崇高論が大きな意義を有していると考えられるからである。次章以降のカントの後代の構想力論（とりわけドイツ・ロマン派に関わるそれ）は1800年前後の俊英らによる格闘の軌跡であり、本書第11・13章で論じられるカント哲学とAI論は、そのうち特に崇高論に焦点を当てて考察を施したものである。

　こう考えるとカントは現代物理学におけるアインシュタインのように、生産的・建設的な議論を喚起するような、その試行錯誤そのものが後代の我々にとって新たな研究の指針となるような、普遍性と壮大さを兼ね備えた存在であるとあらためて思えてくる（アインシュタインの遺した（あるいは「誤った」と信じられていた）課題のうちの最大の一つ、重力波は彼が提唱したおよそ百年後の2016年に正式に観測され、その偉業はすぐさまそれを成し遂げた研究者をノーベル物理学賞の栄誉へと導いた。本書第9章「むすび」参照）。

むすび

　ここでおいて我々は、明らかに人間的理性の彼岸を臨んでいる。たしかに目的論は直観的悟性によって要請されてはいるが、そもそもその直観的悟性自体、カントが目的論的観点から呈示した仮説概念だったはずである。したがってここには、直観的悟性と目的論とのあいだの循環が認められる。

　直観的悟性のようないわば「神の知性」「絶対者の知性」にとっては、特殊的なものと普遍的なものとの、判断力と自然の事物との、客体と悟性概念との合致は必然的であって、一連の認識過程はおろか、目的という概念すら必要としない。

　しかし、以上のような、直観的悟性という仮説概念に基づく考察によって明らかとなったのは、たとえ有限な人間的悟性であっても、目的という「結合概念」を介してであれば、その合致の必然性に関与することができる、という注目すべき事実である。

　カントは有限な人間的悟性の立場を放擲することはなかった、といわれる。しかし実際は、カントの哲学的構想力論の展開において、重要な役割を担っているのが

この「直観的悟性」の立場なのであった。そしてこれはのちのフィヒテやシェリングら、いわゆる観念論の思想家たちに、本質的な影響を及ぼしたであろうことは、もはや自明であるといってよいだろう。

【注】

*1　本章を執筆するうえで、古今の先行研究（例えば浩瀚な三渡 1974; 1987 の両著等）を大いに参考にした。深く感謝する。

*2　以下参考までに、三木が典拠として引いているバウムガルテンの定義の原文も併録する（以下同じ）。

　　Habeo facultatem imaginandi seu phantasiam. Comque imaginations meae sint perceptions rerum, quae olim praesentes fuerunt, sunt sensorum, dum imaginor, absentium.

*3　Nihil est in phantasia, quod non ante fuerit in sensu.

*4　三木によれば、この定式は後にスタウト(G. F. Stout, *Analitic psychology*, fourth edition 1918, vol. 1, p. 270)によって取り上げられているそうである。

*5　Repraesentatis pluribus perceptionibus succesivis, usque ad praedentem, partialem commune habentibus, partialis communis repraesentur, ut contenta in antecedente et sequente.

*6　Phantasmatum partes percipiuntur, ut unum totum.

*7　ちなみにバウムガルテンからカントへの本質的な影響については、例えば、浜田義文『若きカントの思想形成』勁草書房、1967 年；量義治『カント哲学とその周辺』勁草書房、1986 年；檜垣良成『カント理論哲学形成の研究　「実在性」概念を中心にして』渓水社、1998 年；山本道雄『カントとその時代　ドイツ啓蒙思想の一潮流』晃洋書房、2008 年、その他の先行研究を参照。

*8　「親和」(Verwandtschaft, affinitas)について、三木は注記を施しており（三木 1967: 333 Anm. [nb.]）、それによると、この語は化学から取ってこられたものであり、その現象は無生物においても生物においても、物体においても心においても、存在するとカントは『人間学』で述べている(*Anthropologie*, §31, p. 177, nb.)。

　そのことから、構想力の論理は世界の到るところに現れると言い得るものであり、この親和の概念はやがてゲーテなどの世界観において基礎的な重要性を有するに至った。なお、

カントは『純粋理性批判』では、同じラテン語 affinitas に由来するドイツ語として Affität も用いており(e. g., A: 113, etc.)、こちらも「親和性」などと訳されるが、特に区別することなく、三木からの引用に際しては三木自身の訳語法「親和」(Verwandtschaft)をそのまま表記した。ただし、厳密には Affitität を「親和性」、Verwandtschaft を「類縁性」などとするのがより適切であるかもしれない。

　さらにこれに補足すれば、この Verwandtschaft が後に第二批判および第三批判において、批判哲学全体における理論的理性と実践的理性との綜合が示される際に、重要な役割を果たすことになる。

　また、シェリングも『超越論的観念論の体系』（1800 年）で、やはりこの語に重要な意味をもたせている。すなわち、シェリングにおいて哲学と藝術とは、絶対的同一者ないし根源的根拠に関わるかぎりで、「親和」〔親近性／類縁性〕(Verwandtschaft, Schelling, SW [*Sämtliche Werke*], III: 628)を有し、哲学はそれを知的直観において主観的に捉えるのみであるのに対し、藝術はそれを客観的に藝術作品を通して審美的直観のうちで呈示するという点で対立する(SW, III:629)、とされる。詳細は、本書第Ⅱ部第 5 章参照。

*9　いうまでもなく、三木は 1920 年代にマールブルク大学でハイデガーの講筵にも列しており、そういった恵まれた環境からアリストテレス論理学に関する象徴の意義についてのハイデガーの学説にふれる機会があったのであれば（本書でも採りあげたように、マールブルク期のハイデガーはアリストテレス論理学について、特に 1921 年冬学期から翌年夏学期にかけて、重要な講義を展開していた(cf. Heidegger, GA61; 62)。三木がハイデルベルクから移りマールブルクに滞在したのはもっぱら 1923 年秋、翌年八月にはパリに拠点を移しているのであるが、自身が師事したハイデガーのアリストテレス、アウグスティヌス、デカルト、フッサール等の講義に出席し、当然アリストテレス論理学についても学んだ（ハイデガーの紹介でガダマーから『形而上学』『ニコマコス倫理学』も学んでいる）。それらが帰朝後の三木のアリストテレス研究の重大な礎ともなっている。『三木清全集』第 19 巻「年譜」p. 863 参照）ことは、本章とも重要な接点をもつであろう。ハイデガーのアリストテレス論理学解釈における象徴(Symbole)論については拙論（伊野 2008：114-115；伊野 2010: 46-47）を参照。

　また、もちろんヤスパースの暗号論の重要さについては、ここでは言わずもがなである(cf. Jaspers, *Philosophie; Von der Wahrheit; Der philosophische Glaube angesichts der Offenbarung; Chiffren der Transzendenz*)。後述するヤスパース暗号形而上学の意義についての詳論を参照。

*10　三木はさらに、この問題、すなわち超越論的論理学と超越論的心理学との問題は、フッサール現象学における問題と類似している、とも述べている（三木 1967: 338f.）。

*11　この節を執筆するにあたって佐藤 2005 を大いに参考にした。その生前、著者はご本人に「僕の学位論文は先生に剽窃を咎められたら何の申し開きも出来ません」と半ば冗談、半ば本気で詫びたことがある。その際も苦笑いとともに「構わん構わん」と首を振られた故人（母校に戻られる前、長く東洋大で教鞭を執られた）を想い起しつつ、その学恩に心から感謝する。

*12　例えばマクファーランドの『カントと目的論』（原著 1970 年）は、「一八世紀哲学史、というより一八世紀科学思想史という文脈のもとでカントの『判断力批判』を扱った」（佐藤 2005: 299 注）労作で、著者も参照したが、たしかにこの第 77 節の「直観的悟性」についての言及は含まれていない。

第4章

フィヒテの構想力論

A　フィヒテをめぐる批判と擁護

　カントからフィヒテへの継承問題については、意見が二分されている。すくなくとも生前カントが、自身の批判哲学の思想的継承を自任したフィヒテの知識学に対し、截然たる拒絶を表明していたことは事実である。1799 年の「フィヒテの知識学に関する声明」において、「私はフィヒテ知識学をまったく根拠を欠いた体系とみなす」と斬り捨てている（これについては後に詳述）。

　その一方で、フィヒテこそカント哲学の真の理解者である、とみる研究者もいる。よって、ここではフィヒテ知識学をごく簡単にではあるが概観し、あらためてカントによるフィヒテ批難の是非を問うてみたい。その際、検証の導き手となるのは、主に次の二派の先行研究である。カント擁護の立場からは黒積によるフィヒテ批判を、対してフィヒテ擁護の立場からは A・フィロネンコの一連の労作を、それぞれ[*1]援用したい。

　さて、フィヒテの初期知識学とは、一般に、
・1794/1795 年の『全知識学の基礎』（アカデミー版フィヒテ全集(=AA)第 Ⅱ 巻に所収、以下同様に）
を中心として、さらに次の著作群から成る。

　　1794 年『知識学の概念、あるいはいわゆる哲学について』（AA, II）
　　1795 年『理論的能力を考慮した知識学の固有性綱要』（AA, IV）
　　1797 年『知識学の新しい叙述の試み（知識学への第一序論）』（AA, IV）
　　1797 年『知識学への第二序論』（AA, IV）

　ただし黒積 2003 によれば、これら初期知識学は、フィヒテの思惑とは裏腹に、カント批判哲学の発展的継承どころか、むしろその対極に位置し、まさに批判哲学

によって批判されるべき当の標的の一つであって、両者のあいだには架橋し難い隔たりがある、という。ところが一般的な哲学史では、フィヒテ以降、主にシェリングとヘーゲルによって展開されたいわゆる「ドイツ観念論」が、その当時から今日に至るまで、常にカント批判哲学の解釈において、主導的な役割を担ってきている、という事実がある。もちろんそれは、フィヒテ、シェリングとヘーゲルが、18世紀末から19世紀半ばまでのドイツ哲学史における主流を形成したということであり、カントの批判哲学が正統に継承されたこととは異なることはいうまでもないが、フィヒテがカントを継承したと自負していたにもかかわらず、それが根拠に乏しいものであるというのであるならば、当然フィヒテによるそのようなカント受容に対する評価は、あらためて批判的に見直されるべきではないか、というのが黒積による「カント擁護」の試みである。

　カントは晩年に「私が私の著作を携えてあらわれるのは、一世紀早すぎた。百年後には人々は私をはじめて正しく理解し、それから私の書物をあらめて研究して、それを認めることになるだろう」と語ったと伝えられる（このファルンハーゲン・フォン・エンゼの『日記』における記述について、ハイデガーも彼の講義『カント純粋理性批判の現象学的解釈』で採り上げている。Cf. Varnhagen von Ense 1863/2016: 46; Heidegger 1977, GA25: 1）。『純粋理性批判』（初版1781年）の刊行からカントの挙げた年月に倍する星霜を経て、この希望的予言は夙に果たされているとは思われるが、しかし一方で、ただひたすら「難解さ」ゆえに、この書が正当に評価されてはおらぬのでは、という疑いを、ついに一度も抱かぬような者もおるまい。

　カントは『序説［プロレゴメナ］』（1783年）の「附録」で、『純粋理性批判』について『ゲッティンゲン学報』に掲載された書評の「この著作は超験的（transcendentellen）（または、より高次の）観念論の体系である」という誤解に基づく批難に対して、「断じて、より高次の観念論ではない」し、「私の場所は経験の豊穣なる低地である」(*Prolegomena*, Anhang, AA, IV: 373)と、断固たる口調でそれを斥けた。

　黒住によれば、むしろその後にあらわれたフィヒテ知識学こそ、真に「より高次の観念論の体系」と評するにふさわしい（cf. 黒積2003: 71）。にもかかわらずフィヒテはたびたび、カント批判哲学と自らの知識学との相等性を主張する(cf. 「第

一序論」AA, IV: 184; 「第二序論」AA, IV: 227)。

　先述のようにこれに対してカントは、「フィヒテの知識学に関する声明」におい
て、「私はフィヒテの知識学をまったく根拠を欠いた体系とみなす」("Erklärung in
Beziehung auf Fichtes Wissenschaftslehre," 1799, in: AA, XII: 370)と断じ、「批判」
はフィヒテ等の「適切な立場」ではなく、「通常の、ただし、こうした抽象的研究
のために十分なだけの教養を具えた悟性の立場」(Kant, AA, XII: 371)からのみ考察
されるべきである、と述べるに至った。

　しかし、こうした経緯にもかかわらず、その後のカント研究の歴史は、フィヒテ
によるカント理解をその根本態度とする趨勢によって導かれており、結果として、
批判哲学の「正しい理解」は蔽われてしまっている（cf. 黒積 2003: 71-72）。

　さて、それではどの観点からこの問題を検証すべきであるか。ここで焦点となる
のは、カントとフィヒテの双方が共通して用いている「超越論的観念論」という概
念である。カントとフィヒテとのあいだに断絶が認められるならば、それはカント
の超越論的観念論が、フィヒテのそれに至って、いかに変容したかで示されるので
はなかろうか。

　それではまず、カントの超越論的観念論とはいかなるものか。カントにおいては、
それはあくまでも、経験的・個人的な主観によるものである。しかしフィヒテの超
越論的観念論となると、それを担うのはもはや超経験的・超個人的な主観であると
認めざるをえない。早くもここに、両者の大きな隔たりが見出せる。そしてそれは
また、カントとフィヒテのそれぞれにおける、主観概念の違いでもあるのだ。

　両者のこうした主観をめぐる見解の相違がいかにして生じたのかといえば、フィ
ヒテに端を発するドイツ観念論の哲学は、カントの超越論的観念論における主観を、
カントが掲げた「超越論的統覚」における自我、すなわち、超経験的・超個人的な
主観と理解していたことに起因する。ところがカント自身は、当初は超越論的観念
論にそのような定義を設けてはいなかったし、そもそもそれを、カントが許容でき
るはずもなかった。こうして、超越論的統覚をめぐる理解の相違に双方の隔たりの
原因が存するとするならば、カントにおける「超越論的統覚」の意義（本書でも第
III 部で詳説）が、後代には適切に継承され、摂取されていかなかった、とりわけ
フィヒテは、カントの超越論的統覚をまったく誤解し、自身の知識学に採り入れて
しまった、ということになる。

　そもそもフィヒテによれば、知識学が解決すべき課題とは、『第一序論』で述べられたように、「必然性の感情を伴う諸表象の体系の根拠は何か」(IV: 187)である。この体系とは、「経験」(IV: 186)にほかならない。したがって、知識学とは、一切の経験の根拠を呈示する学である。だから、表象を説明することが、知識学の根本問題である。『全知識学の基礎』にあるように、「表象の説明、すなわち、すべての思辨［思弁］哲学」(II: 310)と、フィヒテはみなしている。「実在論と観念論の真の争点とは、表象の説明において、いずれの途をとるべきか、である」(II: 310)。

　表象は理論的知識学の場面で成立する。『全知識学の基礎』によれば、表象する自我とは知性であり(cf. II: 386)、そしてこの知性としての自我は、表象されるべき非我に依存している。『知識学の概念について』にはこうある。「自我は、（非我によってその量に関して限定されるという）そのかぎりで依存的であり、知性と呼ばれる。そして知性を取り扱う知識学の部門が、それの理論的部門である」(II: 150; cf. *Grundlage der gesamten Wissenschaftslehre*, II: 387)。「論証的悟性」に基づくフィヒテ知識学の立場が「比量的観念論」と称されるのは、この理由による。フィヒテは『全知識学の基礎』で示した知識学の第三根本命題「自我は自我のうちに可分的自我に対して可分的非我を反立する」(II: 272)から派生させた、「自我は自己を非我によって限定されたものとして定立する」(II: 287)を、知識学の理論的部門を基礎づける「理論的根本命題」(II: 286)として掲げる。知性とは「非我によって限定された自我」であり、この自我に対する「非我による限定」ということが、「自我は、非我によって依存的である」ということである。そしてこれは、黒積が指摘するまでもなく、既にカント批判哲学における自我概念から大きく逸脱するものであるといえるだろう。

B　フィロネンコによるフィヒテ擁護

　一方、『判断力批判』の仏訳者でもあるフィロネンコは、フィヒテの自我／非我の哲学を、独断論として切り捨てるのではなく、むしろそこに「間主観性」という契機を見出している（フィロネンコに師事した中村博雄の『カント『判断力批判』の研究』から、フィロネンコによるフィヒテ擁護の要点を以下に列記する）。

　一、フィロネンコの慧眼は、『純粋理性批判』および『実践理性批判』との関係のなかで、哲学者フィヒテを鍵として、これを果たそうとする。なぜならフィロネンコによれば、フィヒテこそ、カントが『判断力批判』で残した問題を、最もよくおさえ、理解し、独自の哲学的関心によって適切に解釈した人物にほかならぬからである(cf. *Critique de la faculté de juger*, p. 10; Philonenko 1982: 112, etc. 邦訳『カント研究』中村博雄訳、東海大学出版会、1993 年、p. 180 他)。「フィロネンコはフィヒテを援用しつつ、『判断力批判』の美学論と目的論の統一の問題を、個と他者の統一の問題へと還元する。「フィヒテがみごとにこの問題を明らかにした」。フィヒテは 1796 年から 1798 年の『知識学』で「カントは、自我の外に理性的存在を認めることはどのようにして可能であるか、を知る問題に関して、満足のいくしかたでまったく説明していない」と断言する。しかしフィヒテによれば、カントは「悟性の反省の諸法則について語っている『判断力批判』のなかで、この問題に接近してはいた」(cf. Kant, Nachgelassene Schriften, in AA, vol. Ⅱ, p. 477) (cf. *Critique de la faculté de juger*, pp. 10-11)。

　二、フィロネンコによれば、カントが美学論のなかに間主観性の根本的契機を置いたのに対し、フィヒテは法哲学のなかにそれを置いている。「自らの体系においてフィヒテは、カントが自身の体系で合目的性の哲学に与えている場所を、法に与えている。法哲学は理論哲学と実践哲学とを媒介している。一方で法は、具体的で感性的な現実性へと向けられているが、他方では、自然を超えている諸法則を定義することで、理想に向けられている」(cf. *Critique de la faculté de juger*, p. 15)。

　三、フィロネンコは、フィヒテの立場から、(ルカーチ、ゴルトマンらの)マルクス主義的な『判断力批判』解釈を批判する。フィヒテはカントの最大の理解者であり、カントの遺した仕事の完成を目指し努力したより後継者であったが、フィヒテは「客観」に対する考え方の方向性において、はっきりとカントとは異なった道をとっていた。すなわち、フィヒテの反省が向けられているのは、常に客観の実在には無関心な美学であるばかりでなく、「人間の具体的で客観的な現実性」でもあったのである。「したがって、マルクス主義思想が『判断力批判』のなかにみいだしている諸限界——これらの限界は、カントが美学のレベルでしか人間社会の問題を解決していないということから本質的に成立している——は、消えねばならない。ルカーチやゴルトマンといったマルクス主義の思想家たちは、『判断力批判』

を解釈して、マルクスやフォイエルバッハが認識論的および道徳的観点に基礎を置いているヒューマニズムを、カントは美学的観点でしか確立していない、と考えているのである。そしてたしかに、「人間は遊ぶときだけ完全に人間であり、人間が人間であるのは遊ぶときだけである」というシラーの有名な言葉は、けっしてカントの思想を枉げるものではないように思われる。フィヒテと共に、既に我々は他の世界に深く入り込んでいる。人間社会における本源的契機は客観的である、——つまりそれは法なのである。「我々が生をみいだすのは、その鮮やかな光沢においてである」という有名なゲーテの詩句によって表現され得る哲学の後を継ぐのは、人間の努力と客観的戦いとを人間の最高の原理にまでする哲学なのである (cf. *Critique de la faculté de juger*, p. 16)。

　したがって、フィロネンコがフィヒテを高く評価する点はおよそ以下のとおりである。まず、カントが意図してしかし完全には果たせなかった『判断力批判』による『純粋理性批判』と『実践理性批判』との体系的統一、すなわち三批判の綜合を、フィヒテは適切に理解し、その知識学で継承しようとしたこと。次に、もっぱら美学と法哲学という領域に、間主観性の大きな意義を見出したこと。さらに、「人間の具体的で客観的な現実性」に目を向け、その思想に現代にまで通ずるアクチュアリを得たこと。以上である。

　黒積とフィロネンコとでは、フィヒテについて積極的に消極的に受け取るか積極的に受け取るかで大きくその態度が異なっている。ただし、フィヒテの自我論がカントの超越論的統覚とははっきり異なっていることは事実であり、それが後の哲学者への大きなヒントとなったことは想像に難くない。

C　フィヒテの「独立的能動性」と「構想力の動揺」

　ところで、フィヒテ知識学において、カントの構想力論はどのように継承されたか。或る立場（本書でも前節で紹介した如く）に従えば、当初カントでは、感性と悟性との整合性を図るための仮説概念としての構想力が立てられたにすぎなかった、とされる。しかしその後、構想力はフィヒテ、シェリングにおいて、当初の姿とは異なったものとして肥大化してくる。このようにその立場は、いわゆるドイツ観念論のカントからの継承の正統性に異議申し立てをする。

　さて、フィヒテが当初「独立的能動性」と呼んだ構想力(cf. IV: 305, 314)は、文字どおり、彼のいう「自我」のなかにおける、論理的に固定された悟性関係[Verstand/verstehen]から独立した力であり、なおかつこの力が、むしろ悟性関係をも可能にする。1794/1795 年の『全知識学の基礎』で彼はこう述べている。「自我は、能動性を非我のなかに定立することなしには、受動性を自己の中に定立することはできない」(IV: 304)。「悟性関係から独立な能動性あるいは能力が自我の中に捜し出されねばならない」（cf. ヤンケ 1992: 213-214）。この能動性は自我から非我へ定立されたものであり、自我におけるいかなる量の受動性とも対応しない。ヤンケ『存在と反省』（第二部第四章は文字どおり「知的直観」と題されているが、ここではまず第一部第六章「生産的構想力　理論理性の生命形式」）によれば、独立的能動性は、

・因果性の法則の結果として表象作用が思惟されたものにおいて硬直してしまうことを阻止する。

また、

・実体性の法則の結果として表象作用が思惟する自己直観において消失してしまうことをも阻止する。

　表象の生き生きとした状態は、能動的‐受動的自我と受動的‐能動的非我とのあいだを支配する交互限定に、対応的受動性とその交代の支配下にない能動性がさらに付け加わることによってのみ、矛盾から逃れることができる。そのような能動性は因果性の法則から独立しているということができる。

　ではフィヒテにおいて、この独立的能動性から、構想力論への移り行きは、いかなる意味をもつのか。従来、構想力は思惟と思惟の法則とから独立な能動性として見定められ、この能動性は、たんなる悟性の循環を有限な意識の回転となす、とされてきた。このように、フィヒテ以前において、構想力がここまで高く評価されたことはかつてなく、もちろんまた、存在と生命との最も深い制約へと高められたことも一度もなかった。しかしフィヒテこそが、こうした「ほとんど常に誤解されてきた能力」を、「それのみが生命と意識とを可能にするものである」(IV: 350)と高く評価したのである。

　「我々はこの種の能動性を、より詳しく知るまでは、当分のあいだ、独立的能動性と名づけよう」(IV: 305)。こうして、独立的能動性の「独立的」という名は、

「当分のあいだ」、意識の要素を、思惟法則の支配下にないものとして、たんにネガティヴに特徴づけるのみであるが、この能動性の根源的働きの機能と固有の本質とは、意識の有機的機構が完全に明瞭にされ、表象の演繹が明らかにされたときにはじめて、はっきりとポジティヴに示されることとなる。

　フィヒテによれば、構想力はたんに感性と悟性とを整合的に調停する役割であるにとどまらず、生産的でありまた創造的でもあって、これを彼は「構想力の動揺」という独特の表現で論じている。そしてこれはけっしてカントからの逸脱ではなく、カントとフィヒテの秀逸な理解者であるフィロネンコの説に従えば、むしろフィヒテがカントの真の理解者であったことの証左にほかならない。

　フィヒテにおいては、有限な精神は、自己を保持し得るために、循環のなかでもちこたえねばならない。物自体は自我に対する或る物として、したがって、自我において表象されねばならぬが、しかし、自我において表象されてもならない。この明らかな矛盾に耐え得る表象作用は、「創造的構想力」（schaffende Einbildungskraft）(V: 414)の働きによるものである。構想力の動揺的保持によって、この対立は合一される。そして、ただ構想力によってのみ、哲学する意識は、そのように構成された精神を把握することができる。

　構想力は、障害［障碍］の反立的な実在的限定と観念的限定との、両者のあいだを動揺し、実在的なものの表象を観念的な表象が現われるまで保持することができるため、両者を、その交代において保持することが可能である。そのような総合無しにはいかなる現実的意識も存在せず、ただ観念的見解においてのみ異種的なものや独立的なものを意識しているにすぎぬのであって、この見解がなければ現実的意識も存在しない。そのようにして生産的構想力は、最終的に媒介的中心として確証される。ハイデガーを俟つまでもなく、時間を形成する構想力は、存在と理論理性との関係を媒介し、理想を形成する構想力は存在と実践理性との関係を媒介した。こうした創造的構想力は有限的理性一般の本質と現存在の現実性とのあいだを媒介する。この創造的構想力は現実的意識を創造する、というのがフィヒテの主張である。

　「人間精神のすべての仕事は構想力から〔出発する〕」(V: 415)。

　フィヒテ知識学で本質的な役割を担う「動揺する構想力」について、独立的能動性すなわち構想力のはたらきは、きわめて重要である。生産的構想力の動揺は、移

行そのものと合致している。独立能動性は、何ら特定の場所・立場・目標・方向も持たずに動揺する。いかなる固定的立場も持たぬということは、固定的限界も定立せぬということである。自己意識のうちで動揺する構想作用を、初めて固定し停止させるのは悟性である。ただし構想力は、限界の無いもののなかに消え去るわけではない。実践的なものにおいてのみ、構想力は無限なものに向かうが、理論的考察においては、合一不能なもの、すなわち、「限定と被限定との中間、有限者と無限者との中間を動揺する」(IV: 360)。これが意識一般の基本的移行であり、この移行が交代形式から独立した能動性として導入される。

　また、質料に関しても独立した能動性は、能動性と受動性とのあいだの関係根拠を構成する。両者は排除し合う。では、どのようにしてこれらは統一を存続し得るか。もちろん直接的にではなく、せいぜい、いまだ知られておらぬ第三者を媒介として、である。この媒介的中間は不可避のものであり、これ無くしては、意識のなかに間隙が生まれる。能動性と受動性との対立は解消不能になる。にもかかわらずこうした「脆い」質料は、今まで誤解されてきた能動性によって、意識の統一のなかに匿われている。この能動性は、それが両項に含まれておるがゆえに、その結合を可能にする。フィヒテは、一方の項から他方のそれへと意識を導くこのような能動性を、「導体」と名づけている（cf. ヤンケ 1992: 219-220）。項のあいだに導体が存在することによって、はじめて意識は動揺することができるのである。

　以上、ひじょうに簡略にだが、フィヒテの構想力の特性を描出してみた。これらより理解できることは、「独立能動性」から「動揺する構想力」へと展開するうえで、より明瞭になってきた構想力の根源性である。

　知的直観に関しては、フィヒテはもともと、『全知識学の基礎』で「知的直観」について言及していなかった。しかし知識学の影響を受けたシェリングの著作によって、むしろ逆影響を受けるかたちで1797年の『第一序論』以降論ぜられるようになった。フィヒテにおける動的な構想力や知的直観は、カントの立場との相違をいっそう強調しており、後世の思想家へ強い刺激となって映ったことだろう。動的な構想力や知的直観は有機体論にも通ずることから、「哲学のオルガノン」（方法論）という観点においてひじょうに興味深い示唆を与えてくれる。

【注】

*1 フィヒテ否定派の代表として、黒積俊夫「批判哲学と知識学との差異」（黒積 2003 に所収）を援用した。一方、フィヒテ肯定派の代表フィロネンコはまず「フィヒテにおける知的直観」（フィロネンコ『カント研究』中村博雄訳、東海大学出版会、1993 年に所収）、およびフィロネンコ仏訳『判断力批判』の「訳者序文」においても、フィロネンコはフィヒテ擁護をおこなっている（未邦訳。また、遺憾ながらこの仏訳書を入手することがかなわなかった。ただし、中村『カント『判断力批判』の研究』に、その内容についての報告がある。よって今回は不本意ながらも、中村論文からの孫引きのかたちで要点を示す）。

第5章

シェリングの構想力と知的直観
（プラトン、ベーメ、ブルーノ、スピノザ、シラー、シュライアマハー、ヘーゲル、ノヴァーリス等々、様々な影響関係を踏まえて）

A　シェリングにおける知的直観、および構想力／想像力についてのヤスパースによる概観

　カントが数多くの文脈で「知的直観」をきっぱりと否定しているのに対して、シェリング哲学において、「知的直観」は固有の役割を担っており、その重要性についてはいくら強調してもしすぎるということはない。例えばシェリングは「知的直観を欠けば、哲学ではなくなる」(Schelling, *Sämtliche Werke* [= SW], vol. V, p. 255)とまで述べており、またそれに関連して、芸術を引き合いに出しながら、「想像力(Phantasie)は芸術における知的直観である」とも述べている。

　ヤスパースの解釈（彼がシェリングから換骨奪胎したと考えられる超越者の暗号論等）に倣えば、シェリングの哲学することは、理性において、いわば理性の素材から理念を形成し、次に、知的直観においてそれを呈示する。これと同様に、芸術の産出物は、構想力において受け取られ、次に、直観されたものが想像力において外側に措定され呈示される。双方の場合とも、知的直観は「内面的に呈示するもの」(Schelling, SW, V: 395)である。

　そこで（やはりヤスパースに倣い）シェリングの知的直観は以下のように特徴づけられるだろう。シェリングにおいて知的直観は、「絶対的自由と同様に意識にあらわれることができない」。意識は客観を前提とするが、一方、知的直観は、「いかなる客観ももたないことによってのみ可能」だからである。それゆえ、意識と意識のあらわれから知的直観を論駁しようとする試み、あるいはそれを証明しようとする試みは、失敗に終わらざるをえない。だからシェリングは、知的直観というあらゆる哲学的洞察の源泉に対しての、心理学的な観察をすべて拒否する。意識を通

じて知的直観に何か客観的な実在性を与えようとする試みは、なおさら失敗に終わらざるをえない。そうした試みは知的直観の廃棄を意味するものなのである（cf. Schelling, SW, I: 181）。そこでヤスパースはこう述べる。シェリングは最初から、哲学的洞察を産出するためにおこなわれる意識状態についての心理技術をすべてはねつけているのだ、と。

　あるいはまた知的直観は、主観的でも客観的でもなく、「主観的なものと客観的なものとの総体的無差別」と考えられる。そのようなものとして、知的直観は「絶対的理性」と呼ばれる。それは「真の自体に」なる。「哲学の立場は理性の立場である。そこでは前後の相互関係と外的な相互関係、つまり時間のあらゆる区別はなくなる」。その際、物においてみてとられるべきは、物が反省の対象としてあるものなどではなく、物がそれを通して絶対的理性を表現するものだけである。シェリングにとって絶対的理性、すなわち「絶対者の立場に立たない哲学など存在しない」（Schelling, SW, IV: 114-115）のである。

B　シェリング構想力観の変遷

　詩人ハイネが著した哲学史によると、哲学者としてのシェリングは、「直観」を得意とし、「構想力」を強みとしていた。しかしそうして絶対者を知的直観で把握しようとしたため、後にシェリングは、時代の哲学における玉座をヘーゲルに簒奪されてしまう事態に陥ってしまった（cf. Heine 1872: 246-260; ハイネ 1951: 188-200）。

　みずからがイェーナにおけるドイツ初期ロマン派の一人でもあったシェリングが、芸術を自己の思想の基軸に据えるのはしごくもっともなことといえる。そしてそのとき、芸術と有機体とを論じては、おそらく古今の哲学書中の最高の業績であったカント『判断力批判』を、その導き手としたことも、ごく当然な成り行きであっただろう（なお、哲学者没後にその最初の全集を編んだ息子(Dr. K. F. A. Schelling)による伝記の断章によると、哲学史上最も早熟な天才の一人であるシェリングは、早くも15歳でカントの著作に親しむようになったが、それは当時から広く読まれたシュルツによる『純粋理性批判』の抄本（Schulz 1784）だったそうである（cf. Sandküller 1998: 66）。

　また、シェリングがかつて信奉したフィヒテがかえってシェリングを、哲学者が苦労して手に入れるこうした観点を、美感的精神ははっきりと考えることなしにそこに至る、と慨歎した(cf. Fichte, *System der Sittenlehre*, in: SW, IV: 353)のも、「詩人哲学者」シェリングの面目躍如たるものであるのだろう。

　さて、ここではシェリングの芸術哲学に先立つ段階として、自然哲学および超越論的観念論、美的観念論の各相の概観し、しかるのち、芸術における構想力の意義について検証してみる。

C シェリング自然哲学の概括[*1]

　シェリングは『超越論的観念論の体系』で芸術を「哲学のオルガノン」としている。ではそれに先立ち、自然哲学期におけるオルガノン〔機関〕に相当するものはいえば、それは「動的」(dynamisch)な自然直観であると考えられる (cf. 勝田 1936: 124) 。

　シェリングは自らの自然哲学を「物理学〔自然学〕のスピノザ主義」と呼び、そこでは有限的な認識主観とは独立した、いわば自然の自己展開ともいえるものが認められる、としていた。そうした自然を捉えることこそが、自然の根本直観、すなわち「動的な自然直観」である。

　したがってシェリングの自然哲学は、動的な自然直観に基づく動的〔力学的〕な物理学であり、そこにおいて自然とは、まさにそれ自体で産出する動的なものにほかならない。

　この動的な直観は次の三つの契機から成り立つ。

　第一　カントによって力学的と呼ばれた物質構成（例えばカント『自然科学の形而上学的原理』を参照）

　第二　カント『判断力批判』における目的論的自然観

　第三　フィヒテによって構成された活動の概念

　自然は全体としては有機体である。有機体とは、全体であると同時に部分でもあるようなものであり、隅々まで組織されているが、部分は全体から独立しつつ、しかし実は全体のために働いているようなもの、である。その有機体としての自然は、反発力・拡張力と、索引力という物質の二契機によってあらわされるような、相反

する原理が対立する場である。また、理念からいえば、自然は自我と等しく絶対的で、自己自身産出的であり、自己形成的であって、したがって、自我と等しく、自己を展開し、また有限化するとともに、その限界を止揚する二重の根源的な力の活動である。これがシェリング自然哲学の根本的な要因をなす。動的物理学は自然をその活動によって捉え、自然をそのなすがままに活動させることにほかならぬから、「自然を思索することは、自然を創造することである」ということができる。

　自然とは普遍的な有機体であり、生命であって、その統一と分極性とにより、所産を産出する。より低次の所産が綜合されたものが、高次でより複雑な所産となって、さらに新たな分極性のかたちでの分化を繰り返してゆく。この分極性は、原始的な統一原理に比して、第二次的な分裂原理であり、自然の展開過程は、このような進展し続ける分化の原理に従っておこなわれる。その端緒であり、また目的でもあるのが、絶対的な無差別である。

　このように、シェリングの動的自然直観においては、自然所産の全体は、大いなる有機体として捉えられる。有機体全体の生命の動力は自己同一的な力であって、すべての所産の背後にある原自然ともいうべきものである。シェリングはこれをジョルダーノ・ブルーノやスピノザに倣い「能産的自然」(natura naturans)と呼ぶ(cf. Schelling, SW, III: 284)。後者は特に自然を「永遠の相のもと」観照する。この産出しようとする力は、かつては「精神の意欲」とも目されていた。

　一方、すべての所産は現象であり、産出された自然、「所産的自然」(natura naturata)である(cf. Schelling, SW, III: 284)。「世界霊魂」(宇宙霊 Weltseele)も natura naturans であり、natura naturata に対する本質として、これを支配する。ここではシェリングの無意識的な精神の思想(河本はそれを「意識が意識として抽象された後では、意識の立場はいつも遅すぎるのである。意識がそれに対してはいつも遅すぎる過去、それこそ超越論的過去であり、自然である」と言い表している (cf. 河本 2004: 179、ならびに河本 1990: 89-92)。あるいは、今日の言語脳科学の表現を藉りれば「言語化はもちろん、意識する暇もない」(酒井 2022: 52-53)といったところか)と、彼が十代の頃から研究を続けたプラトン『ティマイオス』以来の古代自然哲学における根本概念とが、みごとな合致を果たしている。

　このように、シェリングの自然哲学には、プラトンのイデア論から始まり、もちろんカント、そして先述のブルーノ、スピノザ、またライプニッツのモナド論など、

多くの過去の偉大な思想家の影響が確認できる。特にシェリングは初期の自我哲学から自然哲学にわたり、スピノザの独断論を批判的に、すなわち実践的に捉えようと努めた。「スピノザの術語との結びつきを考えれば、シェリングの自然哲学はカントよりもむしろスピノザに負うところが多いことにならないだろうか。特にシェリングは（引用者注：先のシェリング『草案序説※』からの引用箇所 Schelling, SW, III: 284）数頁前の箇所で自分の哲学を「自然学のスピノザ主義」(Schelling, SW, III: 273)と言っているので、なおさらそうではないだろうか」(Sandküller [Jacobs] 1998: 70)。それが、当時の盟友ヘーゲルをも、フィヒテからスピノザへとより近づけたであろうと推察される（cf. 勝田 1936: 144）。

※*Einleitung zu dem Entwurf eines Systems der Naturphilosophie oder über den Begriff der spekulativen Physik,* 1799（『自然哲学体系草案への序説もしくは思弁的自然学の概念（およびこの学の体系の内的有機化について）』）

　さらにシェリングはフランツ・バーダーを通じて知ったヤーコプ・ベーメの影響が顕著である。それは 1809 年のいわゆる『自由論』の「無底」思想にも認められ、さらに後期の啓示の哲学は、初期の自然哲学からさまざまな展開を経て、神秘主義あるいはグノーシス的な影を濃くしていく。

　さて、シェリング自然哲学において、絶対的なものは、その自己客観化により、第一に客観すなわち「形式」〔形態〕、これは統一の過程において、本質を形式の内に型入れすることである。さらに第二にその客観そのものを超え行く主観、すなわち「本質」〔無限性／統一〕として、これはやはり統一過程で本質において形式が解消すること、すなわち有限を無限の内にふたたび型入れすることである。ついに第三にその両者の統一としてあらわれる。ここにおいて両者は不可分な結合を遂げる。三つの契機のそれぞれにおいて、絶対的なものそれ自体は、これら三契機の全体的で不可分な統一として示されるのである。

D　シェリングの美的観念論

これまでみてきたところから、初期シェリング哲学に見られる自然概念の展開は、第一段階　カント的な自然概念。意識内容である物の意味をもつ。最初期にあら

われている自然。

第二段階　「精神の前史」としての、無意識的な実在原理。ただし同時に、観念
　　　的なもの、すなわち主観的なものも含む。いわば、主客の実在的統一。

第三段階　産出的自然〔能産〕としての絶対的なもの。主客の絶対的統一。意識
　　　と無意識との統一。

と理解することができるであろう。

　実は、第三段階での自然は、既に意識と無意識との統一、つまり絶対的なもので
あり、もはや自然哲学の枠を超え、まさに同一哲学における「同一」に達している。
第二段階には第三段階へ移行する可能性および必然性が含意されており、もし超越
論的観念論がその中間段階*2 として機能するならば、それが必然的に要請されるこ
ととなる。

　さらにシェリングはこの段階で、カント哲学だけでなく、フィヒテ知識学とも明
確な離別を図ろうとしている*3。知識学は意識すなわち自我の哲学であり、自然を
その意識の哲学の内部において取り扱おうとする。したがってフィヒテ知識学では、
自然はたんなる意識の対象、現象であるにすぎない、シェリングはそのように理解
した。そこで、シェリングにとって、自然をたんなる現象とみなすか、あるいは真
に実在的なものとみなすかが、知識学と自然哲学とをめぐる問題として浮上する。
シェリングは、自然こそは「精神の前史」であり、それみずからが実在しつつ、意
識へと展開する、すなわち、自然は自己を主観化かつ客観化しつつ、しだいにポテ
ンツ〔勢位〕を高めてゆき、ついには人間的な意識にまで達して、そこに至り自己
運動を終える、そのように考えた。したがって、こうした自然から意識へと至るポ
テンツ化(Potenzieren)は、自我が自然をどのように認識するかという、フィヒテの
超越論的哲学が「知識学」と称したように、知識の問題が解決されることによって、
はじめて超越論的に確立される。つまり自然についての「知識学」が設立されるべ
きはずが、クローナーが夙に指摘しているように(cf. Richrad Kroner, *Von Kant bis
Hegel*, vol. 1, chap. 4)、シェリングの自然哲学はいまだ存在論的な立場にとどまり、
知識に対しての厳密な基礎づけを欠いていた、と考えられる。

　シェリングがフィヒテと異なる点は、シェリングが、カントによって確立され、
フィヒテによって補強されたと考えた実践哲学、その上に芸術哲学を置いたことに
ある。たしかにこの点では、シェリングはフィヒテを超えていると評価することは

できるだろう。

　シェリングは『超越論的観念論の体系』を執筆するにあたって、シラー(Friedrich von Schiller 1759-1805)の『人類の美的教育に関する書簡』(*Über die ästhetische Erziehung des Menschen* 1795)、およびシュライアマハー(シュライエルマッハー Friedrich Daniel Ernst Schleiermacher 1768-1834)の『宗教論』(*Über die Religion* 1799)から影響を蒙った、とされている。シュライアマハーは理論哲学と実践哲学とを統一する、より高い立場を宗教に求め、宗教は直観に基づくと考える。こうしたシュライアマハーの宗教的直観はシェリングの美的直観に近い（cf. 勝田 1936: 148）。

　あるいは、次のように述べることもできよう。「解釈学はシュライエルマッハーの哲学体系内部では象徴化（作用）の領域に属している。……「それゆえ象徴化（作用）は、理解、認識と呼ぶ外ない。象徴とは自然であり、主観の外部の事物であり、それが客体となるには、それが理性に適合したものと解せられ、理解される必要がある」(Dilthey 1966: 557)」。「シェリングの同一哲学的な用語で言い換えれば、理性が自然に対して行う活動や理性が自然と一致しようとする行為は、すべて理性の認識を自然の中へ移し入れることに外ならない。……理性の認識が理性と一致した自然には含まれている……理性の認識は自然において自らを表現している……自然は理性の象徴となるのである」（cf. 岡林 1993: 66-68. 強調引用者）。

　シュライアマハーは「宗教と芸術とは二つの喚び合う魂の如く接している。その親近を互いに予感しているが、まだ知らないでいる」といっており、シェリングが芸術的直観において理論哲学と実践哲学との課題を解いたことに近似している（cf. 勝田 1936: 148）。

　また、シラーからシェリングへの影響関係も看過できぬ重要性を有している。シラーもまた、シェリングに劣らず、構想力をめぐり意義ある発言をおこなっているからである。シェリングにとっての構想力をごく簡潔にまとめれば、「完全な自己活動を通じて完全な受動性に身を置く能力」であり、知と行為という二つの基礎的な人間活動の間にあって、両者を媒介し、理論から実践への移行を可能にする能力である。さらに特筆すべきことは、構想力は実践的理性と類比的関係にあって、その客体自体を産出する。その際、構想力自体はその客体に完全に依存し、受容性にまったく身を移すことで、客体を活動的に産出する(cf. Schelling, SW, I: 332. なお、

太田 1993: 204 参照）。

　一方のシラーは先の『人類の美的教育に関する書簡』において、次のように述べている。

　「人間は無限の前方の未来に向かうために、構想力の翼でもってたんなる動物性を含む現在の狭い限界を乗り越えていく。目も眩むイマジネーションを前に無限なものがあらわれることによって人間の心は個別的なもののうちにだけ生きることをせず、また瞬間だけに奉仕はしなかったのである」(Schiller, *Über die ästhetische Erziehung des Menschen*, pp. 101-102, no. 24. 訳文は太田 1993: 204 所載のものを拝借した（ただし一部の字句等に変更・修正がある）。感謝申し上げる）。

　すなわち、シラーは構想力を、かの「自由な遊戯 Spiel」（「活動」とも。小田部 2009: 148-150；小田部 2020: 75-76 を参照）によって開かれた素材と形式、すなわち感性と道徳とのあいだの中心を、同時に、「最高の静止と最高の運動の状態」と特色づける。したがって、シェリングとシラーとは、ともに構想力の媒介機能と、それがもつ二律背反的な性格、すなわち受動的かつ活動的という性格を認めている。ただし、両者はともにカントの超越論的哲学に根ざした構想力理解を有していたにもかかわらず、シェリングが構想力を実践的行為への一つの移行段階という「中間的媒介的な役割」とみていたのに対して、シラーの場合は、カントと同様に、遊戯に人間存在の最高の形式をみており、構想力をすべての理論と実践とに対し優位にある「遊戯志向の能力」としている、という違いはある（太田 1993: 204-205 を参照）。いずれにせよ、カントの批判哲学から発し、ともに実践哲学を要請するという点で、シラーとシェリングとの構想力観が共通性を備えていることははっきりと確認できる。

　さて、シェリングの『超越論的観念論の体系』は、カントの三批判をさらなる統一的な見地から結合する、というシェリングの野心的な意図によるものである、と理解することができる。そもそも三批判の統一は、カント本人によっても意図されており、たしかに第三の『判断力批判』によってある程度は達成されている。しかしシェリングは、原著者カント自身による批判哲学の綜合には飽き足りずに、批判哲学そのものの刷新、あるいはむしろ、シェリング固有の超越論的観念論によって批判哲学を発展的に解消することを試みた。ただし、この「超越論的観念論」という立場をめぐっては、カント、フィヒテ、シェリング、後にヘーゲルもそれぞれ意

見が異なっており、一概には比較できないのは確かではある。ではシェリング『超越論的観念論の体系』における原理とは何か。

　本書第4章でも確認したように、かつてフィヒテは、自己意識こそが知識における最高原理であることを明らかにした。知識とは、客観と一致する主観の表象であり、したがって、この意味での知識はすべて綜合的である。しかし綜合的な知識はそれ自体ではけっして明白とはいえず、その真理性を制約するような、より高い原理を必要とする。そのとき、この新たな原理は、さらに高次の原理によって制約されることの許されぬ、すなわち無制約的な最高原理であることになる。こうして、綜合的な知識の真理性を制約する原理、無制約的で確実な原理こそ、同一命題にほかならない。しかし、たんなる同一命題は、内容を欠き、それゆえ客観的とはいえず、主観的であるにすぎぬから、内容を伴った知識の原理とはならない。すると、無制約的な原理とは、同一命題であり、かつ、自らの外に自らとは異なった客観を有するような、綜合命題でなければならない。すなわちそれは、表象が同時に対象である、あるいは、主観が同時に客観である、そのような知識ということになる。そして、こうした矛盾を合一する知識とは、ただ自らを自らによってみようとする活動、つまり自己意識にほかならない。したがって、このような自己意識こそ、あらゆる知識に先行し（シェリングにとってそれは歴史的に先立つのではなく、序列によって先立つと考えられる）、その原理である。すなわち、「自我は自我である」であり、同じく「自我〔私〕が存在する」である。カントの超越論的統覚すなわち「私は考える」の場合は、その形式下にある自我は論理的主観であり、既に絶対的な活動であって、物ではない。

　自己を意識するということは、自己を直観するということ、である。こうした直観は、自己と異なるような或る対象を持つような、常に直観するものと直観されるものとが別であるような、すなわち感性的な直観ではない。したがって、自己直観は知的直観でなければならない。これがシェリングによる知的直観の演繹である。

　ここで、シェリングの哲学的反省における第一の段階、すなわち第一のポテンツとしての絶対的綜合について概観しておく。絶対的綜合は、無規定的な綜合のポテンツ化であって、これが哲学である。このポテンツ化が進むにつれ、絶対的綜合に三つの中間段階が演繹される。第一の時期(Epoche)は根源的感覚から生産的〔産出的〕直観に至るまで、第二の時期は生産的直観から反省に至るまで、第三の時期

は反省より絶対的意志作用に至るまでである。ここにおいて、カント的な分析論的課題を終え、最も困難であった概念と直観とを統一することができるのである。

この後、シェリングの哲学体系は実践哲学へと移行するが、フィヒテ同様、本書では実践哲学への発展については論及せず、あくまで本章では構想力観に限って視点を定め、あらためてカントとの比較を試みてみる。

E　シェリング構想力観のヘーゲルによる理解*4

ヘーゲルは処女作でもある通称「差異論文」（『フィヒテとシェリングの哲学体系の差異』1801 年）で、自らがシェリングと同一の立場にあることを表明する。彼ら二人は当時『哲学批判雑誌』の共同編集発行人でもあった。同誌に掲載されたのがヘーゲル初期の注目すべき論文『信と知』〔信仰と知〕(Glauben und Wissen 1802)である。ここでヘーゲルは自らの観点から、カントとシェリングとを「構想力」に関して概観している。

カントの構想力は、認識において自発性としての悟性と、受容性としての感性とを媒介する。ヘーゲルは『信と知』で、この構想力の意味と、『純粋理性批判』の出発点となったあの問い、「ア・プリオリな綜合命題はいかにして可能か」とを関連づけて、それに対し「理性」という答えを示す。

「ア・プリオリな綜合判断はいかにして可能か？　この問題が表明するのは、綜合判断では主語と述語という、前者は特殊で後者は普遍、前者は存在形式で後者は思惟形式のうちにある、——この不等なものが、同時にア・プリオリに、すなわち絶対的に同一である、という理念にほかならない。この措定の可能性は、ただ理性だけである。理性はこのような不等なものの同一性にほかならない」(Hegel, *Glauben und Wissen*, in: *Gesammelte Werke* [= GA], vol. IV: 327; Suhrkamp, vol. II)。

ヘーゲルによると、こうした絶対的で根源的な統一は、感性に対立するかぎりで相対的な悟性の統一などに求められるのではなく、むしろ産出的構想力の自発性と絶対的綜合作用とに求められる。

ヘーゲルはこのような産出的構想力を、カント『判断力批判』第 77 節で呈示される直観的悟性と同一視することで、先述した絶対的で根源的な統一を知的直観に帰属させる。

　構想力や知的直観についてのこのような解釈は、例えばシェリングの『哲学体系のさらなる叙述［叙述］』（1802 年）や、特に『哲学における構成について』（1803年）でのカント解釈とも一致する。

　後者でシェリングは、カントの「構成」（Construktion）概念を検証する。シェリングは、最も一般的な構成概念をこれほど深くまた真に哲学的に把握したのはカントが初めてだろうと評価する。カントは構成を、一貫して概念と直観との同置として叙述し、これに対して非＝経験的な直観を要求した。しかしシェリングは、カントが数学の場合にしか認めず、哲学の場合は拒否したこの非＝経験的直観を、哲学へも拡張する。普遍的なものと特殊的なものとの反定立（Antithesis）によって可能となるあらゆる対立は、ほかならぬ数学において解消される。なぜなら、シェリングによれば、幾何学と算術における直観のありかたは、普遍的なものと直観と対立するもの、として捉えられるのではなく、むしろ普遍的なものと特殊的なものとが、直観の二つの様式であることを示している（cf. Schelling, SW, V: 130）からである。これによって、普遍的なものないしは概念を、直観に対立するたんに論弁的な概念とするカント（彼は哲学において構成という方法を拒否する）の考え方を、シェリングは批判する。そのうえで、シェリングは哲学と数学とを対立するものではないと考える。シェリングによれば数学は必然的に、特殊における普遍の表出である幾何学か、あるいは普遍における特殊の表出である算術か、いずれかである。それに対して哲学は、数学では分離されていたようにみえた普遍的なものと特殊的なものとの統一の、絶対的無差別の表出である（SW, V: 131）。これはシェリングによれば、「数学者は感性において反省された（reflektiert）知的直観がつかえるのに対して、哲学者はただ純粋な自らのうちで反省された知的直観がつかえる」という差異である（SW, V: 129）。いずれの場合も、構成の原理ないしは構成されるものは共通してただ一つであり、それはやや先立つ時期の『我が哲学体系の叙述』（1801 年）や『ブルーノ』（1802 年）などでは、「永遠なもの」と呼ばれていたが、ここではこれをシェリングは「理念」（SW, V: 135）と呼び、理念の構成を産出的構想力と同置している（cf. SW, V: 153）。

　このように、普遍的なものと特殊的なものとの対立としての、概念と直観の二元論を、両者の絶対的同一性としての知的直観において克服しようとするシェリングの発想は、ヘーゲルと軌を一にしている。ヘーゲルもまた、「産出的構想力＝理性」

という把握をしており、そしてこうした絶対的統一を理念と呼んでいるのである（cf. ヘーゲル『信と知』、ズーアカンプ Suhrkamp 版全集 vol. II, p. 325; 伊古田1994: 102）。さらに、このようなシェリングと共通する用語法はのちの『小論理学』にも生きており、そこでの理念は、シェリングが同一性で考えているのとほぼ同じ内容の「同一性」である、という（cf. ヘーゲル『小論理学』ズーアカンプ版VIII: 370; 伊古田1994: 102）。しかしシェリングとヘーゲルとの差異は、やはり『信と知』におけるヘーゲルによるカント解釈にその契機が認められる。ヘーゲルによれば、「理性的なもの、あるいはカントの表現では、この判断のアプリオリなもの（das Apriorische）、媒概念としての絶対的同一性は、しかし判断のなかにではなく、推論のうちにあらわれる。というのも、判断においては、こうした絶対的同一性はコプラ［繋辞。なお、本書第I部も参照］『である』（die Copula: ist）という没意識的なものにすぎず、判断そのものはたんに差異の優勢な現象にすぎぬからである」(ヘーゲル『信と知』ズーアカンプ版II: 307)。ヘーゲルは後年の『精神の現象学』以降に、例えば無限判断などにおける主語と述語の結びつき、すなわちコプラのさまざまなありかたなどを問題としており、『エンチュクロペディー』にまでつながるその端緒が、ここにうかがえる。

　この『信と知』でヘーゲルは、シェリングの用法に従った「ポテンツ」（Potenz）の位置づけをおこなっていた。また、理性の理念としての絶対的同一性と、その現象すなわちポテンツとしての悟性による判断、という二分法自体は、シェリングにも見出せる。しかし先述したヘーゲル独自のコプラ観や、絶対的同一性の現象としての判断規定のなかで、「推論」に「判断」とは違った独自の意味を与え、また、コプラのありかたの多様性が推論において顕在化する、というヘーゲル流の考え方は、いまだ「否定による媒介」という契機を欠いているシェリング同一哲学にはみられぬ、ヘーゲル独自のものといえる（cf. 伊古田1994: 102-103）。

　ただし、シェリングの構想力解釈においては、概念と直観との無差別としての理念を「直観する」という契機があらわれており、ヘーゲルはこれを『信と知』のなかで、カントの直観的悟性（intuitiver Verstand/anschauender Verstand）とともに肯定的に受容している。だが、『精神の現象学』以降では、むしろ推論による判断の展開が方法の中心となり、それに伴い「知的直観はまさに媒介する作用と証明する外的な反省との、暴力的な拒絶である」（ヘーゲル『大論理学』第一部『客観的

論理』第一書『存在論』、ズーアカンプ版 V: 78)として、批判の対象となる（cf. 伊古田 1994: 103）。

　ただし、イェナ期にヘーゲルによって、カントの産出的構想力と直観的悟性とが、理性とに結びつけられたことは、構想力論の展開において、注目すべき指摘であるとみなしてよい。

　ヘーゲル哲学は既にカント批判哲学からもフィヒテ知識学からもその影響下から脱し、さらにこの後シェリング同一哲学とさえも袂を分かつことになるが、ヘーゲル『信と知』においていわば総括された、「知的直観」「超越論的な産出的構想力」「直観的悟性」、そして「理性」とを結びつける、という捉え方に至り、カントからフィヒテ、シェリングに至る構想力観の変遷を、「哲学のオルガノン」という観点から検証するこの試みにおいて、或る種の結論ともみなすことができるものを得たともいえる。

F　ノヴァーリスとシェリング[*5]

　事実、こうした捉え方は、この時代の芸術哲学を支配する図式となっている。例えばノヴァーリス(Friedrich von Hartenberg/Novalis 1772-1801)の場合もそうである。ここで、シェリングと同時代に片や芸術的な哲学において、片や哲学的な芸術において活躍した二人を、「構想力」という「哲学のオルガノン」によって結びつけてみたい。

　ノヴァーリスにおける「知的直観」(die Intellectuale Anschauung, cf. *Novalis Schriften* [= NS], vol. II, "Philosophische Studien der Jahre 1795/96 (Fichte-Studien)," p. 117)とは、彼が一時期心酔したフィヒテの「構想力の漂い(Schweben)」に、その本来性ともいうべき自我と産出的構想力のデュナミズムを、的確に見出したものである。「自我性あるいは産出的構想力、漂いが――その漂いの両極を規定、産出する。低次の悟性だけが、これを錯覚だとする。しかし、これはまったく本当のことなのだ。というのも、現実的なものの原因である漂いが、すべての実在性の源泉であり母であり、実在性そのものなのだから」(NS, II: 266)。既にこの草稿『フィヒテ研究』の時期（1795/1796 年）、ノヴァーリスはフィヒテからの離脱を一面で示してはいるが、芸術的直観の哲学から同一哲学に基づく芸

術思想へとシフトしていった哲学者シェリングと異なり、詩人ノヴァーリスの場合、それはさらに「ポエジー」へと昇華する。ポエジーとはいわば「創造的認識活動全体を包含するもの」（宮田 1993: 160）である。「想像的な(imaginative)素材や力を、自然の素材や力の統制的基準とし」（強調原著者（以下同じ）。『一般草稿（百科全書学への素材）』in: NS, III, Das Allgemeine Brouillon (Materialien zur Enzyklopädistik) 1798/99, p. 448) ており、「真理の自由な産出法(Generationsmethode)」(NS, III: 445)であって、「真理はあらゆるところで現実化、表象さ(repraesentieren)れねばならない」(NS, III: 445)。

　そして構想力／ポエジーは、有機体論とも関わる。「詩芸術(Dichtkunst)とは、おそらく——我々の諸器官 Organe の任意な、活動的な、生産的な使用のことだろう——であるから、たぶん思考そのものもそれとかけはなれたものではないだろう——とすると、思考と思索は一つのもの einerley なのである」(NS, III, Fragmente und Studien 1799-1800, p. 563)。ノヴァーリスにとってポエジーは「詩芸術のオルガノン Organon」にほかならぬのである。

　そして、詩芸術と哲学もまた、深く結びつき合っている。前掲『一般草稿』には「学問性の最高の段階が哲学と呼ばれる」(NS, III: 347)とある。そして、「詩人とは思索者の、あるいは感受者の最高の段階にすぎない」(NS, III: 406)。すなわち、ここでは詩人と思索者がはっきりと分離されていない（cf. 宮田 1993: 160）。

　かつてノヴァーリスは、自然像の発展を「精神」の自己浸透と捉えていた。その経緯は次のようなものである（cf.『さまざまな断章集のための準備稿』in: NS, II, "Vorarbeiten zu verschiedenen Fragmentsammlungen (1798)," Logologische Fragmente [I], p. 522-530, esp. 524-526; 宮田 1993: 157-158）。歴史の第一期は、独立した二つの思考の在り方が形成する対立であり、一方は「スコラ主義者」と呼ばれる、論理的アトムから無限の自己機械として全自然を構築しようとする（著者付記：これはまるで 21 世紀の我々にとっては、かつて盛んだった近代科学批判のほとぼりが冷めて再度浮上した立場であるかに見える）概念的思想家、他方はいかなる法則も固定した形態も憎悪し、自然のうちにただ荒々しく暴力的な生命のみを見る直観的「詩人 Dichter」、である。第二期、無数の「折衷主義者」によって両者の綜合が試みられる（18 世紀後半、すなわりノヴァーリスの直前の世代に至るまで）。そして「第三期に道具 Werkzeug であると同時に天才でもある芸術家

Künstler が現れる」(NS, II: 525)。この詩人を経ての芸術家＝ノヴァーリスにとって、「第一期の対立は、自己自身の深部における対立に外ならず」、それらの「活動がどれほど互いに異質なものであろうとも、一方から他方へと移行し、気の向くままにその極性を変更する能力が自己に備わって」おり、「己れの精神の必然的な二項であるこの両者において移行による媒介が可能なのは、それらがある共通する原理において統合されているからであるに違いない」(cf. NS, II: 527; 宮田 1993: 157)。この移行の能力こそ「産出的構想力 [die] produktiven Imagination」であり、一方の項から他項への移行の瞬間に漂いながら schwebend（著者付記：当然ながら、先述のフィヒテを想起せずにはおられない）自己を保持し、自己を直観する能力である。これにより、真に精神的な生命 ächt geistigen Lebens が意識にまで高められ、この生命を完全に提示することが、本来的な哲学 Philosophie kat exochin（著者付記：κατ' ἐξοχήν「傑出した」「卓越した」）なのである(cf. NS, II: 527; 宮田 1993: 157)。

　こうした発展の端緒となった第三段階は「道具にして天才である詩人」に帰されていた。ここにおいて詩芸術と哲学とはポエジーというオルガノンを共有しているのである（著者付記：本書でもたびたび採り上げているヤスパースによる超越者の暗号論は、シェリング「芸術は哲学のオルガノン」を源泉とし、ギリシャ語由来の Organon とドイツ語 Werkzeug とが併用されるが、ここノヴァーリス（当然ながら、彼の時代精神ともいえる古典ギリシャ主義の洗礼を受けている）もまたその用語法が認められる）。

　ノヴァーリスは、諸学を動的な相互表象性と移行の過程のうちに総合化しようという百科全書学を構想した後、ロマーン Roman という形式を選択した（cf. 宮田 1993: 160）しかしそれは「厳密な学的体系を放棄し、恣意的な仮象と幻想の戯れへと逃避した」のではない。むしろ、さまざまな領域からもたらされた思考を具体的な形象と化し、自己の仮象性を自己言及的に構成の中に組み入れながら、閉じた体系性に陥ることのない絶えざる自己展開を可能にする形式としてのロマーンをきわめて厳密な意識化によって構成すること」が試みられたのである（cf. 宮田 1993: 160-161）。

　最後に、ノヴァーリスはプロティノスの影響をも蒙っていることが指摘されているのを挙げておく(cf. Mahl 1963: 139-250; 宮田 1993: 160)。プロティノスは「直

観的悟性」の元祖である、という主旨のことを、カッシーラーが的確に指摘していることは既に挙げた（本書第3章第2節「2B カントの直観的悟性」末尾において）。カッシーラーは『カントの生涯と学説』のなかで、カントの「直観的悟性」の概念を使用した人物として、はるかに過去に遡ってプロティノスの名を挙げ、『判断力批判』におけるカントが、新プラトン主義の後継者であることを指摘していた（cf. Cassirer 1918: 299）。

　そうした側面が『判断力批判』におけるカントの哲学を豊かなものにしていることも認められるだろうが、ただしカントにおいては、こうした「直観的悟性」という概念も、あくまで彼の批判哲学の文脈からのみ用いられており、いわばカントは「批判哲学の鉄則を踏み外すことを決して容認しなかった」(佐藤 2005: 237-238)。彼は形而上学的領域に属する知性を想定する場合ですら、あくまでも人間的知性の特性および限界を明らかにする、という批判哲学の射程のなかでのみおこなわれている。そしてそれこそが、カントにとっての伝統的な形而上学の旧弊（『純粋理性批判』初版の序文において、みすぼらしく零落したヘカベ［ヘクバ］に喩えられた）を刷新し、そこに新たな息吹きを与えることにほかならなかった。

　しかし、カントの批判哲学という枠を越え出たシェリングやノヴァーリスら初期ロマン主義の血が流れる哲学的詩人たちは、自由に意のままにポエジーによって飛翔する。そのとき創作の原動力となるのは産出構想力にほかならず、あるいはムーサやミネルヴァからの霊感を受け取る知的直観なのである。

G　シェリング芸術哲学における構想力[*6]

　最後に、『芸術の哲学』講義における構想力観について確認しておこう。

　シェリング芸術哲学において、「構想力」(Einbildungskraft)という語は、その「一つにする」(einbilden)という原義をとても強く残している。このような観点から構想力を捉えようとすると、この「構想力」と、「統合」(Ineinsbildung)および「個体化」(Individuation)の力がやはり深く関わってくるのが、一見しただけでも明らかなことがわかるだろう。もちろんシェリング自身も、このことについて言及している。

　「原像(Urbild)としての神が、写像(Gegenbild)においては美となるように、理

性の諸理念は、写像において直観されると美となる。それゆえに、理性と芸術の関係は、神と諸理念の関係に等しい。芸術を通して神の創造は客体化される。というのも、神の創造も芸術もともに、無限の観念性が実在的なもののうちに一体として構想される（Einbildung）ところに成り立つからである。ドイツ語のEinbildungskraft という語は、的確にも、あらゆる創造を支える統合（Ineinbildung）の力を意味している。すなわち、この力によって観念的なものは同時に実在的であり、魂は同時に身体であり、これこそまさに個体化（Individuation）の力という本来的に創造的な力である」(Schelling, *Philosophie der Kunst*, in: SW, V: 386)。

　「統合」および「個体化」は、芸術においていかなる意義を有しているのか。例えば絵画では、それぞれの形態や色は同一性から限定された個別的なものであり、かつ対立するものの綜合によって生まれたものでもある。これらが一つの作品として鑑賞者に認識されるためには、それぞれの要素が一つのまとまりをもって画家によって構成されねばならない。

　このように、画家のうちにある像を一つのものとして作り上げる力が「構想力」であり、シェリングはこれを「統合」と「個体化」という概念によって説明しているのである。「構想力」とは、あらゆる創造を支える「統合」の力であり、この力によって、観念的なものが同時に実在的であり、魂（精神的なもの）は同時に身体（肉体的なもの）である。これが「個体化」という創造的な力である。

　念を押しておきたいのは、観念的なものが実在的なものに「なる」のではなく、両者は同時に「一つ」なのである。すなわち、構想力は、論理的な意味での、時間性を帯びていない。それは観念的なものから実在的なものへの「生成」ではないのである。

　また、先の引用部分(Schelling, SW, V: 386)でシェリングは、神と人間との創造を類比的に扱っている。神は絶対的同一性であり、万物の原像であり、それ自体では何の制約も限定も受けない。むしろ「絶対的な空虚」(SW, V: 386)である。「神的な構想力」(Imagination.「空想」よりさらに適当な訳語が望ましい)によって「多様なもの」がもたらされ、そうしたさまざまな存在するものによって「宇宙」は充たされる(SW, V: 386)。これこそが神による「絶対的な芸術作品」(SW, V: 385)である。それに対し、現実の世界は「派生的な世界」であり、絶対的なものは「限定」と結び合わされ、特殊的なものの内に普遍的なものを形成する(SW, V: 385)。ここ

で、宇宙という神の創造物が、人間のもつ「構想力」に反射され、「想像力」(Phantasie)の世界で展開される。これが、人間の創造物である「芸術作品」において「美」という理念があらわされることであり、したがって神は、人間による「あらゆる芸術の直接的原因」(SW, V: 386)とされる。こうして、神の創造において、特殊的なものの内に普遍的なものを、あるいは、有限的なものの内に無限的なものを、統一する「統合」の力が働いている。人間的な創造とは、芸術という客観において、神的創造と同様の統合の力が発揮されたものであり、この統合の力によって、観念的なものが客体として、実在する事物において統一されるのである（ノヴァーリスらと同様、Einbildungskraft, Imagination, Phantasie は異なる。シェリングに関しては後に詳述）。

　例えば絵画における統合は、次のようにしてなされる。形態や色には、対立するものを統合する力がはたらくとともに、同一的なもの、あるいは他のものから区別され、一つのものを形成する「個体化」の力が働いており、さらに、作品が成立するときには、こうした統合と個体化の力は、「構成」(Komposition)という概念によって結びつくのである（ここでの Komposition もまた先述の Construktion と区別されるべきである。K[C]onstruktion については、例えばそれを主題とした Rudolphi 2001、あるいは Sandküller 1998: 91-94 （"Konstruktion der Materie" (Jantzen)）等を参照）。

　このように、特殊的なものの内に普遍的なものを統合するのが、構想力の働きである。シェリングは、普遍的なものと特殊的なものの最も高次な呈示のしかたを「象徴」と捉え、「芸術は象徴的である」(SW, V: 411)とする。すなわち、

　「普遍的なものと特殊的なものとの絶対的無差別を伴って、絶対的なものを特殊的なもののうちに呈示することは、象徴によってのみ可能である」(SW, V: 406)。これが「芸術にほかならない」(SW, V: 406)。

　対して、

　「芸術という形式における絶対的世界の呈示」(SW, V: 350)、あるいは、「普遍的なものと特殊的なものとの絶対的無差別を伴って、絶対的なものを普遍的なもののうちに呈示することとは、哲学にほかならない」(SW, V: 406)。

　この、芸術における絶対的なものを特殊的なもののうちに呈示することを、シェリングは「図式」化（cf. SW, V: 407）と呼ぶ。「理想的な芸術作品における素材

の呈示は、図式（特殊が普遍によって直観される）とアレゴリー（普遍が特殊によって直観される）の総合としてつねに象徴的形式をとる（普遍と特殊とが一つである）」(Sandküller [Knatz] 1998: 118)。この呈示は構想力(Einbildungskraft)によって初めて可能であり(cf. SW, V: 407)、したがって「構想力の所産」たる図式は「概念と対象との中間のもの」である。象徴という呈示でなされている綜合は、二つに区別される。第一の綜合は、「普遍的なものと特殊的なものとの絶対的無差別」であり、第二の綜合は、その無差別を伴った「絶対的なものを特殊的なもののうちに呈示する」こと、である。

　『芸術の哲学』講義で論ぜられるのは、絶対的なものがいかにして芸術においてあらわれるか、である。絶対的なもの、つまり神は、それ自体としては絶対的に同一的なものであり、普遍的なものでも特殊的なものでもなく、絶対的に無差別的なものである。したがって、第一の綜合は成立する。次に、第二の綜合について、ここでの特殊的なものとは、実在的なものや、客観的なもののことであり、換言すれば、絶対的なものを特殊的なもののうちに呈示するとは、絶対的なものが「原像」ではなく「写像」においてあらわれること、である。

　しかし、象徴とは、絶対的なものを芸術作品という特殊なもののうちにあらわす、というだけでは不十分である。象徴とは、特殊的なものによって普遍的なものを意味することではなく、またその逆に、普遍的なものによって特殊的なものを意味することでもない。なぜなら、普遍と特殊とは、区別されることなく、「完全な無差別」(Schelling, SW, V: 411)を伴って、一体として呈示されねばならぬからである。すなわち、意味するものと意味されるものとは一つでなければならず、両者は区別されない。或る対象があるがままのものとして理解されると同時に、その対象が意味するものとして理解されねばならない。「意味とは同時に存在であり、意味が対象のうちに移行して、対象と一つになっている」という状態を、象徴として理解せねばならず、換言すれば、或る像がそのまま「存在する」だけで、「同時につねに意味を透かし見せ」ている状態(cf. SW, V: 411)が、象徴という呈示なのである[*7]。

　「想像力」(Phantasie)についてシェリングはおよそ次のように述べている。普遍と特殊との無差別を、芸術作品という特殊のうちに綜合する「構想力」は、「絶対的形式」(Schelling, SW, V: 407)としての象徴という呈示のしかたをとる。そしてこの象徴を充たすものは、神話であり神々である。神々とは、諸理念が形態をも

って実在的にあらわされたものであって、「想像力」によってのみ捉えられ、絶対的なものそれ自体から離れた「派生的世界」すなわち我々の現実世界（cf. SW, V: 385）において、写像として呈示される（cf. SW, V: 395）。

　「神々の世界はたんなる悟性の対象でも、理性の対象でもなく、ただ想像力（Phantasie）によってのみ捉えることができる」（Schelling, SW, V: 395）。

　「想像力との関係において、構想力について規定」するなら、「構想力において芸術の所産の着想が生じ（empfangen）、芸術の所産が形成されるとすれば、想像力は芸術の所産を自己の外へといわば投影し、そのかぎりで呈示する能力である。それゆえに、構想力と想像力の関係は、理性と知的直観の関係に等しい。そして、いわば理性の素材から、諸理念が形成され、知的直観とはそれを内的に呈示するものである。それゆえに、想像力とは芸術における知的直観である」（Schelling, SW, V: 396-397）。

　構想力と想像力との違いは、構想力は、芸術作品のアイディアを受け取り、作品として創造する能力のことであり、一方、想像力とは、そのアイディアによって得られた芸術作品を、客体すなわち作品として表現する能力のことである。したがって、想像力は、構想力に比べて、人間のもつ、より具体的な能力であり、芸術作品を実際に産み出す力である。

　これに比べて、構想力は、より根本的な作用であって、その構想力が着想したもの、産み出したものを、想像力が現実世界において具体的にあらわす。構想力は産出的な力であり、想像力は構想力が着想したものを再び作品として外的にあらわすという点で、再生的な力であるといえる。こうした区別は『芸術の哲学』講義で初めて言及されるもので、この講義が、想像力の対象である、絶対的なもののあらわれた「神話」や「神々」について論ぜられたものであることと関連があると考えられる。

　先述のように、『芸術の哲学』講義では、「構想力と想像力の関係は、理性と知的直観の関係に等しい」（Schelling, SW, V: 395）とあった。ここから、理性と構想力との類似性が想定できる。事実、この類似性は既に『超越論的観念論の体系』でも指摘されていた。構想力は概念ではなく理念を産出することから、理性と類似するものである（cf. SW, III: 558）[8]。理性と構想力とは、何ものにも従属せず、制限されず、両者のうちではすべてが自由に動き回っており、相互に排除したり衝突し

たりしない(SW, V: 393)。悟性が、対象を上下関係に従って秩序づける働きであるのと対照をなしている。ハンス・フェガーはその著『カントとシラーにおける構想力』において、シェリングが構想力に自立的かつ自主的な役割を与えていることから、カントに比べてそれは「構想力と悟性の関係の顛倒」であるとしている（cf. フェガー2002: 164）。この「自由な動き」は「戯れ」(Scherz)や「遊び」(Spiel「遊戯」あるいは前述のように「活動」)の源泉ともいわれ、こうしたシェリングの概念には、先に示したように、シラーの『美的教育書簡〔人類の美的教育に関する書簡〕』等からの影響が認められる。『超越論的観念論の体系』でも、こうした構想力の活動が、「無限性と有限性とのあいだに浮遊する(schweben)活動」であり、「理論的なものと実践的なものとを媒介する活動である」(Schelling, SW, III: 558)。したがって構想力は、有限と無限とのどちらにも属さず、両者の中間で、両者を媒介する。さらに、この構想力に関連して『超越論的観念論の体系』にはこうある。

　「あの産出的〔生産的〕能力は、芸術が、不可能なこと、すなわち、有限な所産において無限な対立を廃棄しようとすることを成就するのと同じ能力である。最初のポテンツ〔勢位〕において根源的直観であるものは作詩〔創作〕能力(Dichtungsvermögen[9])である。そして、反対に我々が作詩能力と呼ぶものはたんに最高のポテンツにおいて繰り返される、産出的直観にすぎない。両者のなかに働いているものは同じものである。すなわち、我々がそれによって矛盾するものを考え、また総括することができる唯一のもの、つまり構想力である」(Schelling, SW, III: 626)。

　ここで、自然における構想力は「産出的直観」(eine produktiven Anschauung)と呼ばれ、「対立する活動の無限の分離」を「廃棄」させるために、構想力は、自然と芸術を産出する「同一の活動」(Schelling, SW, III: 626)とされる。すなわち、自然において働いている創造的な力は、芸術において働いている力と同じものであり、対立するものを一つに統一するという意味でまさに「構想力」である。さらに、構想力と「作詩能力」が同じものとみなされることから、作品を創造する能力であるといえる。この芸術における構想力の作用は、構想力の美的〔美感的〕な作用とされ、「美的直観」に相当する(cf. SW, III: 351)のである。

　ここまでのことがらで、構想力についてまとめると、以下のとおりになる。

　一、何ものにも制限されぬため、本質的に自由である。

二、対立する二つのものの中間に位置し、両者を媒介する能力である。

さらに、この異なった二つのものを媒介するということで、

三、一つのものを作る働き、つまり「統合」の力である。

四、その統一したものを他のものから区別する「個体化」の力である。

五、この力によって統一されたものは、普遍にも特殊にも偏らぬため、「無差別」
　　である。

六、芸術において我々に客観的にその働きをあらわしている。

以上のうち、一「自由」であるという性質と、二「中間者」「媒介」としての立場、五「普遍にも特殊にも偏らぬ」性質は、理性にも同様に認められる。構想力と理性は、特殊にも普遍にも分類されず、かえって特殊と普遍とを綜合するものであって、理念という絶対的な同一性を産出する。この二つのものを統一する作用が、三「統合」の力であり、この力を芸術において人間ももつことができる。そして、この統合の力が働くと同時に、他のものと区別される一つの像が創り出されることから、五「無差別」性は、光と物体との統一による「色」や、あるいは「象徴」によってあらわされる。

このように、構想力の働きはいたるところに存在する。シェリングは自然においても構想力の働きを認めている。それでは、芸術における構想力の特質とは何か。

一般的な現象よりも芸術において特徴的なことは二つある。

1、作品という客観的なものにおいて構想力が働き、絶対的なものがあらわされ
　　る。

これは前出の「六」に当たる。特に絵画のように、眼に見えるかたち、すなわち「形態」「色」、そして一枚の絵において、構想力の働きがあらわされている。

したがって、

2、作品という実在的で特殊的なものにおいて、構想力の創造的な働きが我々に
　　とってより身近に把握できる。

我々は芸術作品という事物を通して、その作品において成立している「創造的な力」を受け取ることができる。芸術家がいかにして創造的な力を発揮したのかは、作品を鑑賞することで把握できる。この創造的な力こそ構想力であり、芸術において不可欠な力なのである。

むすび

　こうして、シェリングの構想力について、1800 年代はじめまで、まことに駆け足ではあるが、とりあえず概観してみた。ここで確認しておきたいことは、カントの『判断力批判』において既に『純粋理性批判』における構想力の規定からはかなり拡大されてきた超越論的構想力は、産出的構想力としてその本領を発揮し、さらに「直観的悟性」という相において、それまでの批判哲学から明らかにドイツ観念論哲学、そして初期ドイツロマン主義思想へと、発展的に継承される要素をあらわにしていった。シェリングはそういった構想力のダイナミズムを体現する哲学者であった。本章における仮説、すなわち「哲学のオルガノンとは、哲学的構想力のことであるのか」という問いに対して、シェリング構想力観の変遷は、肯定的なしるしをみせているといってよいだろう。カント批判哲学の綜合、フィヒテにおける動揺する構想力としての根源的な力、そしてシェリングにおける芸術と哲学との結合は、いずれもオルガノンとしての構想力の作用によるものであるといえるのではなかろうか。

【注】

*1　この節および次節の概括にあたっては、我が国の古典的研究、特に勝田 1936 や藤田 1962 等からまず大いに学んだ。また、監訳者の松山がその「まえがき」でも述べているように、当時のドイツにおける「シェリング研究の水準」の高さを窺わせる Sandküller (ed.) 1998 の各執筆陣（特に編著者、ヤーコプス、ヤンツェン、クナッツら）からも有効な導きを得た。深く感謝する。

*2　シェリング哲学の時代区分は困難である。まず初期に関しては、「超越論的観念論」および「芸術哲学」をどう位置づけるかという問題がある。これらのそれぞれを、あるいはそのどちらをも、独立した時期として認めぬという立場もある。すると、

　　　初期：自我哲学期から自然哲学期　→　中期：同一哲学期

というふうに、自然哲学から同一哲学へとつながることとなり、この場合は『我が哲学の敍述』（1801 年）が明確に同一哲学期のはじまりを示しているので、（半ば偶然ともいえるが）18 世紀までと 19 世紀以降とで線引きできる。芸術哲学期の扱いについても、同一哲学期に組み込むという立場が主張されている。なお、本章では主題として論じていない

中期から後期にかけての時代区分はなお錯綜としており、ヘーゲル『精神現象学』（1807
年）におけるシェリング批判を契機とする、という外的な根拠もあれば、穏当に『人間的自
由の本質』（1809 年）で分けるという立場もある。また 1810 年代初頭の『世界年代記』
（諸世界時代 Weltalter）をどう捉えるか、いわゆる「消極哲学」と「積極〔実定〕（positiv）
哲学」の問題、さらに「神話〔神話論〕（Mythologie）の哲学」「啓示の哲学」の問題など、
これらについてはもはや本章の射程に含まれぬとしてこれ以上の検証は、シェリング哲学
全体を体系的に扱う機会として他日に期するほかない。

　さて、こうした外的区分を超えて、思想方法という内的な動機から、超越論的観念論を
自然哲学と同一哲学との中間段階として捉えるというのはそれなりの説得力を有すると著
者には考えられる。なぜならこれは、著者自身が最も強い関心を抱いている、構想力・図
式・知的直観がいかに機能するか、という問題の解明につながるからである。すなわち超
越論的観念論における知的直観による自我と自然との調和が、積極的にも消極的にも、シ
ェリング哲学のカント批判哲学からの明らかな離脱を示していると考えられるのである。

*3　19 世紀後半のヘーゲル学派（ユーバーヴェーク、K・フィッシャー、シュヴェーグラー
　ら）から始まり、新カント学派（ヴィンデルバントら）、さらに 20 世紀の N・ハルトマン
　や R・クローナーらによる哲学史理解のように、フィヒテからシェリングが直線的に進化し
　ていると捉える観点はもはや通用せず、フィヒテがカントを、シェリングがフィヒテを、
　そしてヘーゲルがシェリングを、それぞれ乗り越えて来たわけでは断じてない。例えばフ
　ィヒテの立場に限ったにしても、R・ラウトのように、この時期のシェリングはフィヒテ
　を超えておらぬ、あるいは後期フィヒテはシェリングをさらに乗り越えた、とみなす見解
　もあれば、そのラウトとも親しいフランスのフィロネンコのように（前述）、カント批判
　哲学の本質を最も的確に理解したのはフィヒテであると公言する研究者もいる（ついでな
　がら、本書では主題とできなかったフィヒテの知識学から（といってもそれを踏まえてと
　いうのであって、フィヒテの全思想において知識学を放棄する立場は一切認められない）
　実践哲学への発展については、例えば高田 2017: 29 等を参照）。
*4　伊古田理「同一哲学とモナドの問題——ヘーゲルとの対比において」（西川冨雄監修、
　高山守／藤田正勝／松山寿一／長島隆編『シェリング読本』法政大学出版局、1994 年に所
　収）を参考にした。深く感謝する。
*5　ノヴァーリスに関して、宮田眞治「反省と表象　——ノヴァーリスにおける「絶対なる
　もの」の探求と言語——」（『叢書ドイツ観念論との対話 3　芸術の射程』ミネルヴァ書

房、1993 年に所収）に多くの教示を受けた。深く感謝する。

*6　この節の執筆にあたり、八幡さくら『シェリング芸術哲学における構想力』（勁草書房、2017 年）（その原型としての、同氏「絵画論から見たシェリングの『構想力』論」（2009 年 9 月 26/27 日神戸大学で開催された日本シェリング協会第 18 回総会・大会での研究発表（27 日、その要旨は『シェリング年報』第 19 号、2010 年に所収で、著者が 2010 年提出の博士論文を執筆していた時点ではこれらを参照した）、あるいはやはり美學会での発表、およびその学位論文を踏まえた著書）に拠るところ大であった。深く感謝する。

*7　シェリングによると、Symbol とは、Sinn と Bild から成り、すなわち「意味をもった像」の義である。

*8　この構想力と理性とが、絶対的なものの「現象界における流出」に関わっている（「流出」はもちろんプロティノスの「エマナチオ」（emanatio)を想起させる）。両者が弁証法的な構造を有しており、そこでバルトはこれを「存在論的類似性」と呼んでいる(cf. Barth 2001)。

*9　Dicht が dichten（創作する）という単語に由来していることは、語源学においても明らかとされている。

第Ⅲ部　超越論的統覚論

フッサールとハイデガーによるカントへの批難

　ここでは、カントの説く「超越論的統覚」の解釈について、カントの構想力論がフィヒテやシェリングによっていかに歪曲されたか、という点に関連して、さしあたり邦語文献から代表的なカント擁護説あるいは批難（例として、岩城 2006 を中心に、第Ⅱ部に引き続いて黒積 2003、さらに現象学の専門研究者からは宮原 1993 や山口 2008 など）を踏まえて検証してみることにする。

　それらを基に、二人の大哲学者によるカント批難を検証する。統覚論の系譜については本文に詳説したが、カントが与えた影響、むしろ（「批判的」継承という）逆影響について十分に考察する材料となるのが、主に時間論に関するフッサールのカント批難であり、その最も優秀な弟子であり、20 世紀におけるもう一人の時間論の雄ハイデガーのやはりカント批難である。そしてまた、フッサールと袂を分かったハイデガーに対するフッサール晩年の批難（師から弟子への）という切り口も存在する。

　時間をめぐる三人の大哲学者の忖度無しの議論が超越論的統覚を軸として展開されているわけである。

第6章

ハイデガーによるカント批難の是非
—— 新旧〈超越論的統覚論〉の真意 ——

はじめに

　ハイデガーは『カントと形而上学の問題』（1929 年）その他で、カント『純粋理性批判』における哲学的構想力論や超越論的統覚論を批難している。

　本章はその批難の妥当性を問い、結論としてはカントを擁護する立場を取るものである。

　ハイデガーの批難は、むしろカントの後代に現れたフィヒテやシェリングにこそ向けられるべきであり、ハイデガーが論難した、人間の〈有限性〉や〈時間性〉に対してカントが顧慮しなかった、という点はカントの原文をもって反証することができる。

　カントは人間の（そして最終的には人間理性の）限界を冷徹に見据え、揺るぎない決意をもってその深淵から〈退避〉した、と考えることができようが、あるいは「カントはこの深淵を前にしてたじろぐ。否、深淵から後退もしなければ、飛び越えもしない。カントはこの深淵について沈黙する」（cf. ヤスパース 2006: 481（訳者解題））のである。なぜならそれは、カントによれば「万物の最終的な担い手としての我々が不可欠的に必要とする無条件的［絶対的］必然性とは、人間理性にとって真の深淵である」（A613/B641）からだ（カントをこよなく尊敬し、このように深淵から後退もしなければ飛び越えもせず、ただひたすらそれについて沈黙を貫いた彼に意義を認め、「哲学者に求められる最も重要な態度」だと讃えたヤスパース（cf. ヤスパース 2006: 481）が、自らも哲学的に意義深い「不可知論」をきわめて重視した点（例えば『ハムレット』やヴィトゲンシュタイン『論理哲学論考』最後の節等を引き合いに出して）は、本書第 12 章(Chapter 12)の序説 Introduction を参照）。

† † †

　初期ハイデガーによるカント批難として代表的なものに、主著『存在と時間』（1927 年）刊行後まもなくのマールブルク期講義録『カントの純粋理性批判の現象学的解釈』（1927/1928 年冬学期；*Gesammtausgabe* [= GA], vol. 25）および翌 1929 年の著書『カントと形而上学の問題』（GA3. 通称『カント書』）とがある。それらは超越論的統覚や構想力に関わるきわめて重要な議論を含んでいる。

　周知のように、カントは『純粋理性批判』第二版刊行に際し、同書の最も重要な箇所の一つとされる「カテゴリー［純粋悟性［知性］概念］の超越論的演繹」において、初版のいわゆる〈心理主義的〉論述を全面的に改め、いわば〈カテゴリー主体〉ともいえる論述をこなった、とされる。

　ハイデガーは両著において、初版での論述を現象学的に解釈することを通して、〈超時間的〉であるとされるカテゴリーと超越論的統覚とを、時間化の視点から、存在論的な認識の可能性に関わる問題圏において解明することで、独自のカント批判を展開している。

　例えば前著でハイデガーは、カントの非時間的な超越論的統覚をけっしてそのまま受容することなく、カントがそういった超越論的統覚の〈非時間性〉を時間と分離して考えているかぎりで批難しつつ、それに対抗して超越論的統覚の〈時間化〉を強く主張している。ハイデガーは、こうした超越論的統覚と時間化との存在論的な連関を、カントははっきりと示せていなかったとして、代わりにこの連関を「超越や、あるいは時間と「私は思う」（Ich denke）とのあいだの根本的な関わり合い」とみている(cf. Heidegger 1977)[*1]。

　一方、後著でのハイデガーの論点の一つは、ハイデガーが強く標榜する〈有限的人間存在〉、そこからカントが離反した、というものである。

　例えば『カント書』における以下の幾つかの記述を見よう。ちなみに、それらのうちの多くは文字どおり「置かれた根拠の根源性と超越論的構想力からのカントの退避(Zurückweichen)」と表題された第 31 節において述べられている。

　まず、「それにしてもいったいなぜカントは超越論的構想力から退避したのだろうか。おそらく彼はより根源的な根拠づけの可能性を見なかったのだろうか。その反対である。初版の序文(Vorrede)はそのような根拠づけの課題をまったく明白に限定している。カントは超越論的演繹において「二つの側面」、すなわち「客観的」

側面と「主観的」側面を区別するのである（A: XVIff.）」（Heidegger 1929/1991: 165）がそうであろう。

あるいはまた、「道徳性」と「当為」に関わらせつつ、人間の有限性について述べた以下の箇所を見てみる。

「もし他方で一般に道徳性と当為とによって規定された存在者は、本質的にけっして「無限」となりまた「無限」ではありえないとすれば、このようにますます開示される人格性の理性的性格は、むろんカントにとっても人間の有限性に抵触するものではありえなかった。おそらくその反対にカントにとっては、いまや有限性をまさに純粋な理性的存在者自身において求める、それゆえ理性的存在者が「感性」によって規定されているということにおいて初めて求めるというのではないという問題が生じてきた。なぜならそのようにしてのみ道徳性は純粋なものとして、すなわち事実的に経験的な人間によって制約されない、まして創造されたものではないものとして捉えられるからである。

有限的な純粋理性一般のこのような人格的‐存在論的な問題は、むろんその近辺において有限的な理性的存在者一般の一定の種類の現実化の特殊な体制を想起させるような何ものをも許容することはできなかった。しかしたんに特殊的に人間的能力としてだけでなく、さらにそれ以上に感性的能力として通用していた構想力は、そのような体制のものだったのである。

このように強化されてゆく純粋理性の問題性は構想力一般を押し除け、そしてこのことによってはじめて本当にその超越論的本質を覆い隠さなければならなかった。

有限的な理性的存在者一般とそのような存在者の特殊な現実化、すなわち人間との間のこうした区別の問題が、第二版の超越論的演繹において前面に押し出されていることは見誤りの余地はない。いやそれどころか、カントが第二版においてその著作の第一頁（引用者注：「第一部　超越論的感性論」の「§1」の箇所。カントは第二版改訂に際し、大々的にパラグラフ（§）付けを施している）でおこなった最初の「修正」が既にこのことを明らかにしている。有限的認識、しかも有限的直観の特徴づけにおいて、「少なくとも我々人間にとって」（B33）と挿入されている。このことは、なるほどあらゆる

有限的直観は受容的であること、しかし受容は必ずしも、我々人間における
ように感官器官によって媒介されていなければならぬ必要はないということ
を示すべきものである」(Heidegger 1977: 168-169. 傍線引用者、以下同じ)。

　これらおよびこれらに他の類する記述から、例えば岩城は、〈有限な人間の哲学〉
という尺度において、ハイデガーはカントの第二版改訂を〈退避〉ないし〈退却〉
と判定し(cf. Heidegger 1991: 164, 167, 170-171, 214)、「有限な人間の哲学として
のカント哲学は、第一版から第二版への変更により、古い形而上学へと後戻りして
しまった」とみなしている、とする（cf. 岩城 2006: 7）。

　これらはハイデガーによる、カントに対する、いわば〈断罪〉といえるだろう。

　『純粋理性批判』受容史においては周知のごとく、〈初版主義者〉ともいうべき
二人の大哲学者、ショーペンハウアーやこのハイデガーは、原著者の第二版におけ
る大幅な改訂をずばり〈改悪〉であるとして、強く指弾している。両者の論旨は当
然異なるが、後者はカントが第二版で展開した〈超越論的統覚論〉を、前記のごと
く〈有限的人間存在からの離反〉であるとみなした。

　しかし、カントは大きな改訂にも関わることなく、初版・第二版を通じ一貫して
〈有限的な人間的経験〉を論じようとする立場を堅持しており（例えば我が国では
主に岩城 2006、あるいは黒積 2003 はフィヒテやシェリングからカントを擁護し
ている、その他）、この点でのハイデガーの論難は適当ではないと、カントを擁護
する見解がある。本章もまたそうした立場を取り、以下に数点にわたり論証するも
のである。

第1節　ハイデガーによるカント批難
——改訂に見られるカントの真意①——

1A　逸脱か否か

　本来、カントの批判哲学で俎上にのぼるのは、あくまで〈有限的な人間的悟性［知
性］〉に限られるのであって、するとその考察対象は、後述するように、後世のフ
ィヒテやシェリングに見られるような、いわゆる〈神的な悟性〉の類いとは峻別さ
れていた。だから『純粋理性批判』で詳細に論ぜられた超越論的統覚も、そもそも
神のごとく一切を産み出すような〈絶対的主体〉などではありえなかった。たとえ

第二版での改訂で超越論的統覚が主題化されたときですら、カントはけっして有限的な人間的経験を論じようとする立場を捨てはせず、むしろ初版よりもいっそう徹底して、人間的経験の有限性を論じてさえいた、と考えられ、それを論証するのが本章の目標となる。

　一方、後代ではシェリングの美的観念論で、カント批判哲学からあたかも〈神的な悟性〉を摘出しようとする行為が頂点に達した、という指摘がなされている（例えば、岩城 2006 を参照）。さらに、シェリングからカントに遡る途上で聳え立つもう一人の巨人フィヒテ、彼の知識学に既に先に述べたようなカントからの逸脱が見出されるという解釈もある（前掲した黒積 2003、および岩城 2006）。

　もしそうであるならば、すなわち、ハイデガーの論難する有限的人間存在からの離反が、当のカント本人ではなく、その後のフィヒテやシェリングといったドイツ観念論の大哲学者たちによる解釈、むしろ改釈にこそ端を発するものであるならば、ハイデガーの批難の矛先は、当然ながらカントにではなく、むしろフィヒテとシェリングにこそ向けられるべきであったということになる。

　逆に言えば、シェリングの美的観念論や彼に先立つフィヒテの知識学に見出される〈神的な自己意識〉の起源が、やはりカントの超越論的統覚論に既に見出されるのであれば、人間の有限性という持論をもって大胆なカント批難を遂行したハイデガーの目論見はまちがってはいなかったことになる。事実、ハイデガーの両著、特に『カント書』における批難の矛先は、有限な人間的〈実存〉にとっての〈底知れぬ深淵〉、それを覗き見て慄いたカントがとった〈退却〉と、また敢えて追究の手を伸ばそうとしなかった彼の非学究的な姿勢、そこに向けられたものだったのである。

　しかし、やはり正しくは、そうしたハイデガーの批難はカントにではなく、もともとカントにあっては有限的であったはずの人間的自我を、曲解しつつ継承したフィヒテやシェリングにこそ該当すべきであったのではないか。実際にカントの批判哲学そのものにまで遡ってみれば、とりわけシェリングが考えるような自己意識こそ、カントの超越論的統覚をかなり強引に改釈したものであって、そのような自己意識に基づくシェリング流の超越論的自我論は、カントの批判哲学をまったく異質の自我論へと読み替えたものであることが確認できるはずである。そしてこれは大筋においてフィヒテでもまた同様である。こうしたカント擁護こそが本章の目的と

いうことになる。

1 B　カントの論証：〈線を引く〉行為

　既に述べたように、ハイデガーはカントの第二版での改訂を批難する。ハイデガーの眼は、第二版で新たに書き直された箇所(B129-169)全般において、超越論的統覚が、有限である人間が経験する際の、にもかかわらず超越論的条件として語られるのを捉え、それを糾弾している。

　だがその箇所で実際にカントが語っているのは、むしろ人間的自我の特殊な有限性についてであり、それこそがカントの本当に訴えようとしたことなのである、という擁護の余地があるのはないか（例えば岩城 2006: 129-130 を参照）。本来、このように人間の有限性の構造を推理するカントの超越論的統覚論は、哲学をいわば神学にまで高めるような、例えばシェリング的な〈自己意識〉論とはきっぱりと峻別されねばならない。そのためには、カント説に見られるような、経験的〈総合［綜合］〉が、初めて意識の〈超越論的統一〉を炙り出し、それが経験の〈超越論的な〉条件であるということ、それを明確に示すことが必要である。

　こうした経験と超越論的条件との切っても切れぬ関係を、例えばカントは第二版で書き改めた演繹論の中の、特に第17節で、〈線を引く〉行為に即して論証している。この第17節は「統覚が総合的統一の働きをなすという原則は、あらゆる悟性使用の最上位の原理である」という題をもっており、それはあたかもシェリングの〈絶対的意識〉のようなものを想起させはするが、実際にカントがここで述べているのは、自己意識の〈同一性〉と〈空間〉という超越論的条件が、〈経験〉においてどのような姿をとるか、ということなのである。

　　　「このようにして、他の悟性使用がすべてそれに基づき、また同時に感性的直観のあらゆる条件からまったく独立した最初の純粋悟性認識は、今や統覚のなす根源的・総合的統一という原則である。こうして、外的感性的直観のたんなる形式である空間は、まだ何ら認識ではない。空間はただ可能な認識に対して、ア・プリオリな直観の多様を与えるだけである」(B137)。

　その理由は、あえて「空間」のみを経験から取り出す、あるいは抽象化して抽き出す、としても、それは感性的直観に依存せず、むしろ直観の超越論的条件として、言語的推理能力の、つまり理性の次元で想定されるにすぎないからである。

　そして、カントはすぐ続けて〈線引き〉の例を挙げる。

　　「しかし、何かを空間において認識するためには、例えば線を認識するには、私は線を引かなければならない。すなわち、与えられた多様の一定の結合を総合的に成し遂げねばならない。そうすればこの行為の統一は、同時に（一つの線という概念［Begriff. 把握］における）意識の統一であり、これによってはじめて客観（一定の空間）が認識される。したがって、意識のなす総合的統一は、あらゆる認識の客観的条件であり、客観を認識する私自身、それが必要であるばかりでなく、私に対して客体［Objekt 客観］が生じるためには、いかなる直観もこの条件に従わねばならない。なぜなら、他の方法では、そしてこの総合を欠いては、多様は一つの意識に結合されることはなかろうからである」（B137-138）。

　こうしたカントの記述からは、例えば次のような解釈が可能であろう（cf. 岩城 2006: 130-132）。「空間」は「直観」の可能性の超越論的条件ではあれ、〈線を引く〉という経験的行為を通してのみ、「空間」認識は〈限定された〉ものとして成立する。同時にまた、意識内在的な「意識の統一」という、「客体」認識の超越論的作用も、「線を引く」という「直観」の多様の「総合」プロセスに即してのみ、経験可能となる。〈線を引く〉ということ、つまり「総合」につれて、線を引いている当の私の〈同一性〉、つまり「統一」が照り返されてくることになる。経験の超越論的条件としての、「意識の統一」すなわち〈主体の同一性〉と、「空間」および〈時間〉とは、ともに経験に即して〈特定の〉「主体」、そして〈特定の〉〈時間〉「空間」として、経験的意識にあらわれてくる。

　しかしそれでも、「意識の統一」の、いわば〈先構成〉ともいうべきものを前提にしなければ、一つの対象が一つであるという認識、すなわち、今引いている線、あるいは引かれていく線が見えているという意識、こうした意識や認識の成立は、説明不能になる。その意味で、「統一」とは、〈現象の多様〉を「総合」するとともに、「認識」成立の〈超越論的条件〉であると考えられねばならない。

　先行する統一作用が無ければ、先に線を引いた箇所と、今引いている箇所とのつながりが失われ、「線」の認識は消えてしまう。線は点の空間的な集合の結果ではなく、時間的な継続的運動のプロセスの結果であり、線は、意識のこのプロセス的で動的な統一性に担われて成立している。線を点の集合体とみなすのは、たんにこ

の動的プロセスを空間的に抽象して考えているにすぎないのである*2。

　こうした根拠について、実際にカント本人も、既に当初（初版）の演繹論第二節「経験の可能性に対するア・プリオリな可能性について」のなかの「3　概念による再認の総合について」と題された一項において、経験に即したかたちで次のように述べていた。

　　「我々が現に思惟しているものが、一瞬前に考えたものとまったく同一だという意識が無ければ、表象系列における再生（Reproduktion）はすべて無意味となるだろう。なぜなら、今の状態があるのは、新しい表象であり、それが次々に産み出したはずの働きにまったく属さないことになり、この表象の多様はつねに何ら全体を構成しないだろうからである。というのも、この多様なものは、意識のみがそれに与え得る統一を欠くことになろうからである。数を数えるときに、今感官の前に浮かんでいる単位が、私によって互いに順次つけ加えられたのだということを私が忘れるなら、私は一つひとつこのように継続的に加えることによる数量が産み出されることも、それゆえ数をも認識することはないだろう。なぜなら、この数という概念は、あくまで総合のこのような統一の意識において成り立つからである。

　　概念という語*3が既におのずから、今述べたことを理解する手引きとなり得るだろう。なぜなら、多様なもの、次々に直観されるもの、そして次にまた再生されるものを、一つの表象へと合一するものこそ、この一つの意識だからである」（A103. 傍線引用者）。

　ここで確認のため、初版と改訂第二版の双方における、当該問題に関する記述（強調した箇所）を抜き出し、並記してみる。

　「概念は、あくまで総合の（このような）統一の意識において成り立つ」（A103）
　「認識するためには、……与えられた多様の一定の結合を総合的に成し遂げねばならない」（B137）

　すなわち、前者の「意識」の「統一」ともいうべき「総合」は、後者の「多様の一定の結合」としての「総合」に相当するものであり、それが無ければ「概念」あるいは「認識」は成立することはありえない、ということである。この、両版に共通する「総合」は、本章でも既に再三にわたり指摘したように、〈経験的な〉総合でなければならない　このように、新旧両版を通じて、カントの所見は一貫してい

ることがわかる。

第2節　超越論的統覚と絶対的自我
——改訂に見られるカントの真意②——

　　２Ａ〈経験の必然的構成要素であるが、認識不可能な超越論的統覚〉

　こうした新旧両版に一貫してみられるカントの姿勢には、いわゆる〈超越論的な自我〉を〈経験的な自我〉という〈現象〉に対する〈本質〉とみなし、この本質からその現象を基礎づけようとする考え方は認められない。そうした考え方は、人間的な経験を誤解した、悪しき〈形而上学〉に則った考え方であり、そもそもカントの超越論的統覚論は、このような旧来の形而上学を破壊し、有限的な人間の、悟性の限界を問おうとするものだった。

　ところが、カント以降、フィヒテの知識学を経て、特にシェリングにおいて、〈本質〉としての自我から、〈現象〉としての自我を、理解し説明しようとする思想が、〈知的直観〉の立場からなされるようになる。なぜなら、経験的に認識できぬものを本質として立てるためには、経験を超えた本質を把握する能力、すなわち〈知的直観〉を想定せざるをえぬからである。このシェリングの知的直観論の立場では、超越論的統覚としての自我は、直観や認識の対象になるが、カントの立場では、そもそも人間はそのような知的直観の能力などもちえない。

　だからカントにとって、超越論的統覚の自我は、①経験の必然的構成要素として想定せざるをえない。とはいえしかし、②けっして認識可能なものではない。カントが超越論的分析論において伝えようとしているのは、この二点である。

　統覚の根源的統一という原則について、カントは第二版で修正した箇所で、次のように述べている。

　　　「しかしこの原則はやはり、広く悟性であればどんな悟性にもあてはまる原理ではなく、たんに〈私は存在する〉（Ich bin）という表象における自己の純粋統覚によっては、まだまったく多様なものは与えられておらぬような悟性にとっての原理にすぎない。己れの自覚によって同時に直観の多様が与えられるような悟性、自己の表象によって同時にこの表象の客体が存在するような悟性なら、多様を意識の統一へと総合するなどという特殊な働きを必要

とすることはないだろう。

　　しかしこの総合こそ、たんに思惟するのみで、直観しない人間的悟性の必要とするものである。そして人間的悟性にとって、統覚が総合的統一の働きをなすという、上に述べた原則が第一原則であることはやはり不可避である。したがって人間的悟性は他になお可能な悟性については、それが自ら直観するような悟性であっても、あるいは感性的直観であるとはいえやはり空間や時間による直観とは別種の感性的直観を基礎にもつような悟性であっても、そのような悟性についてはいずれもそのいかなるものであるかを理解できない」（B138-139）。

　傍線を施した「己れの自覚によって同時に直観の多様が与えられるような悟性」あるいは「自己の表象によって同時にこの表象の客体が与えられるような悟性」こそ、有限な人間的悟性、すなわち「たんに思惟するのみで、直観しない人間的悟性」に対置されるべき、例えばシェリングに見られるような、いわば〈神〉による〈知的直観〉のことなのである。はっきりとカントは、しかし慎重にこれを斥けている。

2 B　超越論的統覚と時間性

　このように『純粋理性批判』では、新旧いずれの版においても、カントが超越論的自我を、すべてを産出するような絶対的主体とは見なしていないことは明らかである。人間的自我は、けっして統覚から演繹することはできない。自我は、そのつどの経験に即してのみ、自己を認識し得る存在である。したがって、総合すなわち経験こそが先立つのであり、自己意識の統一が先立つのではない。〈私が存在する〉という意識と、〈我が自己を知る［認識する］〉ということとは、次元を異にする。カントはこの差異についても語っており、そこでも強調されているのは、〈思惟できる〉〈想定できる〉ということと、〈直観できる〉すなわち〈認識できる〉ということとは同じではなく、これらの働きを混同してはならぬ、ということである。例えば岩城もカントを理解するうえでこのことを忘れぬようにすべきであると戒め、次のカントの文章を引いている。少々長いが、やはりここに再録する。

　　「（略）私が私自身を意識するのは、表象一般の多様の超越論的総合において、すなわち統覚の総合的根源的統一においてであり、このとき私が意識するのは、私が私に対してどのように現れるかということでもなければ、私

が自分自身においていかなる在り方をしているかでもなく、ただ私が存在するということだけである。この表象は、思惟(Denken)のはたらきであって、直観(Anschauen)のはたらきではない。ところで、我々自身の認識のためには、あらゆる、生じ得る直観の多様を統覚の統一にもたらす思惟の働き以外に、さらに直観という限定された方式が必要である。それを通して多様なものは与えられる。それゆえ、たしかに私自身の存在(Dasein)は現象ではないが（ましてやたんなる幻影ではないが）、私の存在の規定は、私が結合する多様が、内的直観のうちに与えられる特殊な方式に従って、内感の形式に合わせたかたちでしか生じえない。それゆえ私は、在るがままの私の、ではなく、たんに私自身に対して現れるがままの私の、認識をもつにすぎない。したがって、統覚における多様なものの結合によって、客体一般の思惟を生み出すすべてのカテゴリーにもかかわらず、自分自身の意識は、まだ自分自身の認識ではない。私とは異なる客体の認識のためには、客体一般を思うこと（カテゴリーにおける）以外に、私にはさらに直観が必要であり、これによって私はあの一般的概念を限定するのであり、それと同時に、私は私自身の認識のためにも、意識以外に、すなわち私が思うということ以外に、さらに私における多様なものの直観が必要である。これによって私はこの思惟を限定することになる［特定の私として姿を取る］」(B158)。

　〈私〉の自己認識は、いつも〈限定された〉認識、すなわち、そのつどの経験のなかで姿を取ってくる〈私〉であって、これと〈私は思う〉(Ich denke/cogito)と言うときの〈私〉とは同じではない。私は私を具体的な経験の現場でそのつど〈認識〉するしかない。例証として、前掲箇所の註でのカントの次の言葉が挙げられるだろう。

　　　「私は思う(Ich denke)ということは、私の存在(Dasein)を規定する作用を言い表している。それゆえ私は思うと言うことによって、私の存在は既に与えられている。しかし、私の存在を私がどのように規定するかという方式、すなわち、私の存在に属する多様なもの、これを私が自分のうちでいかに設定するかという方式、これは、私は思うということによってはまだ与えられていない。そのためには、感性的で、規定可能なものという受容性に属する、ア・プリオリに与えられた形式、つまり時間を根柢にもつ自己直観が必要で

ある。（略）私が表象する［思い浮かべる］のは、私の思惟作用、規定作用の自発性のみである。そして、私の現存在はつねにたんに感性的である。すなわち、私はつねに現象の存在として規定可能である。それでもこの自発性によって、私は自分を知性と呼べるのである」（B158f. Anm [nb].）。

〈私〉の経験はつねに時間に担われ、時間のなかで変化してゆく。この変化のなかで、〈私〉はそのつど〈私〉を認識する。人間の経験は、時間の外部の自我によって説明され得るものでも、そこに還元され得るものでもない。我々の自我は、無限に多様なものに対して開かれている。

したがって、カントの統覚論をめぐって、超越論的統覚を絶対的自我として時間の外部に設定し、経験的自我をそこから説明したり、そこへと還元したりすることは、肯定否定を問わず、大きな誤解を意味している。ちなみにこの誤解は神学的誤解、したがってキリスト教世界の哲学が陥りやすい誤解であると、岩城は推測している（cf. 岩城 2006: 162）。

一方、カントによる超越論的統覚としての自我論は、自我の基礎づけの理論どころか、むしろ自我は基礎づけられぬということ、つまり自我の無規定性を明らかにしようとする理論である。カントがこの点を超越論的分析論で繰り返し強調するのは、超越論的統覚としての自我を、経験的自我の根拠とみなし、そこから人間の経験を説明する思想、つまり合理的心理学を破壊ないし批難するためなのである。

むすび

カントは「超越論的弁証論」で、この書『純粋理性批判』の主題である理性批判を具体的に展開するために、「超越論的感性論」と「超越論的分析論」とを通して、人間の経験を分析し、感性と悟性との差異を繰り返し強調してきた。人間の経験は、多様なものに対して、原則的には無限に開かれている。だが、有限な存在としての人間は、こうした多様な世界の全体を、すべて見通すことはけっしてできない。

その意味で人間の経験世界は、まさしくカントの言うごとく〈大洋に浮かぶ小さな島〉のようなものである。彼は「超越論的論理学」「超越論的分析論」の最終章「あらゆる対象一般をフェノメノン［感覚的存在／感性体］とヌーメノン［叡智的存在／悟性体］」とに区別する根拠について」の冒頭を、彼特有のいくぶん文学的

ともいえる比喩をもってこう書き出している。

> 「我々はこれで純粋悟性の王国を経巡り、そのあらゆる地方を丹念に視察したことになり、そればかりではなく、その王国を測量もし終えて、その王国のそれぞれの文物に、その位置を指定した。とはいえ、この王国は一つの島であって、自然そのものによって揺らぐことのない境界の内に閉じ込められている。それは真理の王国（魅惑的な名だ）であり、広大で荒々しい大洋に囲まれていて、そこがもともと仮象の住処なのであり、そこでは多くの霧峰と、すぐにも消え失せる多くの氷山が聳えてまるで新しい陸地かと人を欺き、発見に夢中になった航海者を虚しい希望によって絶えず思い誤らせ、その者を冒険へと引きずり込んでゆき、航海者はその冒険からけっして逃れる（ablassen）こと能わず、そうかといって、それを打ち切ることも断じて叶わない」（A235-236/B294-295. 傍線引用者）。

この後カントは、「けれども、我々がこの大海に乗り出して、それをくまなく探索し、そこに何か希望を抱かせるものがあるかどうかを確認しようとする前に、今まさに立ち去ろうとしている王国の地図を一瞥して」（A236/B295）、まさに超越論的分析論の総仕上げを試みようとする（彼が私淑し、〈大洋に乗り出す〉という知的冒険の比喩を既に用いてもいたフランシス・ベイコンが『新オルガノン』(*Novum organum* 1620)で標榜した〈完全枚挙の帰納法〉、あるいは、やはりカントが敬愛してやまなかったデカルトが『方法序説』(*Discours de la méthode* 1637)で提案した〈四つの方法〉の第四〈最後の、完全な列挙と広範な再検討〉を遂行するかのように）が、カントの論究姿勢は一貫している。彼は己ら人間の有限性をこの上なく厳粛に受け止め、絶えず仮象に欺かれる危険性を警戒し、しかしけっして退いたり怯んだりすることも自らに許さなかったのである。

一方、ハイデガーがカントを批難する際に用いた、前掲した〈退避〉についての、『カント書』の有名な記述は以下のとおりである。

> 「この根源的な、超越論的構想力に「根ざす」人間の本質構成は、カントが「我々には不可知な根」について語ったとき、彼が覗き込まなければならなかった「不可知なもの」である。なぜなら不可知なものは勿論、我々がまったく知らないものではなく、むしろ認識されたもののうちにあって不安の念を起こさせるものとして我々に迫って来るものだからである。しかしカン

トは超越論的構想力のいっそう根源的な解釈を遂行しなかった。いや、彼自
らがそのような分析への明瞭な予示を初めて認識したにもかかわらず、そう
した解釈に着手さえしなかった。その反対に、カントはこうした不可知な根
から退避し（zurückweichen）たのである」（Heidegger1929/ 1991: 160）。

あるいは、

　　「もし純粋理性が超越論的構想力へと急転するとすれば、「純粋理性批判」
からはそれ自身によって主題を奪われるのではなかろうか。このような根拠
づけは、一つの深淵の前へと導くのではなかろうか。

　　カントは形而上学の「可能性」を彼の問いかけの徹底性においてこのよう
な深淵の前にもたらした。彼は不可知なものを見たのである。彼は退避せ
（zurückweichen）ねばならなかった。なぜならばそれはたんに超越論的構想力
が彼を脅かしただけでなく、そのあいだに純粋理性が理性としてさらに彼を
強く呪縛したからであった」（Heidegger 1929/1991: 168）。

　はたしてハイデガーのカント批難は妥当であったのだろうか。あるいは、両者の
意味する〈退避〉（Zurückweichen）と〈逃避〉（Ablassen）とは異なるものであった
のだろうか。

　このことに関し、かつて著者は、我々ドイツ近代哲学研究者はすべて「この問い
かけに対する責任ある見解を備えておらねばならない」（伊野 2016: 142）と記し
た。その責任はいまだ十分に果たされたとはいえない。

【注】

*¹　詳しくは、本書第 7 章（およびその原型である学位論文、または伊野 2016: 114-137 に
　　所収の「フッサールのカント時間論への批難——超越論的統覚をめぐって——」、それの
　　特に「3　フッサール発生的現象学からのカント超越論的統覚論批判」pp. 128-134）を参照。
　　また、次注 2 参照。

*²　ただし、こうしたカントの見解には重大な疑義がある。詳説については前注 1 の記した
　　とおりだが、概略を示すと、カント流の〈意識の統一〉があくまで能動的なはたらきによ
　　るものであり、そのかぎりで、それがいわゆる〈無限遡及〉に陥らざるをえぬということ
　　が、フッサールの発生的現象学によって指弾されているのである。それについての詳細と、
　　このアポリアからのフッサールの提起する受動的総合に基づく根本的な解決については、

やはり本書第 7 章（およびその原型である学位論文、または伊野 2016: 122-128 に所収の「2　フッサールによるカント批判──その導入のために──」および前掲「3　フッサール発生的現象学からのカント超越論的統覚論批判」）を参照。また、我が国におけるすぐれた先行文献である山口 2008、あるいは宮原 1993 等も参照。

*3　「概念」という語は周知のように、「捉えること」［把握すること］（Begreifen）と、深い関わりをもっている。

第 7 章

フッサールによるカント批難

第 1 節　その導入のために

　ところで、前章（第 6 章）で挙げられたカントの「線を引く」例は、超越論的統覚の空間性に関する議論として、恰好のものではないかと思われる。そして結論から言えば、やはり空間論も、より根源的には時間論を基礎に置いている、ということが明示されている。それは例えば、この考察が空間把握の議論であるにもかかわらず、「同時に」とか「〜によってはじめて」など、時間を示す要件が重大な意味を有していることにも、それがあらわれている。

　したがって、空間と時間とをめぐってカントの超越論的統覚論が逢着したアポリアの、最もラディカルな解決策としては、これから詳論する、フッサールの発生的現象学に基づく受動的綜合論からのアプローチが、大きな説得力を有するということが、ここで予示されているのではなかろうか。なぜならフッサールがカントに振るった大鉈こそ、まさに時間論に即した批判だったからである。やや傍道に逸れるが、試みに、カントのこの「線引き」の例を、フッサールの時間論に即して考察すればどうなるだろうか[*1]。

1 A　『内的時間意識の現象学』

　フッサールは『内的時間意識の現象学』(Husserl, *Zur Phänomenologie des inneren Zeitbewußtseins* (1893-1917), in: *Husseriana* [=Hua.], vol. X)の「論考 Nr. [no.] 50」で、時間図式を示し、水平に伸びる横軸(Abscissenachse)に時間の「客観的持続」が構成され、それに対して垂直に伸びる縦軸(Ordinate)に「想起の持続」に構成される、とした。ただしフッサールはのちに、後者の「想起」(Erinnerung)は、「過去把持」(Retention)という概念に変換されねばならぬことを、原理的解明を通して明らかにした。この「過去把持」という概念はこの問題の解決に根本的に関わる重要な概念であるので注意せねばならない。ちなみに、時間の「客観的持続」といっても、

それは、時計で測られる「客観的時間」、ヒュームやカントの場合の、自然科学が前提とする客観的時間（ニュートン物理学の「絶対時間」の影響にある）のような、現象学的還元を経る以前のものを意味するのではなく、縦軸に構成される過去把持としての内的時間持続（真の時間ともいわれる）が、横軸の系列として客観化されたもの、いわば内的時間意識に構成された内在的時間意識が客観化された「客観的」時間意識のことである。さらにここで附け加えておかねばならぬのは、次の点である。横軸上の客観的時間は、個別的主観内部で客観化された時間という意味をもつにすぎず、山口の表現を借りれば「自然科学で前提とされる「客観的時間」そのものの「原創設」は、フッサール現象学おいては、相互主観性における生き生きとした現在の共有、ないし、間身体性において共有され、衝動志向性を介して共体験されている共現在に起因している」。「共有される生き生きとした現在という真の意味での、相互主観性を通して基礎づけられた「客観的時間」の論証は、相互主観性の成立と同時に実現される」（cf. 山口 2008: 146）。

　さてフッサールは、この縦軸の「想起〔→後年「過去把持」に変更される。以下同じ〕の持続」に関して、「縦軸全体は、想起の持続であり、後になればなるほど、その想起は、それ以前のそのつどの諸想起を、それ自身の内に保存することになる」（Hua., X, 330）と述べている。

　この段階ではまだ「想起」であったのが、「過去把持」に変更されねばならぬ主だった理由は、第一に、「想起とは、構成された時間客観に関わる関係のみを表現するのだが、過去把持とは、意識の位相から意識の位相への志向的関係を名づけるために用いられる表現である」（Hua., X, 333）とあるように、想起の場合が「構成された時間客観に関わる関係」で、この「時間客観」は、構成（すなわちノエシス）によって構成されたもの（すなわちノエマ）であること、したがって想起とは、構成されたノエマに関わる関係としての、構成する志向性というノエシスなのであるのに対し、「過去把持」とは、ノエシスという構成する志向性とは異なる、「意識位相から次の意識位相」に関わるような志向性であり、通常のノエシス―ノエマの志向性とは根本的に異なるからである。つまり「ノエシスとしての志向性を能動的志向性と名づければ、意識位相から意識位相に関わる志向性は、ノエシス以前の受動的志向性と名づけられる」。フッサールにおいて、「過去把持の発見が受動的志向性と受動的綜合の領域の開示を可能にした」（cf. 山口 2008: 147）のである。

　したがって、先の縦軸に構成される過去把持の持続は、「それ以前の過去把持」の持続に、そのつどの原印象に直接連結する「過去把持」が重なってゆき、「それ以前の過去把持」を内に含みつつ成長していく。その経過が、かの縦軸の過去把持の志向性に描写されている。

　さて、ここからが重要である。仮に、過去把持が想起というノエシスと理解されるかぎりでは、縦軸の「想起〔本来は「過去把持」でなければならない〕の持続」の成立の適切な解明には結びつかず、事象に即さぬ構成する能作を無限にたどる「無限遡及」に陥ってしまう。

1B　『ベウナウ草稿』

　「無限遡及」について、例えば『ベルナウ草稿』(Hua., XXXIII)では、およそ次のように述べられている。現象学的時間のなかにあらわれる感性的契機が、時間のなかにあらわれるために統握(Auffassung)を必要とするのであれば、その統握作用はそれ自身また時間に先行することとなってしまい、その統握作用が時間のなかに登場するためにさらなる統握作用が要求され、こうして無限の遡及に陥る。このような無限遡及が生じる原因は、時間の根源に端的な同一性を想定し、その同一性がいかにして時間的な変容をこうむるのか、という手順で問題を立てることにある。しかし時間の根源は初めから差異化の運動であると考えることで、こうした無限遡及は回避される。実際フッサールもそのように捉え、与件が徐々に差異化されつつあり、あらわれつつあるという事態が「触発」と呼ばれているのである。

　さて、先の「線引き」の例が、こうした無限遡及に陥るおそれがあるということについて、例えば『内的時間意識の現象学』において次のようにフッサールが検証する「音の持続」を手がかりに考察してみよう。

　　　「私は、流れの運動の想起、すなわち、絶えず新たな今の立ち現れと、t0から縦軸の持続を生む発展についての想起をももつのだろうか。ここで無限遡及に陥らないだろうか。音の持続の意識をもつために、想起の（縦軸の）持続の継続の意識をもたねばならない。となれば、この想起の持続の継続の意識をもつために、繰り返し、二番目の図を描かねばならず、それを無限に繰り返さねばならないのではないか」(Hua., X, 332)。

　フッサールによれば、特定の音の持続をもつために、それぞれの今に与えられる

その音の継続が与えられるだけでなく、縦軸の想起の持続が確保されないと、音の持続の持続という統一が意識されない。人は、一定の音が持続として聞こえるとき、そのつどの同じ音が与えられることだけでなく、この音が続いているという「持続の意識」をももっている。

　　　「或るまとまった（持続する経過ないし客観に属する）流れが経過したとき、私はそれを振り返り、その流れが、想起〔→過去把持〕においてある統一を形成しているかのようにみえる。したがって明らかに、意識において、意識の流れもまたそのなかに統一として構成されている。この流れのなかには、例えば音の持続の統一として構成され、この流れそのものも、音の持続の意識の統一として構成されている。とすると、我々は、ふたたび、この流れの統一が、類比的なありかたで構成されており、同様に構成された時間の系列、時間の今、以前、以後について語らねばならないだろうか」(Hua., X, 80)。

音が流れ、その音の持続が過去把持の持続として統一されていると意識されるとき、それを振り返ってみて、その持続が統一されて意識されていたことに気づく（意識する）ことができる。とすれば、その振り返ったときの意識は、再度、三重に過去把持された音と、二重に過去把持された音と、いま聞こえた音との順に、想起することによってその持続の統一の意識が成立していることになる。「想起」による「振り返り」では、無限の遡及が必要になってくる、とフッサールは指摘する。

　しかし、音の持続を聞くとき、まさにその持続を一度聞いているだけであり、聞こえてくる音を繰り返し想起して、まとめつつ聞いているといったようには、意識には与えられていない。とすれば、音そのものの持続は疑いきれぬから、理論的な不具合があるのは、持続を持続としているとされる「想起」と想定された意識のありかたであることがわかる。

　フッサールはこの難問を解決するにあたり、図でもって説明しているが(Hua., X, 331)、ここはそれを次のように整理しよう。時間の移行により、先に縦軸と名づけた想起の系列が、形成され、同時に、縦軸には、内属的に(ineineander)移行する。しかしこのことはまさに、移行そのものが、想起の変様の移行なのである。

　　　「意識の流れとは、たしかにそれ自身、また、連続することなのだが、流れそのものが、連続の意識の可能性の条件を充たしている」(Hua., X, 332)。

　このことは、縦軸の継続につれ、以前の想起の持続に新たな想起の持続が内属的

に入り混じりながら重なっていき、しかも、そのような想起の変様の持続が生じるのに、そのような想起の変様以外の条件を必要としない、ということを意味する。つまり、「想起」（＝過去把持）は、おのずと自分の内部で変様していくのである。したがって、過去把持の持続の条件とは、過去把持そのものにほかならない。

　これは、カントの場合の経験の「可能性の条件」という意味での超越論的制約としての条件を、過去把持そのものがもつ、つまり、過去把持はそのような超越論的条件としての規則性である、ということを意味する。いうまでもなく、過去把持は、内面に与えられる心理学的事実ではけっしてなく、持続を持続としている超越論的条件であり、超越論的基礎規制という特性をもつ。この想起の連続の意識の説明のためには、先の無限遡及のような誤りとは異なり、この意識の構成の条件をさらに作図する必要はないのである。

　　「感覚に、第一次の想起（＝過去把持）が、ある新たなものとして結びつかなければならないのは、感覚の意識が失われてしまわないためであり、感覚内容と時間的対象の持続、感覚の変化（実在的変化）が構成され得るためである。しかし、それに対して、想起（＝過去把持）の流れに関しては、新たに生じてくる想起（＝過去把持）に結びつかなければならない何ものもない。というのも、想起（＝過去把持）は、想起（＝過去把持）それ自身のうちに、それ以前の想起（＝過去把持）の"想起（＝過去把持）"を含蓄(impliziert)しているからである」(X, 332f.)。

　山口 2008 によると、この文章ではじめて「過去把持」という概念が使用される。それは想起（＝過去把持）の「自己含蓄する特性」を的確に表現するためである。想起の変様が自己変様であり、含蓄化することが、想起が自己を条件にするというときの働きかたであり、それを「過去把持」と呼ぶ、という（ここには、「含蓄化された志向性」という、のちの「歴史性と具体性」が内属しているモナド概念の展開における決定的要因であるモナドの「歴史性」の解明にとって、その歴史性をテーマにする発生的現象学の解明のための核となる概念の由来が、過去把持の概念の導入とともに記されている）。以前の過去把持がいかなる他の意識の能作をも条件とすることもなく、変様が生じ、過去把持の変様の持続が成立することこそ、過去把持というはたらきの本質である。

1 C　「過去把持」とは

　このことは、同書『内的時間意識の現象学』本文第 11 節で「それが、単純な無限後退に導くことにならないのは、すべての過去把持は、それ自身の内における持続的な様相化なのであり、この様相化は、射映(Abschatten)の系列の形式において、過去の遺産(Erbe)をうちに担っているからである」(X, 29)と述べられている。意識作用すなわちノエシスが音の感覚素材を活性化し、とりまとめ、構成して、対象知覚としての音の持続が意識内容すなわちノエマとして構成される、というのではなく、感覚内容としての音の持続は、過去把持といわれる自己含蓄化、自己変様を通して、自己生成してくる。「原意識と諸過去把持がそこにあるから、反省において構成された体験と構成する位相を見やる可能性がある」(X, 119f.)というのは、まさにこの自己生成している過去把持されたものが、ノエシスが活性化して構成する以前に、「先構成」されたものとしてそこにある、ということを意味する。

　また、同書の本文第 39 節でも、次のように述べられる。この無限後退の解決が、「唯一の意識流が存在し、そのなかで、音の内在的な時間的統一が構成され、同時に、意識流そのものが構成される」。「意識流がそれ自身の統一をも構成するということは、ひじょうに驚くべきことのようにも思われるだろうが、しかし実際はそのとおりなのである」(X, 80)。つまり過去把持が、そのつど、以前の過去把持を含蓄しつつ、過去把持しているということは、意識流の自己構成の内実を意味する。だからフッサールによれば、「絶対的意識流とは、過去把持の流れにほかならない」のである（cf. 山口 2008: 153）。

　ただし、フッサールの立場は必ずしも安定はしていない。1909 年『内的時間意識の現象学』補稿 Nr. 51 で「現在において生き生きとして自己所与性へともたらしている作用である過去把持」(X, 344)と記しているように、再三にわたり「作用」の見解に舞い戻っている。『内的時間意識の現象学』で、それなりの一貫した基本的見解のまとまりを見せている（1911 年の Nr. 53, 54 に見られるように、ふたたび Nr. 50 で露呈された決定的見解に戻り、同書の本文第 39 節で活用されている「過去把持の二重の志向性」という見解が展開されるなど）にもかかわらず、再度意識作用の見解に立ち返り、無限遡及に陥るという思考パターンが、『ベルナウ草稿』でも繰り返され、1930 年代の C 草稿にさえ、影を落としている、という（cf. 山口 2008: 154）。

　しかし、フッサールその人の思想遍歴についてはこれ以上の検証は慎むとして、先の課題であった、カントの「線引き」の例が、フッサールによってはっきりと斥けられた「想起」という能動的地平におけるものであり、「過去把持」によって拓かれる受動的地平を望むには至っていない、ということが確認できた。前述したように、線を引くという空間的な行為において、その行為の統一が、つねに同時に超越論的統覚という意識の統一、つまり一つの線を把握すること(Begreifen; Begriff)によって保証されるのであれば、こうした意識的・能動的作用すなわちノエシス構成では、いま見たように、事象に即さない能作を、ただひたすら無限に遡及していくという事態に陥らざるをえない。

　だが、前述した「音」の例を視覚上の点（幾何学におけるイデアとしての点ではなく、実際に記し、見て確認できる点）に置き換えてみるならば、カントの捉えた視覚的な「点」が過去の痕跡と絶えず関わりつつ「線」をなしていくという時間の「客観的持続」が、さきほどフッサールによって解明された「過去把持の持続」によって、まったく別のかたちへと捉え直されて、こうして無限遡及の困難さが、たしかに解消されることとなる。前述のようにカントは「意識のなす綜合的統一」をさしおいて、「他の方法では、そしてこの綜合を欠いては、多様は一つの意識に結合されることはなかろう」(B138)と述べているが、過去把持の発見によってフッサールが切り拓いた受動的志向性と受動的綜合の領域におい　て、はじめて証明されるのである。

　それではいよいよ次節で、フッサールによるカントの統覚論批判について、より詳細に検証してみることにする。

【注】

*¹ 以下の論述は、山口 2008 から大いに教示を受けた。深く感謝する。

第2節　フッサール発生的現象学からのカント超越論的統覚論批判

　フッサールの現象学、それもとりわけて、後期の発生的現象学の観点から、カントの超越論的構想力、さらには超越論的統覚の再検証について寄与することができる。この章はそのための試みに充てられる。まず、両者を比較検討するうえでの前

提を定める。次に、フッサールの「受動的綜合」論から、カントの超越論的統覚論の問題点を指摘する。その際、ハイデガーのカント論が批判対象として採りあげられる。フッサールとハイデガーという師弟が、カントについてどれだけ異なった見解を示していたかということが、間接的にカント統覚論の問題点を浮かび上がらせることとなるであろう。

2A　前提　「統覚」概念の系譜*1

　カントの「統覚」理解の背景には、それに先立つライプニッツの統覚理論が影響していた、とされている。そもそも「統覚」(ap[p]erception)とは、ラテン語のad-percipere、すなわち「附加的要素を伴う知覚」に由来し、ライプニッツでは、この附加的要素とは「反省的契機」にほかならない。例えば、ライプニッツ『人間知性新論』(G. W. Leibniz, *Nouveaux essays sur l'entendement humain*, Chapitre IX, §§1, 4)では、たんなる知覚と反省とが区別されるだけではなく、我々がそれに知づかぬ「微小知覚」と、意識された知覚とが区別され、さらにその区別が、動物には無い、人間特有の「反省的意識」であるとされる。さらに、晩年の『理性に基づく自然と恩恵の原理』「四」でも、「知覚すなわち外界の事物を表象するモナドの内的状態と、意識化された知覚すなわち意識(l'appreception)、あるいは内部状態についての反省的意識とを、区別すべきである」といわれる。そしてさらに、前者は動物でももち得るが、後者は人間のみのものであり、ゆえに人間は自我や精神をもつのである、とされている。

　さて、フッサールは自らの「超越論的」現象学でもって、カント以来の超越論的哲学の系譜上に立ち、しかもその完成態であると自任した。このことは、フッサールによる、カント「統覚」概念の批判的摂取においても明らかである。フッサールは、カントの「超越論的統覚」(die transzendentale Apperzeption)を、フッサール現象学固有の意味、すなわち「意味附与の主体である超越論的主観」へと改変していった。その経緯とはおよそ次とおりである。

　すなわち、カントは意識を自己関係の構造においてとらえる。したがって、カントにとって統覚とは、周知のように、「私は考える」［我思う］(Ich denke)という純粋な自己意識にほかならない。一方、フッサールは意識を志向的構造においてとらえる。したがって、フッサールにとっての統覚とは、「志向的意識作用」その

ものであり、あくまでも対象構成契機がその中核をなすこととなる。これは、フッサール現象学での根本原理である「志向性」が、「対象を或る『意味』においてもつこと」であり、そうした志向的な意識作用は、意味附与という契機を核とする、ということに由来する（cf. 宮原 1993）。

　先述したように、そもそも「統覚」（Apperzeption）とは、字義どおりには「附加的要素を伴う知覚」（ad[p]-perceptio）のことである。カントとフッサールは、この「統覚」という語を共有しはするものの、カントでのそれは「自己意識」であり、その「附加的要素」とは「自己関係の構造」をあらわしているのに対し、フッサール現象学においては、「附加的要素を伴う知覚」である「統覚」、すなわち意味附与の主体が、「対象構成の主体」たる「超越論的意識」である、ということが重要なのである。そして、これも先述したように、フッサール現象学における志向的意識作用が、この「意味附与」という契機を核としていることから、フッサールの「超越論的意識」としての「統覚」とは、つまり「解釈」にほかならない、ということが重要なのである（cf. 宮原 1993）。

　こうしたフッサールにみられる「解釈」としての「統覚」、あるいは「統握」（Auffassung）という概念は、以下のような歴史的背景からも理解できる。こうした「解釈」「統覚」「統握」概念は、ジェイムズが指摘しているように、直接的にはヘルバルト以来のものとされている。そのジェイムズは、著書『心理学の原理』のなかで、「外から入ってくる観念や感覚は、既に精神のうちに或る観念の『集合』によって『統覚』される」(W. James, *The Principles of Psychology*, vol. 2, p. 107)と述べている。この過程は、「解釈」、「概念化」、「同化」、「制作」などと呼ばれる。ジェイムズによれば、統覚とは経験論における「連合」のことである。ちなみに、ヘルバルトの統覚とは、そのつど新たに精神のうちに入ってくる与件を加工する手段、すなわち、既に精神のうちにストックされており、感覚的与件を組織化する「概念的枠組み」の集合のことである。ここから連合主義を取り除けば、フッサールの「統覚」、すなわち、或る種の「解釈」とみなされ得るような「意味附与的」の過程となる。これは、意味をもたぬ感覚内容に、はじめて一つの意味を附与するという、認識主観の能動的はたらきであり、換言すれば「解釈」にほかならぬのである。

　フッサールは既に現象学の最初期である『論理学研究』(*Logische Untersuchungen*,

vol. I, 1900ff.)から、「統覚」という概念に、「解釈」(Interpretation あるいは Deutung)という語を用いている。ただしそれは、当時の用語法に従ってのことであり、カントの場合での自己意識にみられるような、自己関係的構造はまったく含まれていない。フッサールでは、知覚をも含めた意識を一般に統覚として捉え、しかもそれを、「意味」を附与するはたらきと解する。したがって、両者の違いは、カントの場合が「自己意識としての統覚」であり、フッサールの場合が「解釈としての統覚」であるということだといえる。

　例えば『論理的研究』第二巻には、「知覚には、そのうちで何ものかが現象することが属しており、そして我々が現出作用と呼んでいるものを形成するのが統握(Auffassung)である」(L. U., II/2, p. 233)、という記述がある。ここで「統握」とあるのは第二版(1921)でのことであり、後述する、この時期の用法に従った変更である。すなわちこの語は、もともと初版(1901)では「解釈」(Interpretation)となっていた（cf. 宮原1993、参照）。

　『考案［イデーン］』第一巻(*Ideen zu einer reinen Phänomenologie und phänomenologischen Philosophie*, vol. I, 1913)の時期になると、「解釈」(Deutung/Interpretation)という用語は、「統握」「統覚」に取って代わられるが、当初はフッサールも「感性的なものの組織化」の過程に、テキスト解釈に比せられるような構造を読み込んでいた。この時期以降、「解釈」から「統握」への改訂がなされるものの、「統握の意味」(Auffassungssinn)からも分かるように、「統握」には、意味を「とらえる」あるいは「附与する」という含意が認められる。ただしフッサールの場合、「知覚」はあくまでも直接性という特性をもつものであり、「現実的なものについての、生き生きとはたらく経験」である。すなわち、対象の端的な把握、フッサールの用語での「現前化」(Gegenwärtigen あるいは Präsentation)である。それに対して「解釈」とは、附帯的要素を伴った対象把握であって、間接的な現前化、あるいは附帯的現前化(Appräsentation)である。このように、知覚と解釈とは本来その作用性格が異なり、知覚を或る種の解釈とみなす場合、その「解釈」という語は比喩的に用いられたものである。

　『受動的綜合の分析』講義(1920/1921)では、意識に内在している感覚与件が、客観的であり、意識にとって「超越的」である対象を呈示させるには、その与件に「魂を吹き込む」契機が必要であるとして、そのような意識のはたらきを「超越論

的統覚としての統握」と呼んでいる。しかし、フッサールはそれに続けて、「その際に、表象するものと表象されるものとか、感覚与件の解釈(Deutung)とか、こうした『解釈』より内在的領域から超え出ていく機能とかいうのは危険である」(*Analysen zur passive Synthesis*, in: Hua., XI: 17)と述べている。なぜならば、ヒュレーとしての感覚与件を統一的に把握し、超越論（超論的ではなく）対象を呈示する機能を可能にすることは、言語表現の意味解釈あるいは記号解釈とはまったく別のはたらきだからである。端的にいえば、知覚と、言語表現の意味解釈とは、明確に区別されねばならぬ、ということである（宮原 1993、参照）。

2B　フッサールのカント統覚論批判

さてこのような前提から、フッサールの観点から、カントの超越論的構想力、さらには超越論的統覚を再検証するうえで、どのような寄与が望めるであろうか。

「触発」(Affektion)は、フッサール現象学においてはきわめて重要な概念である。フッサールによるとそれは、連合すなわち超越論的規則性が解明されている受動的綜合の領野においてはたらく、とされる。フッサールにとってこの受動的綜合を分析することは、カントの超越論的構想力における産出的〔生産的〕的構想力(produktive Einbildungskraft)を分析することに相当するといってよい。それはおよそ次のような次第である。

カントは、感性に与えられる多様性に、対象の統一を与え得る概念を適用するための媒体機能を「超越論的構想力」とみなした。超越論的構想力は、産出的[生産的](produktiv)構想力と、再生的(reproduktiv)構想力とに二分される。そして特に前者は、フッサールのいう「生き生きとした現在」においてはたらく、と考えてよい。

カント批判を試みるフッサールおよびハイデガーによると、カントの認識論は、産出的構想力の領域について、それを示唆することはできたものの、その本質を開示ないし解明するには至らなかった。したがってここから、フッサールおよびハイデガーによる、カント批難がなされることとなる。しかし、同じカント批判とはいえ、フッサールとハイデガーとでは、見解に大きな隔たりがある。ハイデガーによるカント批判は、本質的なところで、フッサールによって無効化されてしまう。ここではこの問題について、まずハイデガーによるカント批判を検証し、次にフッサ

ールの立場から、ハイデガーのカント批判の難点と、さらにはカント統覚論そのものの難点につき、それぞれ明らかにしていきたい。

　　2C　超越論的統覚をめぐる、カント、ハイデガー、そしてフッサール
　まずハイデガーのカント構想力理解について確認する。周知のように、カント『純粋理性批判』のいわゆる「純粋悟性概念の超越論的演繹論」において、初版では心理学的論述が試みられているのに対し、第二版ではカテゴリー主体の論述がおこなわれている、という多くの指摘がなされてきた。ハイデガーは、本書でもこれまでたびたび採り上げてきた講義録『カントの純粋理性批判の現象学的解釈』（1927/1928 年マールブルク冬学期）およびそれに続く著書（同様に前掲の）『カントと形而上学の問題』（1929 年）で、初版での論述を現象学的に解釈することを通して、「超時間的」であるとされるカテゴリーと超越論的統覚とを、時間化の視点から、存在論的な認識の可能性に関わる問題圏において解明した。
　このようにカント哲学を理解するにあたり、ハイデガーは初版の演繹論の「経験の可能性のためのア・プリオリな根拠について」で述べられている構想力の三つの綜合、すなわち「握取」〔覚知〕（Apprehension）、「再生」（Reproduktion）、「再認」（Recognition）という三つの超越論的綜合を解釈するに際して、その統一的把握を主張しつつ、最終的には、概念による「再認」に力点を置き、その本質を「予認」（Präkognition［Prae-cognition］）とみなすことで、現存在の「自由」「決断」という観点から、未来を中心にした時間解釈・構想力解釈を展開している。
　すなわちハイデガーによると、カントにとっての再認とは、時間から離れた悟性の自発性に依拠するカテゴリーによる概念のうちでの綜合であって、この再認をハイデガーはそこにはたらく「同一化」（Identifizierung）に注目して、この同一化にみられる先取りとしての、未来という時間の契機に関係づけられた「予‐認」（Prä-cognition）として理解している。
　これこそがハイデガーの独自性であって、すなわち彼は、自我の同一性のはたらきをもつ超越論的統覚に関してのカントの立場を容認したまま、「再生産的」（reproduktive）構想力の機能である、対象把握に向けての再認を中軸にした解釈を展開しているというわけである[*2]。

　一方、フッサールの見解はこのようなハイデガーのそれとは根本的に異なり、自我の超越論的統覚を形而上学的な残余として斥け、自我のはたらきに先行して、自我の対向を誘う先触発的な意味の統合を主張する。それは、受動的綜合、すなわち、論理の発生を問う超越論的論理学の領域において、「先述定的経験の明証性」(cf. Husserl, Hua., XVII, pp. 216ff.)に準じた現象学的分析に基づいている。この領域をフッサールは、1920 年代初頭に、超越論的統覚では問題にすることのできぬ超越論的事実性が、本質的規則性としてかえって超越論的統覚の自我を包括する、という問題として自覚してきたことと並行して、分析していった。形式的な一般規則としての超越論的規則は、いまだ「事実的でヒュレー〔質料〕的所与の連関的一致」、すなわち「全主観を包括するようなものの連関秩序」に対応し得る規則性ではない。ヒュレー的所与に関わる超越論的事実性が問題とされる領域では、受動的発生の規則が他の方向に即して考量されねばならず、それはまったく異なった超越論的ア・プリオリと名づけられる。超越論的統覚と並んで、「なお、或る一般的な、事実性の包括的秩序を受け容れねばならない」(Hua., XIV: 291)。この受動的発生という先述定的経験の領域にはたらく受動的綜合は、産出的〔生産的〕構想力のはたらく生き生きとした現在においてはたらいており、この生き生きとした現在の過去の契機である過去把持変様の経過が微細に分析されるなかで明らかにされるものである。

　しかし、ハイデガーが自身の考察の中心に据えた再認が、通常の能動的志向性に属するということは明らかである。したがってハイデガーは、過去把持の解明からはじまる受動的志向性についてのフッサールの見解には至っていないということになる。

　ハイデガーに対してフッサールは、あくまで生き生きとした現在を中心として、「概念」すなわち「悟性による「予認」ではなく、「握取」としてはたらく産出的「構想力」を開示しようとする。これはフッサール『受動的綜合の分析』の意図であり、この点にこそ、「受動的綜合」としての「触発」の独自性がある、とフッサールは考えるのである。そしてそれは、カント構想力の根柢にある「自我の超越論的統覚」という形而上学的前提と対比されることによって、その独自性がいっそう明確になる。すなわち、受動的綜合としての触発は、いかなる自我のはたらきの関与も俟たずに、自我の同一性のはたらきに先行してはたらくという特性をもつこと

になる。

　ここであらためて、ハイデガーが統覚をこのように理解したことの根拠について検証する。ハイデガーはカントにおける超越論的構想力の解釈にあたり、時間と論理的非時間性との関係について問う。そして後者の事例として、論理原則としての矛盾律における同一化を問題とし、時間の自己触発の解釈に向かう(cf. Heidegger, *Kant und das Problem der Metaphysik*, in: GA3, p. 177)。すなわち、矛盾律の非時間性は、「先形像」すなわち再認が中心に置かれるなかで、同一化において時間との接点をもつ。したがって、時間的に理解された超越論的統覚の自我において、最終的な根拠が与えられることになる。ハイデガーはカント同様に、超越論的構想力が自我の超越論的統覚に依拠するという立場にある。もちろんハイデガーも、カントの非時間的な超越論的統覚をそのまま受容してはおらず、カントがその非時間性を、時間と分離して考えているかぎりで批難し、超越論的統覚の時間化を強調してはいる。ハイデガーは、カントがはっきりと示せなかった超越論的統覚と時間化の存在論的な連関を、「超越や、あるいは時間と『私は思う』(Ich denke)とのあいだの根本的な関わり合い」にみている(cf. Heidegger, *Phänomenologische Interpretation der Kants Kritik der reinen Vernunft*, in: GA25)。

　そもそも、フッサールが受動的志向性の必然的存在を露呈しえたのは、「特有な志向性」としての「過去把持」(Retention)に遭遇しえたことによる。時間と「私は思う」とを同一のことであるとするハイデガーの主張は、この意味において、フッサールの時間論とは両立しない。すなわちフッサール時間論では、絶対的時間流と過去把持が同時に露呈され、絶対的時間意識の自己構成という逆説（すなわち、構成することと構成されたものとが一つである、という）が、過去把持の縦と横の志向性の同時的展開によって解明される際、この自己構成には、いかなるかたちでも自我の活動は関与していないことが次第に明確になってきた。つまり、「私は思う」ということ無しに、時間は自己構成をしているのである。そしてこの時間の自己構成という逆説と、受動的綜合としての触発とは密接に連関している。

　それでは、ハイデガーはどうして過去把持の理解に至りえなかったのか。カントがその構想力の分析において、フッサールの過去把持の問題領域に近づいているのは、「流れ去る今の、今としての保持」の現象の指摘においてである。ハイデガーはそれを解釈して、このはたらきとは、既存する「今連続」を各々の「現実的今」

として、そのつど統合するというはたらき、つまり純粋な再生的綜合であって、そのうちで過去としての時間が、現在としてではなく、直接にそれ自身として、過去として現に呈示されるのであるとする(cf. Heidegger, GA25)。すなわちハイデガーにおいては、「握取」(Apprehension)それ自体は「再生」(Reproduktion)無くしては不可能であって、直接的、直観的に与えられたものを「摑み取る」〔握取する〕(apprehensio)はたらきのうちには、「今」という瞬間的局面から、その次の「もはや今ではない」へと必然的に流れ去って行くもの、今まさに流れ去ろうとしているものに、そのつど既に「摑みかかり」、「遡握」(Zurückgreifen)する流れが含まれている。

　ここでは「保持」という機能が指摘されてはいるものの、しかしそれはフッサールの過去把持の特有な志向性という把握とは異なり、自由に再現し得る「自由で恒常的な遡握するはたらき」、すなわちフッサールから見れば能動的な志向性として理解されているのである。しかし、まさにこのような、能動的志向性という意識作用が意識内容を構成するというのでは、過去把持を理解することはできない。フッサールが十年以上探究した「持続」という時間意識の分析が帰着したのは、特有な志向性つまり受動的志向性でなければならない、ということであったが、ハイデガーはこの論点に至ることはなく、ハイデガーの論及は、フッサールの言葉に即して言えば、原印象の今と、生き生きとした現在の過去の契機を可能にしている過去把持との不可分離性に言及してはいても、過去把持の特有な志向性の指摘には至らず、対象の概念把握を基盤とする対象認識の可能性という、カントの産出的構想力の枠内での考察にとどまっているのである。

　ハイデガーにおいて、この過去把持の特有な志向性の性格が把握されていないということは、さらに、「再認」との関係で確認できる「再生」の綜合、すなわち「保持」のはたらきは、「再認」の綜合無しには不可能であるという規定によって、フッサールが標榜する、過去把持が受動性として能動性を基づけているという原理的関係を否定することとなる。換言すれば、自発的な概念把握の機能である能動性のはたらきが無くては受動性としての過去把持が作動できないというハイデガーの主張は、フッサールが主張する、受動性が能動性を基づけるという基礎原理に真っ向から対立するのである。

　したがって、ハイデガーがなぜこの過去把持の理解に達しなかったかといえば、

ハイデガーが「保持」を「遡源」として誤解してしまったことに加え、「再認」の本質的機能を「同一視(Identifizierung)作用」に置いていること(Vgl. Heidegger, GA25)が挙げられる。この同一視作用は「予‐認」とされ、この予認こそ構想力の三つの綜合のうちでの第一次的な機能として、「予認の綜合という第三の綜合が第一次的なものであり、他の二つの綜合に先立つ秩序を与えられたものである」として、理解されているのである。さらにこの予認は、その予認の根柢にはたらく自己同一視である超越論的統覚によって統一され、結びつけられることにより、統覚の自己の主張につながる。この統覚の自己は、「存立し留まる自己」(stehendes und bleibendes Selbst)として、「超越論的統覚の『私は思う』」でなければならず、この統覚は、ハイデガーの言う現存在(Dasein)の能力として、「主観性の領野のなかでは、自由が主観の存在の様式を第一次的に規定しており、そしてこの存在の様式は『私はできる』によって性格づけられており、こうした領野のなかでの能力、すなわち可能性は、現実性より高いものである。ここで実存を構成しているのは、現実性ではなく、『私は為し得る』としての『私はできる』である」と理解されるのである。

　すなわちハイデガーの構想力の解釈は、現存在の能力である、実存の自由に方向づけられており、この解釈は、超越論的統覚の自己に関係づけて、超越論的統覚と「将来―現在―過去」のまとまりという時間との関係を、「自己は実存するものとして自己を同一視できねばならない。自己は関係性に向かっての決意と、あらゆる具体的な瞬間において過去に義務づけられているということとの統一性のうちで、己れを同一の将来的‐既存的なものとして理解できるのでなければならない」とする言表(Heidegger, GA25)にも明確に記述されている。

　ハイデガーはこのように、予認のはたらきについて、将来という時間の観点から時間構成を理解し、統覚の自己を通しての現存在の決意を基軸として構想力を把握しており、そうした把握に基づいて、カントの構想力の記述から、時間の自己触発という見解を摘出している。時間の自己触発とは、「時間は、何かを対象とさせることの内的可能性に属する。時間は、純粋な自己触発として根源的に有限的な自己性を、自己が自己意識であり得るように提示している」(Heidegger, GA25: 172)とあるように、時間を対象認識の可能性の問題として捉えるとき、時間の自己触発と統覚の自我の自己触発とは同一のことを意味しているのである。

したがって、時間の自己触発といっても、ハイデガーにおける現存在の自由と決断による自己触発と、フッサールにおける受動的志向性による先触発を前提にする自己触発とは、まったく内実を異にしており、ハイデガーの言う衝動や配慮などの現存在の規定性は、自我の同一性とその活動を当然ながら前提していることが確認されねばならず、それは受動的志向性の観点による衝動や本能の捉え方とは異なっているのである。

むすび

　以上、主に統覚の概念をめぐって、カント自身の統覚論にも、またハイデガーによるカント統覚論批判にも、本質的な難点が存在することが確認された。目下のところ、このような難点を解消するうえで最も説得力のある提案は、フッサールの受動的綜合の立場からのアプローチであると考えてよいだろう。この結論は、カントのみならず、本章が主題とする哲学的構想力の根柢 [根底] に流れる自我観を見直すに際して、小さくない意味を有しているといってよい。

【注】

*1　この項をまとめるにあたり、宮原勇「現象学の中のカント――二つの「統覚」概念――」（竹市明弘／坂部恵／有福孝岳編『カント哲学の現在』世界思想社（『哲学の現在 6』1993年に所収）) を大いに参考にした。深く感謝する。

*2　ここでの「同一性」、同一化」について詳述すれば、ハイデガーは超越論的構想力の解釈にあたり、時間と論理的非時間性との関係について問う。そして後者の事例として、論理原則としての矛盾律における同一化を問題とし、時間の自己触発の解釈に向かう (cf. Heidegger, *Kant und das Problem der Metaphysik*, in: GA3, p. 177)。すなわち、矛盾律の非時間性は、「先形像」すなわち再認が中心に置かれるなかで、同一化において時間との接点をもつ。したがって、時間的に理解された超越論的統覚の自我において、最終的な根拠が与えられることになる。ハイデガーはカントと同様に、超越論的構想力が自我の超越論的統覚に依拠するという立場にはある。しかしもちろんハイデガーも、カントの非時間的な超越論的統覚をそのまま受容してはおらず、カントがその非時間性を時間と分離して考えているかぎりで批難し、それに対して超越論的統覚の時間化を強調してはいる。ハイデガ

ーは、カントがはっきりと示せなかった超越論的統覚と時間化の存在論的な連関を、「超越や、あるいは時間と「私は思う」(Ich denke)とのあいだの根本的な関わり合い」にみている(cf. Heidegger, *Phänomenologische Interpretation der Kants Kritik der reinen Vernunft,* in: GA25)。

第Ⅳ部　反省概念論

　反省概念は、本書では最も認知度が低いテーマであろう。

　著者は「哲学のオルガノン」という課題で博士論文を作成した途上で、アリストテレス「オルガノン」諸著のうち、『トピカ』にも大いに注目せざるを得なかった。同書はオルガノンの中でもとりわけて難物であり、アリストテレスに関しては、専攻する近現代ドイツ哲学にあくまで関連する限りでしか理解できておらぬ著者にとって、とてもではないがその全貌を視野に収めたとは言い難いが、それでも「トピカ」理解へのかろうじて取り掛かりとなったのがカントの「超越論的トピカ」と、それが批判の矛先を向けたライプニッツの（論理学的）トピカとである。

　カントがアリストテレスのカテゴリーを批判的に継承して「純粋悟性概念」としての、本来のカテゴリーを論証したのは哲学史上名高い。

　一方で、やはりカントがアリストテレスのトピカを批判的に継承し、超越論的トピカ論としての「反省概念」論を展開したことは、前者に比してあまり認知されておらぬとはいえ、ハイデガーをはじめ（本書の反省概念論において、彼こそが陰の主役といえるかもしれない）、我が国でも上山、牧野らといったすぐれた研究者たちが、きわめて実りある解釈を施している。

　この部は本書のなかで唯一、ただ一章でのみ構成されている。それも学位論文およびそれを抜粋し再編集した拙論（にさらに大幅に加筆）から成る。実は本書で一番苦心したのがこの論考である。しかしこれでもその核心が十分に論じ尽くせているとはもちろん言えず、今後もなお長くこのテーマについては取り組み続けていかねばならぬと考えている。

第8章

カント『純粋理性批判』における超越論的反省概念

はじめに

　カント批判哲学に対する18世紀当時の新アリストテレス主義（彼がそのほぼ全生涯を過ごしたケーニヒスベルク——現ロシア共和国最西に位置する辺境だが、往時は「バルト海の真珠」と讃えられた——の大学はそのメッカの一つであったといわれる）、ないし新スコラ哲学の影響力の大きさについて考慮すれば、カントとアリストテレスとの接点について採り上げ、しかし実はそれらが、本質的にはかえってこの二人の偉大な哲学者のあいだに横たわる大きな隔たりを示している、ということを確認することは、「哲学のオルガノン」について考察する*1 うえで資するところけっして小さくないであろう。

　周知のように、アリストテレスの「オルガノン」は、「カテゴリー論」「命題論〔解釈論〕」「分析論」「トピカ」から成る。最後の「トピカ」とはトポス論のことであり、トポスとはギリシャ語で「場所」を意味するが、むしろ「観点」「論点」「（論の）拠点」のことであり（いうまでもなく topic の語源である）、したがってトピカは「観点論」「拠点論」「弁証論」あるいは「論拠集」等々と理解することができる。アリストテレス『トピカ』は、その本体と、それから分離独立された『詭弁論駁論』（ソフィスト的論駁について）とから成る。

　さてカントは、アリストテレスの（カントによる批判の下では、いわゆる「論理学的な」）『トピカ』と、自身の「超越論的トピカ」とを区別する見解をはじめとする論考を、「付録」として『純粋理性批判』の「超越論的分析論」末尾に添えている（何の付録かは後述）。それが「反省概念の多義性について」である。

　これはきわめてさりげなく置かれた論考であり、そのためもあってか、従来はその意味は不当に軽視されてきた、という批判もある*2。しかし本章では、その有する意味はけっして小さくないと考える。理由は、この「付録」によってカントが、『純粋理性批判』が批判的に継承したアリストテレス『オルガノン』に対して独自

の見解を示しているだけでなく、カントにとってもっと重要な課題であった、母国の偉大な先達ライプニッツをも批判的に捉えるという意図を持っていたと考えられるからである（さらにハイデガーも関わってくる（これも後述））。

　本章はカントから捉えられたアリストテレスのみならず、この両者の間に聳え立つもう一人の大哲学者ライプニッツをも視野に収め、三者（さらに四者）の違いをカントの超越論的哲学を基準に示すことをその目的としている。

　この「付録」は主に、①フェノメノンとヌーメノンとの捉え違い、②ライプニッツ派への糾弾、③「無の表」とそのカテゴリーに即した論述、という三部構成となっており、以下、「I」では特に①と②に力点を置いた解読によって基礎づけを図り、続く「II」でカントによるライプニッツ批判を、さらに「III」でこれらをめぐるハイデガーの見解を、それぞれ採りあげる。

I　「付録　反省概念の多義性」とは

第 1 節　「反省」とは何か、「論理学的」反省と「超越論的」反省

　まず「反省」について、反省とは広義の哲学の謂いであり、もっぱら外的対象への志向性から転回し、自己自身を省みる、つまり内省を意味する*3。だがここでのカントの場合は、あくまで外的対象に向けられていながらも、さらにその際の自己を省みるものである。だからカントの幾分込み入った説明を解すと、「反省(Überlieferung, reflexio)は、対象そのものに関わることで直接にその概念を得ようとするものではなく」、「そのなかで、我々がまず、自らが概念に到達し得る<u>主観的諸条件</u>を見出すのための準備をおこなう、そういった心の状態」のことである(cf. A260/B316. 強調引用者、以下同じ)。なぜなら、「反省は、<u>所与の諸表象</u>と<u>我々の様々な認識源泉</u>との関係（引用者注：関係①）の意識であり、この意識によってのみ、<u>諸表象の関係</u>（引用者注：関係②）<u>が相互に正しく規定され得る</u>」からである(cf. A260/B316)。

　そしてまずその「諸条件」とは、〈悟性かあるいは感性か〉ということに関わる。以上をまとめてカントは、「我々の諸表象を扱う他の一切の営みに先行する第一の問い」として、「我々の<u>諸表象</u>はいかなる<u>認識能力</u>において<u>関係し合って</u>（引用者

注：関係①＋②）いるか」、あるいは「我々の諸表象が結合または比較されているのは、悟性を前にしてか、それとも感性を前にしてか」（cf. A260/B316）と設定する。ほかでもない、この「第一の問い」について反省する議論こそ、まさに「超越論的トピカ［トポス／トピック論］die transzendentale Topik」とカントが呼ぶものなのである（cf. 御子柴 2020: 336）。

したがってこの「第一の erst」（特に「第二の」があるわけでなく、むしろ「最重要の」くらいの意味）問いに向け、我々の諸表象が悟性の関与によって結合ないし比較されているのか、あるいは感性の関与によってそうなされているのか、まずそれを追究し、次にそれによって「諸表象の関係」を「相互に正しく規定」すること、それらがこの「付録」でのカントの目論見である。

このように、先の①②のいわば二重の関係のうち、後者すなわち我々が意識している諸表象相互の関係における、感性ないし悟性による二種類の結合・比較を識別する働きを、カントは「超越論的反省」と呼ぶ。

他方、その必要条件ともいえる前者すなわち諸表象と認識源泉との関係を反省することなく（当然ながら超越論的反省も欠き）、諸表象を相互に比較している場合、それはたんなる「論理的反省」と呼ばれる。それは表象の比較に際し、その表象の由来を問題にすることなく、すべての表象を同種的なものと前提している。例えば命題「SはPである」と命題「人間は哺乳類である」とには、客観との関係という点で差異が認められるにもかかわらず、その差異を捨象するところで「論理的反省」は成立するのである（cf. 御子柴 2020: 334）。

カントは、こうした二重の関係性における、第一の関係を適切に反省せぬがゆえに、第二の見解に含まれる論理的反省に終始する態度に、独自の（本来あるべき）超越論的反省という観点から批判を施すのである（cf. 御子柴 2020: 336）。

このように、カントは感性と純粋悟性とをめぐって、まさしく「トピカ」すなわち「位置づけ・位置論ないし場所論」を展開しているわけである。表象の認識源泉が感性か悟性かを峻別するこの反省よって我々は、自らの意識に属している諸表象について、それらが感官を通じて与えられたものか、それとも我々がたんに考えたに過ぎぬものかを区別することができる。この区別を欠いて対象について語るならば、しばしば我々は、現に存在するものではなく、たんに頭の中で考えたに過ぎぬ観念的なことを語ってしまう（cf. 御子柴 2020: 335）ことになりかねない。

第2節　「何の」付録か

　次に、そもそもこの「付録」、正式名称は「経験的悟性概念と超越論的悟性概念との取り違えによる、反省概念の多義性について」(A260-292/B316-349)は、「何の」付録なのかという問題がある。「超越論的分析論」末尾に置かれていることから、一番広く分析論全体の、あるいはもっと近く「原則の分析論」そのものの、であるのか、むしろ直近の、すなわち直前に論ぜられたばかりである（「原則論」最後の）「すべての対象一般をフェノメノンとヌーメノンとに区別する根拠について」と題された「第三章」の、付録であるのか。実は各版や翻訳は一致した見解を示しているとは言い難い（cf. 御子柴 2020: 359-360 注1）。

　そもそもこの「第三章」自体にも問題が残る。全体に当たる（超越論的分析論第二篇）「原則の分析論」では超越論的感性論の所説と、この原則論に先立つ「概念の分析論」の成果とが、あたかもシュロギスモスが如く接合される。その内容は、判断力を正しく使用するためのア・プリオリな原則を指示する「判断力の超越論的理説（あるいは原則の分析論）」(A137/B176)というわけである。ここではカノン（規準 Kanon）が提示される。同じ第一批判の、ずっと先に位置する超越論的方法論の、その名も「純粋理性のカノン」における定義では「カノンとは、何らかの認識能力の正しい仕様一般のア・プリオリな諸原則の総体のことである」(A796/B824)とある。

　そしてカント本人は「原則の分析論」、すなわち「この判断力の超越論的理説は、二つの章から成るだろう」(A136/B175. 強調引用者)と明言していたのである。通常、第一の章はいわゆる図式論、第二のそれは原則論と略称される。後者では「1．直観の公理 Axiom」・「2．知覚の予料 Antizipation」（それぞれ量と質のカテゴリーに対応）、「3．経験の類推 Analogie」・「4．経験的志向一般の要請 Postulat」（同じく関係と様相）という「純粋悟性のすべての原則」が掲げられる(cf. A161/B200)。

　さらに「第三章」（カント自身がそう明記しておらぬ以上、むしろ「（第三章）」と丸括弧づけする方が適当かもしれない）の役割は重大で、既に先立つ第二章まで「超越論的分析論」の課題は果たされてはおるものの、続く「超越論的弁証論」にいわば「船出する」にあたっての総整理、心づもりをする中継地（ここにもシュロ

ギスモス的構造を認め得るであろう）として置かれている。「超越論的弁証論は人間理性の不可避の仮象を論じるのに対し、この第三章は回避可能な誤りの批判を課題としている」（cf. Willaschek 1998: 325; 御子柴 2020: 308; 330 注 1）といえるだろう（その主旨であるヌーメノン説については後に詳述）。

※『純粋理性批判』構成の概略を以下に示す。件の「第三章」は分析論の最後に位置し、それまで（第二章まで）の「真理の論理学」に対する「仮象の論理学」として、「すべての対象一般をフェノメノンとヌーメノンとに区別する根拠について」と題されている）

序文

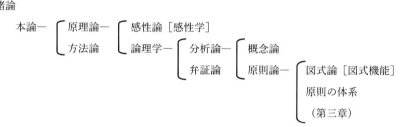

だがここではとりあえず、第三章に直接付せられたものと見なすことによって、この付録が次の三つの課題に応えるべく書かれている（cf. 御子柴 2020: 332-333）と考えることができるだろう。

　第一に、対象一般はフェノメノン（感性体／現象体 Sinneswesen/ Phaenomenon）とヌーメノン（悟性体／叡智体／可想体 Verstandeswesen/ Noumenon）とに峻別される。我々は何らかの対象について、それが前者として考えられているのか、それとも後者として（たんに）考えられているに過ぎぬのか、区別せねばならず、それに必要なのは、対象に関する我々の意識ではなく、むしろ我々自身に関する反省的な意識なのであって、それを説明すること。

　第二に、こうした説明は、先行する哲学者、特にライプニッツの思想（モナドロジー等）がどのような誤った思考法に由来するのかを明らかにするので、それと対置することであらためて「純粋悟性の批判」（A289/B345）を展開できること。

　第三に、この「付録」が置かれる直前の「原則の分析論（判断力の超越論的理説）」第三章で、カントはヌーメノンに消極的意義しか認めず、それが人間の認識にとっては無であることを指摘している。だが既に「超越論的分析論」ではこれと異なる

無、例えば、質のカテゴリーの一つである否定性について言及しており、そこで、これらの無を体系的に論じることが必要となったこと（それはこの付録の最後で論ぜられる）。

<h2 style="text-align:center">第 3 節　超越論的トピカとは</h2>

さて、「付録」本体に続く、「反省概念の多義性への注解」に至って、カントはその冒頭でこう述べている。

> 「我々が、或る概念に対して、感性もしくは純粋悟性のどちらかにおいて与える場所を、超越論的場所と名づけることを許してもらいたい。そうすれば、あらゆる概念に対して、それぞれの用い方の相違に応じて与えられる超越論的場所を判定すること、また、あらゆる概念に対して、このような超越論的場所を、規則に従って指示することは、超越論的トピカということになろう」（A268/B324）。

或る概念（ここではカントは先に「表象」としたのを「概念」と改めている）に、感性もしくは純粋悟性において与える位置を、超越論的「場所」と呼ぶ。感性を場として考えるケースと、純粋悟性を場として考えるケースとがあり、いずれのケースにおいても、そのような場のことをカントは「超越論的場所」と名づける（cf. 御子柴 2020: 337）。

同様に、より低次の概念が論理的段階においてその下に属するより高次の概念を、その論理的場所と呼ぶことができる。これらの場所の判定はトポスの学、すなわち「トピカ」である。

さて、一つの概念について感性を場として考えるとは、その概念を空間や時間という形式の下で考えることを意味する。他方、一つの概念について純粋悟性を場として考える、すなわち、可能な経験の領域ではないところでカテゴリー／純粋悟性概念を用いて考えることをカントは、先の引用文にすぐ続けて「純粋悟性が何かをこっそりと手に入れることや、そこから生じるまやかし」（A268/B324）と表現している。それは可能な経験の領域ではないところで純粋悟性概念（カテゴリー）を用いて考える場合であり、これは、この付録に先立つ「第三章」で排除された「積極的な意義でのヌーメノンの概念」にその典型を見出すことができる。だからこそカ

ントはそれを「まやかし」と批難しているのである（弁証論「純粋悟性の拡張とい
うまやかし」A295/B351; cf. 御子柴 2020: 337-338）。

　より詳しく述べると、その「第三章」でカントは、「ア・プリオリな悟性の諸原
則」どころか、それらを構成している諸概念には、経験的使用のみが可能であり、
超越論的使用は不可能だ、と力説していた(cf. A238/B297)。さらに、「何らかの
原則における概念の超越論的使用とは、その概念が物一般に、そして物それ自体に
関係づけられる使用」(A239/B298)である。

　そもそもカントがこの第一批判で遂行しているのは超越論的な批判であり、それ
はすなわち、人間の認識において、ア・プリオリな概念や原則を、いわば〈超越論
的に見出す〉が、同時にそうした概念や原則を〈超越論的に使用する〉ことを禁ず
る（cf. 御子柴 2020: 312）ものである。カントが本書で掲げた最大の題目である
「ア・プリオリな総合判断」は「可能」ではあるが、そうした判断である純粋悟性
の諸原則は経験的にしか使用できない。なぜなら、純粋悟性概念（もちろん悟性に
関わる）とともにア・プリオリな総合判断を可能ならしめる純粋直観（同、感性）
は、それ自体ではたんなる形式にすぎず、認識の対象自体は、ただ経験的直観にお
いてしか与えられぬからである（cf. 御子柴 2020: 313）。

　カントはこの「付録」に先行する「第三章」で（B版において）ファイノメノン
とヌーメノンとを峻別したうえで、後者をさらに「消極的な」ヌーメノンと「積極
的な」それとに細分し(cf. B307)、「積極的な」ヌーメノンを議論から排した。な
おこれは、第一批判完成へ至る艱難極まる「沈黙の十年」の幕を切って落とすこと
となった、正教授就任論文『感性界［可感界］と叡智界［可想界］の形式と原理』
（1770年）では見られなかった姿勢であり、カント自身の改心・転向をも意味す
る（ゆえに、付録と就任論文との連続性を認めるのは的外れだろう）。

　この「第三章」でカントは、超越論的分析論の締め括りとして、あくまで「消極
的な」ヌーメノンのみを、あくまで思索において、「感性の不遜を制限するための
限界概念にすぎない」(A255/B311)として提示している。ヌーメノン概念は、客観
的実在性は有さぬとはいえ、矛盾を孕んだものではけっしてない。これは、かつて
判断表における様相の項で、「実然（的）」判断と並んで「蓋然（的）」判断が挙
げられていた(cf. A69/B94)ことを踏まえている。「我々は、蓋然的に諸現象の領
野よりも広くにまで及ぶ悟性を有しているものの」、「それによって我々に感性の

領野の外部で対象が与えられ得るような、また悟性が感性を超え出て実然的に使用され得るような直観」も、「いや、その可能な直観の概念すらも有しておらぬ」(cf. A255/B310)、ということなのである。

　なお、カント本人が現にこの箇所で「限界概念」という言葉遣いをしているのだが、カテゴリー／概念と明確に区別するために、著者は敢えてこれをカントによる〈限界仮説〉の設定と捉えたい。もちろん、カントがこの超越論的分析論で主題としているカテゴリー／純粋悟性概念とは、感性的直観よりも広い領野に及ぶものである。だから「一切の思考を経験的認識から取り去るとしたら、何らかの対象のいかなる認識も残りはしない」、「しかし、これに対して、私が一切の直観を捨て去る場合、それでも思考の形式、すなわち、可能な直観の多様なものに一つの対象を規定する仕方は残る。したがって、その限りで、カテゴリーは感性的直観よりも広くに及ぶことになる」とある(cf. A253/B309)。

第4節　四対の反省概念、および「多義性」

　そしてトピカには超越論的なものと論理的なものとがあるのだから、もしここで、超越論的反省が無かったならば、反省概念を対象へ不確実に用いることとなり、したがって超越論的「多義性」〔両義性／二義性、曖昧さ〕(Amphibolie)、すなわち純粋悟性による、対象と現象との混同が起きてしまう。こうしてカントは、古代にアリストテレスによってなされた、トポスをめぐる議論すなわち『トピカ』に対して、自身の固有の意味での「超越論的トピカ」を提起するのである。

　この多義性についてさらに詳論すると、我々は認識において、純粋悟性概念カテゴリーにより対象を客観的に判断する。そうした概念無くして主観の表象は客観に届かない。

　しかし、そうした客観的判断に先立って人間は主観において諸表象の比較をおこなっている。例えば、客観的に全称判断を下す場合が挙げられる。そのために我々は単一性というカテゴリーを使用せねばならぬが、さらにそれより前に、意識の内で諸表象を比較し、それらの表象が一様であることを看て取らねばならない。逆に言えば、一様性という概念で把握できぬ諸表象に単一性という概念が妥当することは無いのである。

　このように、対象（物）の客観的判断に先行し意識の諸表象を比較するための概念を、カントは「比較概念 Vergreichungsbegriff, conceptus comparationis」（A261/B317）と名づける　このような概念は、カテゴリーの使用に先行するものとして、それとの関係において見出される

　したがって、四種のカテゴリーに対応して四つの比較概念が見出される（後に *Prolegomena*, §39 でも指摘。なお、御子柴 2020: 360 注 2 も参照のこと）　すなわち、【量】「一様性」か「多様性」か、【質】「一致」か「対立」か、【関係】「内的なもの」か「外的なもの」か、【様相】「規定され得るもの」か「規定」か（質料か形式か）、である。

　そして、これらの比較概念は、それぞれにおいて一方でなければ他方であるという性格〔性質の方が良いだろう〕を有しており、「そこに危険が潜んでい」る（cf. 御子柴 2020: 339）。比較概念はそれだけを考えるならば、「A」と「非 A」というような論理的関係になっているゆえに、論理的反省に終始し、超越論的反省を忘却してしまうかもしれぬが、先に掲げた四対の比較概念は、対象（物）の客観的認識を見込んで諸表象を比較する超越論的反省において機能する　このような反省はたんなる比較ではない。それゆえ、これら四対の概念を「反省概念」と名づけることができる。ただし、そのように名づけたとしてなお、これらの「反省概念」が論理的反省においても使用できることは変わりない。

　そしてここに、反省概念の多義性という問題が生じるのである。我々が諸表象を比較している時、それがたんに論理的反省なのかそれとも超越論的反省なのかという二義性があるということが、この「多義性」という表現に込められている。

　かくして、超越論的トピカの役割とは、所与の概念（もしくは表象）に超越論的場所を指示することであり、そして超越論的場所とは、感性と悟性のことを指している。その場合、超越論的場所の指示が「規則にしたがって」おこなわれるというのは、前後の文脈から、反省概念を拠り所〔拠点〕として、という意味であると考えられる。

　そうだとすると、超越論的トピカというのは、所与の概念が、感性に属するのか、それとも悟性に属するのか、ということを識別する超越論的反省の働きそのものであるということになるだろう。すなわち、超越論的反省が、反省概念に則って、所与の概念が感性と悟性のどちらに属するかを決めること、それが超越論的トピカである、というわけである（cf. 上山 1972: 303；牧野 1989: 89）。このように解釈

することがもしも許されるとするならば、超越論的反省と反省概念をテーマとする分析論のこの付録「反省概念の多義性について」が、超越論的トピカをその主要素として含む、ということができるだろう。

第5節　体系的トピカとしてのカテゴリー論

　さて、これまでにもカテゴリー論を何度も引き合いに出してきたが、加えて、カテゴリー論そのものが「体系的トピカ」（systematische Topik）と既に呼ばれていたという事実もある。カントは、超越論的分析論第一篇第一章第二節「すべての純粋悟性概念を残らず発見する手引き」で、四綱目のカテゴリー体系を提示した直後に、「ここに示されたような体系的トピカ〔位置づけ〕は、それぞれの概念が本来属すべき場所をかりそめにも誤らせることがないばかりか、まだ空いている場所を容易に気づかせてくれるのである」（A83/B109）と述べている*4。

　もっとも、カント自身は超越論的トピカと、こうした体系的トピカの関係について何ら言及してない。だが、両者が「トピカ」という共通の名を与えられているのは、どちらも、所与の概念に対して固有の場所を指示する働きがあるからであり、反省概念を規則とする前者が、所与の概念に対して、感性と悟性のどちらに属するかを指示するのに対して、カテゴリーを規則とする後者すなわち体系的トピカは、所与の概念に対して、いかなる悟性機能に属するかを指示するにすぎない。このように、超越論的トピカが感性と悟性の両者に関わるのに対して、体系的トピカが悟性としか関わらない点が、両トピカの最も著しい相違点である。

　また、B版演繹論によれば、カテゴリーとは「感性から独立して、もっぱら悟性だけから生じる」（cf. B144）ものであり、時間空間が感性の形式として、直観を成立させるためのア・プリオリな主体的条件をなすのに対して、カテゴリーは悟性の形式として、概念を成立させるためのやはりア・プリオリな主体的条件をなす。感性形式としての時間空間が、純粋直観と考えられたのに対して、悟性形式としてのカテゴリーは、純粋悟性概念と考えられた。

　そしてカントは、悟性は判断する機能であるとみなし、「悟性のあらゆる働きを判断に還元することができる」、すなわち「悟性の機能」は「判断における統一の機能を完全に示すことができれば、すべてこれを見出すことができる」（cf.

A69/B94）という独自の観点から、実際にそれを成就させてみせた。それが、ほかでもない「カテゴリー／純粋悟性概念の超越論的演繹」である。

　その際、さしあたってカントは主に、伝統的論理学における判断形式の分類を手掛かりとして、判断機能の体系を「判断表」（A69-70/B94-95）の形で捉え、さらにこの表を手引きとして、悟性機能の体系としての「カテゴリー表」（A80/B106）を導出した。ここで「主に」と述べたのは、もちろんカントは伝統的な論理学をそのまま継承したわけではけっしてないからである。特に重要なのは、「無限判断」説の導入であって、これこそがカント以前のあらゆる論理学的判断と、カント固有の超越論的判断とを峻別するものである。さらに、やや補足的なかたちで、本章における考察に際して必要なかぎりでの、無限判断説に基づく見解を以下に示す[5]。

第6節　無限判断の意義

　カントは判断表の「質」において、従来の伝統的な論理学に対して、自身の超越論的論理学の独自性を示すかたちで、無限判断を導入した（本書第I部で主題として論じているところである）。すなわち、

判断の質
- 肯定判断（AはBである）
- 否定判断（AはBでない）
- 無限判断（Aは非Bである）

　この無限判断が、従来の伝統的論理学においては（いわゆる「論理学的な」判断においては）、肯定判断と区別されていないことは、カント自身も表明している。すなわち、「Aは」「B」「である」（肯定判断）と、「Aは」「非B」「である」（無限判断）とでは、前者の「B」と後者の「非B」とを、意味を度外視して置換できる、と考えるのである。それ故これは、カントによって「形式」論理学と名づけられたのである。

　たしかに形式的には「B」と「非B」とは同質であるが、Bに「非」が施されることによって、それは「無規定・不確定 unbestimmt」、さらには「無限的 infinitiv」

の意味を有するにようになる。無限否定は単なる論理的否定・完全な否定ではなく、むしろその「論理的否定によっては顧慮されないままの実在的対立項を表す」（cf. 石川 1996：65）のである。

　したがって、カントが『純粋理性批判』で初めて標榜する超越論的論理学においては、肯定判断と無限判断の区別、つまり無限判断の意義は決定的である。無限判断に基づくアンチノミー解釈は、以下のとおりである。例えば無限判断を導入することにより、アンチノミーは、措定とその廃棄との間に成立する単なる対立ではなく、或る措定と別の措定との間に成立する、一種の実在的な対立を形成することが明らかとなる。なぜならこうした実在的な関係は、「何か或るもの」と「無」・「零」との間のような形式論理的な関係ではないからである。

　すなわち、アンチノミーは単なる矛盾対立ではなく、或る規定をともなった「何か Etwas」と、別の規定をともなった「何か」との間に成立する対立、いわば「総合的対立」*6 であることが示されるのである。ここでは、対立し合う二つの命題は相互にアンチテーゼの位置に立ち得るゆえに、単に一方的ではなく、テーゼとアンチテーゼとは逆の関係でもあり得ることになる。

　こうした実在的な対立をどのように考えるかということは、すなわち、それについてどのように「反省する reflektieren」かという風に言い換えられる。既に述べてきたように、カントは反省概念を「論理的反省」と「超越論的反省」とに峻別していた。さもなければ、反省概念のこのような多義性（二義性）は、誤謬推理の原因となるからである。

　いわゆる媒概念の二義性によって生じる誤謬推理は、心理学的誤謬推理だけでなく、アンチノミー論においても問題となる。アンチノミーとは、誤謬推理の最も特殊で巧妙なケースであると考えられ、先述の媒概念の二義性による誤謬推理は、本章が主題とする反省概念の多義性に起因するのである。

　以上から、反省概念の二義性は「質」の契機に関して、次のような二様に表示することができる（cf. Behn 1908: 17；石川 1996: 98-103）。

①論理的反省
　　一致　肯定判断
　　反対　否定判断

②超越論的反省

実在性 ┌ 肯定判断
　　　 └ 無限判断

否定性　　　否定判断

第7節　論理学的反省の限界

　カントにとって、判断とは「表象のあいだを統一する機能」(A69/B94)であり、全称判断、特称判断、肯定判断、否定判断の判断形式は、諸表象の統一のさまざまなしかたを表すものである。このように、判断形式が諸表象のあいだの関係を規定するものとみなされるかぎり、同様に、諸表象（もしくは諸概念）のあいだの関係を規定するものとされる反省概念と、どのような関わりをもち、どのような点で区別されるか、という点は注目すべきである。カント自身もこの点に無関心でありえなかったのは当然で、件の反省概念論のなかで、両者の関係について次のように指摘している。

　「すべて客観的判断を下すに先立って我々は概念を比較し、その結果、全称判断を下すためには一義性（一つの概念のもとへまとめられた多数の表象の）へ、特称判断のためには差異性へ、肯定判断のためには一致性へ、否定判断のためには対立性へ、等へ到達することができる」(A262/B317-318)。

　この場合、従来の形式論理学の観点から、判断形式を、たんに諸表象のあいだの関係を規定する主体的な条件として取り扱うならば、所与の諸表象もしくは諸概念を比較してみて、相互の関係が、「一義性」「差異性」「一致性」「対立性」の四とおりの関係のうちのどれを示すかによって、「全称」「特称」「肯定」「否定」の四つの判断形式のうちのどれかに従う、といえば足りるであろう。

　しかし、もしカントの超越論的論理学の観点に立って、判断形式を、たんなる思惟の主体的な条件ではなく、対象一般の概念として客観的妥当性をもつべきカテゴリーの手引きとみなすならば、それでは済まない。すなわち、所与の諸表象もしく

は諸概念の従うべき論理的形式のみが問題ならば、それらの表象もしくは概念を比較しさえすればよいのだが、所与の諸表象もしくは諸概念と対象との関係が問題となる場合には、それらの表象もしくは概念が、悟性に属するのか、それとも感性に属するのか、ということを判別する「超越論的反省」が必要となる。

II　カントのライプニッツ批判

第8節　超越論的反省という手法

　こうした考え方に基づくカントの見解は、以下のとおりである。

　物について、「一義性」すなわち「同一」なのか、それとも「差異性」すなわち「相違」しているのか、あるいは「一致」しているのか、または「対立性」すなわち「反対」しているのか等々は、たんに所与の諸概念そのものを比較するだけでは、ただちに決定することはできない。

　　　「論理的反省はたんなる比較にすぎないということができよう。なぜならその場合、与えられた表象の所属する認識力はまったく捨象され、したがって、それら所与の表象は心に座をもつかぎりで、同種的なものとして扱われるべきだからである。これに反して超越論的反省（これは対象そのものに関わる）は、表象相互の客観的比較を可能にする根拠を含んでおり、したがって論理的反省とは大いに異なっている。なぜなら、表象の所属している認識力が同一ではないからである」（A262-263/B318-319）。

　たんなる論理的反省ではなく超越論的反省を用い、所与の表象が属している認識のしかたを判別することによって初めて、物についての一義性、差異性、一致性、対立性等は決定することができるのである。

　こうして展開される「超越論的トピカ」は、むしろカントにとって、アリストテレス『トピカ』に対するものという意味よりは、当時の哲学史において直接カントに先行する偉大な存在であったライプニッツに対する本質的な批判であったとされている。ライプニッツこそが、カントの最大の仮想敵だったのである。

第9節　ヌーメノンの陥穽、および「無の表」

　先に本章第3節で引いた箇所（B版「第三章」）で、カントはこう疑問を呈していた。「我々の純粋悟性概念は、ヌーメノンに関しても意義を持ち得ぬのかどうか、また、それを認識する仕方であり得ぬのかどうか」（B306）。この問いに対して、カントはヌーメノン（叡智体［悟性体］）の有する意義を、積極的なものと消極的なものとに区別し、前者を排除する一方、後者を限界概念として掲げることで、初めて見出すことができたのも、先に述べたとおりである。改めてカントの文を引用する。

　　　「ヌーメノンとは、我々が物を直観する仕方を捨象することで、我々の感
　　　性的直観の客観ではない限りでのもののことだと解されるならば、これは消
　　　極的な意味 Verstand でのヌーメノンである。他方、ヌーメノンとは非感性的
　　　直観の客体のことだと解されるならば、我々は或る特殊な直観の仕方を想定
　　　していることになる。それが知性的直観［知的直観］である。我々はそれを
　　　有しておらぬし、その可能性を洞察することもできない。このような非感性
　　　的直観の客体が積極的な意義 Bedeutung でのヌーメノンであろう」（B307. た
　　　だし、本書の著者はこの「知的直観」を、あたかも思惟するだけで創造できるような神
　　　の如き力としてではなく、あくまで「物自体をも認識できる能力」として解する。詳細
　　　は既に述べた本書第Ⅱ部を参照のこと）。

この「積極的な意義（Verstand（意味）とともに、概念の能力としての悟性と関わる。Cf. 御子柴 2020: 330 注3 および 331 注6）でのヌーメノン」こそカントにとっては斥けられるべきものなのである。

　さてこの「付録」の最後の節、いわゆる「無の表」について、その記述の冒頭でカントは、「我々が超越論的分析論を後にするに先立ち、さらに付け加えねばならぬことがある」（A290/B346）と述べている。このことから、まさにこの表が第一批判においては（例えば既に「一般論理学は認識の特定の内容に関する真理のオルガノンではなく、真理判定のためのたんなるカノンである」（B86）と断っていた）「真理の論理学」たる超越論的分析論の掉尾を飾るものとなっている。

　この「無の表」でカントが掲げている、カテゴリーに対応する四つの項とは、1.
対象無き空虚な概念（思考物 ens rationis）、2. 概念に対する空虚な対象（欠如

無 nihil privatium）、3．対象無き空虚な直観（想像物 ens imaginarium）、4．概念無き空虚な対象（否定無 nihil negatium）、である。ここで同じ『純粋理性批判』で既に登場したカントの良く知られた句「直観無き概念は空虚であり、概念無き直観は盲目である　Gedanken ohne Inhalt sind leer, Aunschauungen ohne Begriffe sind blind」（A51/B75）を想起する者は多かろう（句の前半は1に相当し、後半は4である）。

　本書第Ⅰ部その他で既に質のカテゴリーに関わる無限判断について詳説したから、ここでも視点を質のカテゴリーに対応する「2」に絞って論ずると、「欠如無」は既にカテゴリー論の否定性で考えられていたことになる（その点でこの無については他の三者と異なり「〜無き」という表現が用いられていない。Cf. 御子柴 2020: 358）。カントはこの無の例として、光の欠如としての陰や温かさの欠如としての寒さを挙げている。既述の原則論によれば、実在性のカテゴリーで把握される対象は何らかの度を有している(cf. B207)ので、否定性のカテゴリーで把握される無はそうした度を欠いている空虚ということになる。

　なお、他の三者については、1は量のカテゴリーに対応し「皆無 Keines」、すなわち対象がまったく与えられないという「無」（考えることのみ可能でけっして対象は与えられない、ヌーメノンもこれに相当する）、3は関係のカテゴリーに含まれる実体概念の対象が欠如しており、そのため、空間と時間はいずれも直観されず、両者は対象を欠いた空虚な想像物にとどまる、という場合の「無」（既に超越論的分析論で繰り返し言及された）、4は様相のカテゴリーに含まれる「不可能性」によって把握される「無」（概念が自己矛盾する場合、端的に〈あり得ぬ〉という意味での空虚）である（cf. 御子柴 2020: 356-359）。なお、この「付録」末尾の無の表をめぐる議論は、「真理の論理学」たる（超越論的）分析論から、いよいよ「仮象の論理学」たる弁証論へと「荒れた大海」（カントが私淑したF・ベイコン風の比喩では「乗り出すべき大洋」、本書第6章も参照）へと漕ぎ出だす思索者に対する餞（それも、フェノメノンとヌーメノンとを峻別した「第三章」からの締め括り、先に述べた〈心づもり〉として）でもあるのだろう。

　なお補足すると、例えばカントが無の表で挙げている例「二つの直線に囲まれた図形という概念」について、或る箇所では「（そのような概念には）如何なる矛盾も無い」（A220/B268）と述べておきながら、首尾一貫しておらぬのでは、とも解さ

れようが、カントによる「矛盾が無い」とは、もっぱら論理的に可能だという意味であって、欠如無について概念が〈自己矛盾している〉というのは、それが実在的に不可能だということを見込んでのことである（例えばカント自らによる注、cf. A596/B624; 御子柴 2020: 360-361 注 7）

　古来の（カントが講義でも用いていた先達バウムガルテンの『形而上学 *Metaphysica*』§154（およびマイヤーによるその独訳§119）でも言及されていた）「一切あるいは皆無の原則 dictum de Omni et Nullo」、これは例えば、猫（一般概念）に含まれぬものは三毛猫（特殊概念）にも含まれない（「犬は猫ではない」→「犬は三毛猫ではない」等）が、しかしそれを転倒させて、三毛猫に含まれぬものは猫にも含まれない（「黒猫は三毛猫ではない」↛「黒猫は猫ではない」）とは言えない（この原則に関して（三毛猫の例も含み）御子柴 2020: 349-351; 360 注 6 を参照）。

　これと同様に、カントが咎めるに、ライプニッツは〈物一般に含まれぬものは物にも含まれぬ〉と誤って考えたのである。物一般は、物それ自体をも含む概念である。そもそもライプニッツは、現象と物それ自体とを批判的に区別せぬから、カントにとっては問題含みの「物一般」概念も、彼（ライプニッツ）にとっては問題無いものだろうが、「物一般」が一般概念であることは認めるとしても、はたして「物」は概念であろうか。むしろそれは概念以上の内容を有するのではないか（御子柴 2020: 351 が挙げている例は、我々の眼前にある物（、今こうして読んでいるの）は「本」だが、それはたんなる概念ではなく物体である、というもの）、これがカントにとっては重大問題なのである。

　我々が概念ならざる「物」に関わるには知覚が必要であり、感性的直観によってしか、すなわち知性によっては、「物」と関わることはできない（なお、本書第II部における知的直観［悟性的直観］に関する議論も参照のこと）。カントによるライプニッツ批判の要点とは「もっぱら知性的な体系を構築し、感性的直観が不可欠であることを認めなかったところ」（cf. 御子柴 2020: 351-352）にある。

第 10 節　反省概念に基づく批判

　また、ライプニッツによる著名な「不可識別者同一の原理」についても批判の矛

先が向けられる。カントによると、ライプニッツは、現象を物それ自体とみなし(cf. A264/B319)、あるいは感官の対象を「物一般」であると考えた(cf. A271/B327)。したがってそれは、純粋悟性の対象だということになる。すると、例えば「二つの実体がどこからどこまで類似しながら「数的にのみ」異なることなどありえない」(ライプニッツ『形而上学叙説』9。なお訳文はライプニッツ 2013: 25 より借用した。以下、主に御子柴 2020: 338-349 を導きとして考察する)。

しかしカントの超越論的反省概念に従うと、事柄を純粋悟性から感性的直観に関係づけるならば、先の二つは空間的あるいは時間的な差異を有しており、純粋悟性にとっての「不可識別者」といえども認識においては同一でない場合があることになる。これはカントによる「一様性と多様性」という量についての反省概念(本章第3節で既に挙げた)からのライプニッツ批判である。

また、「四対の反省概念」の残りのうち、特に第四の様相に関しては、カント本人によると、「質料と形相」(「規定され得るものと規定」)は、他の三つの反省概念においても根拠となっている(cf. A266/B322)。

概念的に一様なものに対して数的多様性を認め(第一)、実在性に対立を認め(第二)、空間の中で出会う対象に実在性を認める(第三)という思考は、諸表象を感性へと関係づけ、感性的直観の形式のなかで比較をおこなうことを実現した。いずれの場合も、そこで考えられているもの、つまり質料に対して、それに先行する形式が規定することで成立した。

なお、カントはここで「これらの概念は悟性のそれぞれの使用と不可分に結びついている」(A266/B322)と指摘している。悟性は考える能力として「何か」を考える。この「何か」は、考えられることで規定を被るもの、つまり質料であり、それを規定するのが形式である。これは論理学者であろうとライプニッツであろうとカントであろうと同じであって、どのような悟性使用であろうと質料と形式とが無くてはならず、かつ後者は前者に先行しておらねばならない。

論理学者やライプニッツのような、カントが「主知主義的哲学者」と目する者(cf. A267/B323)は、〈質料は形式に先行する〉、すなわち、一般的なもの(規定され得るもの、思考によって「……である」と述定されるもの)がまずあって、それを種的に区別すること(思考によって述定すること)で規定が成立すると考えた　それは、どのような判断においても、どのようなものにおいても、(物それ自体を含

む）物一般においても、そうであった。

　すなわち、悟性が〈或るもの〉を何らかの仕方で規定するためには、その〈或るもの〉が「規定され得るもの」としてあらかじめ与えられておらねばならない（とはいえ、形式（あるいは形相）が先か、内容（同じく質料）が先か、というのは半ば普遍論争のような営みになりかねまい）。

　このように、純粋悟性概念においては、質料が形式に先行すると考えられた。ライプニッツにおいては、モナド論も、空間・時間論もそうである。モナドという単純実体を先行させて考えたがゆえに、空間も時間も（それらに先行して考えられた）実体相互の間の関係と考えられた。

　たしかにこの立場は我々の日常的な見方に適っているようではある（例えば御子柴 2020: 348 が挙げている例は、「食材〔質料〕は調理〔形式〕に先立つ」というようなもので、なおこれは、アリストテレス四原因説（第 1 の質料因は第 2 の形相因に先立つ、というのにも通ずる。家を建てるのに、設計より建材が先に存在しているのが世の常だから（cf. 伊野 2016A: 28）である）。

　だがカントは見解を異にしており、むしろ空間と時間は感性的直観の形式であって、それらが質料（現象の質料である知覚）に先行することで経験が可能となる。しかし、ライプニッツ流の主知主義的哲学は、物それ自体を直観できると考えており、いつでも質料が先行することになるため(cf. A275-276/B331-332)、カントの批判に晒されることとなったのである。

　最後に「関係」（「内的なものと外的なもの」）についても簡略に述べると、「純粋悟性の対象については、何かそれとは異なるものに対する（現存在の面での）関係を持たぬものだけが、内的である。これに対して、空間内のフェノメノン的実体の内的規定は関係にほかならず、そしてフェノメノン的実体それ自身はまったくもってたんなる諸関係の総体にほかならない」(A265/B321)とあるように、カントは複数の実体が同一の空間内に共存するという、感性を前にした考えに基づき、ライプニッツのモナド、すなわち、ひたすら純粋悟性の対象における「内的なもの」を批判する。「表象力を賦与された単純な主体」(A266/B322)であるモナドはライプニッツが「外的なもの」が位置づけられる感性的直観そのものを排除したことによって考察されたものであり、また、モナドの相互関係を、物理的な影響関係を排して、（よく知られた説である）「予定調和」に求めるのも、同様な理由による、と

カントはみなしている (cf. A274-275/B331; 御子柴 2020: 344-345)。

III　ハイデガーと「超越論的反省概念」

第 11 節　ハイデガーのカント解釈

　それでこの章の最後に、これまでの解釈を踏まえ、ハイデガーによるカント解釈について考察する。

　ハイデガーにとってカントとは、最も偉大でありかつ乗り越えねばならぬ先哲であった（本書第 III 部でも統覚論でその一端について触れた）。

　さて、ハイデガーはこうも述べている。

　　　「カントは、存在者の人間的経験とその経験の対象とをあらわにする彼の解釈の終結箇所、すなわち彼の批判的存在論の終結箇所で、「反省概念の多義性について」という表題で或る一つの付録を加えた。その付録はライプニッツとのカントの対決を示している。カント自身の思惟という点に着目して考察するならば、この「付録」は、遂行された思惟の歩みとその場合に踏査された次元とを振り返ってみるという回顧的省察を、内容として含んでいる。回顧的省察はそれ自身或る新たな歩みであり、カントが存在解釈で遂行した最も極限的な歩みである。この解釈が悟性使用を経験に制限することにあるかぎり、その解釈内では悟性の限界づけが問題とされている。

　　　そのためにカントはこの「付録」に加えられた「注解」(A280 / B336) のうちで次のように言う。諸反省概念の所在究明は「悟性の諸限界を確かなしかたで限定し確保するという大きな公益をもった」ことである、と」(Heidegger 1976: 472)。

　これは『道標 *Wegmarken*』（1967 年）所収のカント論「存在についてのカントのテーゼ」におけるハイデガーの言である。それでは、啓蒙時代の幕開けと悼尾とを飾るこの偉大な両哲学者の哲学史上における思想的対決を、20 世紀のもう一人の偉大な哲学者であるハイデガーの概括を手掛かりに解読しよう。

　カントによってアリストテレスのいわば論理的なトピカに抗して掲げられた超越論的トピカは、批判哲学からのライプニッツ哲学批判という野心的な理念に呼応

して、反省概念の多義性を考究する超越論的反省論という、ハイデガーの言葉を借りれば、「それ自身或る新たな歩みであり、カントが存在解釈で遂行した最も極限的な歩み」として、きわめて重大な意義をもっている。

　ここでの、カントからみたアリストテレスとライプニッツという二人の偉大な哲学者像は、いったいいかなるものなのだろうか。当然これは、その直接的な内容から、アリストテレス『トピカ』を批判的に継承することで、当面の敵であるライプニッツを厳しく批判する、と捉えるのが普通であろうし、また、ライプニッツ批判を通じてのアリストテレス論理学の全面的見直しの一環として、カントの超越論的トピカを捉えようとする立場もあるだろう。

　そこでハイデガーは言う。「純粋理性批判の帰結として変貌された存在論」、「存在者の存在を経験対象の対象性として追考する」こと、それこそが、「超越論的‐哲学」である。

　そして、ハイデガーが標榜する超越論的‐哲学としての存在論は論理学に基づくが、それはもはや従来の形式論理学ではなく、「超越論的統覚の根源的な綜合的統一から限定された論理学」（Heidegger 1976: 462）なのである。

　この「超越論的統覚の根源的な綜合的統一」が、ハイデガーの著書『カントと形而上学の問題』（初出 1929 年：Heidegger 1991）、およびそれに先立つ講義「カント『純粋理性批判』の現象学的解釈」（1927/1928 年冬学期：Heidegger 1977）においては、ここで採り上げている「トピカ」と同様に重大に問題視されていることは、本書の第Ⅲ部を見ればもはや明らかであろう。

第 12 節　ハイデガーのフェノメノン・ヌーメノン解釈

　だが、さらにハイデガーは続ける。先述のように、カントは『純粋理性批判』で「すべての対象一般をフェノメナ（引用者注：ラテン語「フェノメノン」の単数形）とヌーメナ[*7]（同じくヌーメノンの単数形）とに」区別した（A235/B294）。後者はさらに、消極的意味でのヌーメナと、積極的意味でのヌーメナとに区分された。感性に関係づけられぬ純粋悟性一般のうちで、表象されはするものの、認識されず、さらにまた、認識可能でないもの、それは「X」とみなされ、現象する対象の根底に存するものとして、思惟されるのみである。それは積極的意味でのヌーメナ、す

なわち「非感性的対象自体」を意味し、例えば神がそうであるように、それは「我々の理論的認識にはどこまでも閉じられている」。なぜなら、それに対してこの対象が「直接的にそれ自体で現在し得るような非感性的直観」、そういう直観は「我々の手中に存在しないからである」(cf. Heidegger 1976: 463)。

さらにハイデガーは、「定立としての存在がそれに所属している場所」、その場所の「網目の内に諸条線をカントはこの「付録」の内で一体どの程度まで引いているか」、そのことを問題とする。なぜなら「定立としての存在解釈の内には次のことが含まれている」からである。すなわち「対象の定立と非定立とが、認識力への様々な関わり合いから解明されている、ということ」であり、「その解明が認識力への反転関係の内で、すなわち屈折し返すということの内で、つまり反省の内でなされているということ」である(cf. Heidegger 1976: 472)。

そしてこの考察はカントにおいては、「心の状態」(A260/B316)すなわち「人間的主観」へ向けられる。考察は「もはや真直ぐに経験の客観へ向かっていくのではなく」、その考察は「それ自身を、経験する主観へ向かって、屈折し返す」のであり、つまりこれが「反省」なのである。

したがってハイデガーによれば、反省が表象作用の次のような諸状態と諸関係とに、すなわちそれによって総じて存在者の存在の境界づけが可能になる諸状態と関係とに、注目するならばその場合、「存在の所在」である「場所」の内に含まれているその場所の「網目へ向けられた反省」は「超越論的反省」である。ハイデガーによって、カントの見解(A261/B317)はこのように説明されるのである。

第 13 節　ハイデガー説のまとめ

「それによって私が一般に諸表象の比較と、この比較がそれで行なわれる認識力とを対照する働き、しかもそれによって私が、それらの表象が純粋悟性と感性的直観とのいずれに属するものとして相互に比較されるかを、区別する働き、その働きを私は超越論的熟慮〔反省〕と名づける」(Heidegger 1976: 473)。

定立としての可能的存在の解明に際しては、経験の形式的諸制約への関わり合いが働きの内に入って来ており、したがって、形式という概念が働いていた。一方、

現実的存在の解明に際しては、「経験の質料的(materiellen)諸制約」が言葉に言い表されて来ており、したがってまた、質料という概念が言い表されていた。ゆえに、定立としての存在の諸様相性の解明は、質料と形式との区別への注意のうちで遂行されている。その区別は、定立としての存在の場所にとって、その場所の網目のうちへ所属して入っているのである。

　ハイデガーによってまとめられたカントのライプニッツ批判は概ね以上のような内容である。これはアリストテレス「オルガノン」の関係史という直接のテーマからは当然逸脱するものであったが、冒頭でも述べたように、カントが直接影響を被った新アリストテレス主義ないし「新スコラ哲学」との関係を考慮するならば、いわゆるプロテスタント圏におけるアリストテレス受容史の問題として、ライプニッツという巨人は避けて通ることはできない。カントがライプニッツに抱いていた対決の必然性を、ハイデガーの慧眼は見抜いていたわけである。

むすび

　本章の狙いは、カント『純粋理性批判』におけるアリストテレス「オルガノン」の痕跡を見出すことで、いわゆる形式論理学と超越論的論理学との関わり、さらには批判哲学全般との関わりを再検討することであった。

　したがってその論法は、まずアリストテレスの「オルガノン」の直接的な影響と、カントによる独創性を見極めるというものとなった。後者はさらにシェリングやヤスパースといった他の関心へと結びつくものである。

　この『トピカ』をめぐるカントからアリストテレス、そしてさらにライプニッツへの問題提起については、他の機会にてより詳細に検証されるべきであろう。

【注】
[1]　「哲学のオルガノン」というより大きな研究テーマに関しては、伊野 2010（学位論文）；伊野 2012 を参照。

[2]　ファイヒンガー(Vaihinger 1922)やそれを承けたツィルゼル(Zilsel 1913)、またはスミス(Smith 1923)らは、この「付録」を文字どおりの付録程度のものとみなし、その執筆年代も一部は 1770 年代初頭、ツィルゼルは 1771 年(Zilsel 1913: 433)と断定し、スミスもいわゆ

る「七〇年論文」(「(教授)就任論文」とも呼ばれる『感性界と叡智界の形式と原理 *De mundi sensibilis atque intelligibilis forma et principiis*』)との共通性(ただし先述のとおり疑義が残る)を指摘している(cf. Smith 1923: 419)。それに対して、まずハイデガーによって大きく異議が唱えられた。彼はこの付録をきわめて重視し、「おそらくはずっと後に、『純粋理性批判』の完結の後に、初めて挿入されたものであろう」とまで述べている(cf. Heidegger 1976: 472)。もしハイデガーの推測が正しいとするならば、ヘーゲルが『精神現象学』の「序文」を全篇を書き上げて後に記し、その意義を自ら強調した、とされるように、この付録は『純粋理性批判』全体を締めるべき論述とまで考えることができるであろう。なお、この付録の意義を高く評価している主な先行研究には、前掲ハイデガーのほか、コッパー(Kopper 1971: 10)、上山 1972: 94-307；牧野 1989: 73-95; 1996: 12-30；石川 1996: 98-103 などがあり、本章もこれらの労作、および御子柴 2020 に多くを負うている。

*3 古くはソクラテスが彼以前の例えばイオニア自然哲学における自己の考察対象としての自然の探究から、やはり自己の考察対象としての自己自身の探究へ、すなわち自己への省察つまり内省へと、考察の志向性を百八十度転換(ヘーゲルの言「全世界史的な転換」)したことで真の西洋哲学の祖とみなされたように(cf. Hegel, *Vorlesung für die Geschichte der Philosophie*, 1. Teil, in: TW, Bd. XVIII: 516, usw.; 伊野 2016A: 17-18)、あるいは、ローマの哲人皇帝マルクス・アウレリウスの『自省録』の原題が *Τὰ εἰς ἑαυτόν*(タ・エイス・ヘアウトン「自分自身に向ってのもの」。Cf. 『哲学の歴史 2』pp. 449-450)であるように、そこにこそ哲学本来の営みがある。

　だがここでカントの問題とする「反省」とはそれを当然踏まえたうえでさらに、あくまで対象認識に関して、それもたんに屈曲させ自己へと向けたもの(それは自己客観化／自己対象化、あるいは自己客観視 objective self-awareness とでもいうべきもので、例えば、前述マルクス帝あるいはボエティウス『哲学の慰め』等にも関わるように、人生観とりわけて死生観においても重要な概念である。Cf. Ino 2019: 40, passim; 伊野 2016B: 115；伊野 2020: 25-28)ではない。

*4 石川(文康)説も、「判断における思考のすべての契機の超越論的表」であるカテゴリー表(B98)を、超越論的反省の表と「完全に一致する」と見ている(石川 1996：101)。

*5 カントにおける「第三の思考」すなわち無限判断の意義をこの上なく高く評価し、自身のカント理解の基盤となしていたのが、先述した石川(文康)1996 である。また、同姓の石川求も(著者が参照したかぎりでは)1988 年以来、無限判断について数々の注目すべき論考を

著している。言うまでもなく、本書第I部を参照のこと。

*6 カントは後に著した通称「形而上学の進歩（に関する懸賞論文）」(*Welches sind die wirklichen Fortschritte, die die Metaphysik seit Leibnizens und Wolffs Zeiten in Deutschland gemacht hat?* [=WFM] , 1791, in: D. Friedrich Theodor Rink (hrsg.), *Immanuel Kant über die von der königl. Akademie der Wissenschaften zu Berlin für das Jahr 1791 ausgesetze Preisfrage: WFM,* Königsberg, 1804; in: AA, vol. XX: 253-332, 333-351 (Lose Blätter zu den Fortschritten der Metaphysik)（未完のまま残され、死の直前に公開）においても、「たんに論理的な、分析的対立 bloß logisch, der analytischen Entgegensetzung（矛盾対当 contradictorie oppositorum）」とは異なる、「超越論的な総合的な ein transc[z]endentaler der synthetischen Opposition（反対対当 contrarie oppositorum）」を示す見解を見せている(cf. AA, vol. XX: 290-292; 石川 1996: 98-103)。

*7 ちなみに、本書第II部、特に第6章で詳説したシェリングおよび彼によるカント批判とも関連して（あるいはまた、既述の本書第III部の超越論的統覚論解釈とも関わる）、シェリングがカントのヌーメノン説について次のように述べているのを、少々長いが参考までに引いておく。

　　「なお瞠目すべきことは、カントはこの可想的なるもの Intelligiblen──彼のいわゆるヌーメノン Noumenon──に、知性 Intelligenz──本格的認識能力たるヌース Nus──への直接関係を許さず、我々のたんに質料的な感能 materiellen Sinnen ないし物体的な感覚器官 körperlichen Sinnesorganen への直接関係のみを認容しているということである。カントが物自体と名づけているあの可想的根拠は、実は我々の表象へのたんなる質料 Materie・素材 Stoff を供出するのみであって、それが客観的判断の対象たるべきためには我々がそれの中に前提せざるを得ぬあの悟性の刻印をそれが帯びるのは、統覚の超越論的総合 transscendentalen Synthesis der Apperception──とカントが名づけている操作──においてであり、だからいずれにせよ主観において初めておこなわれるのである。そうだとすると、（一）あの可想的根拠は如何にして主観に到達してそれに作用するのか、（二）この素材はいかにしてかくも易々として悟性形式の中にはまりこむのか、（三）主観には素材を支配するこの力がどこから来るのか、──この三つの問いが起こる。これらの問いは、カントの『批判』の中で解答されていない──、否、提起されてさえいない」(Schelling, SW, X: 154-155（『近世哲学史』細谷訳、pp. 134-135))。

第Ⅴ部　カント哲学と現代物理学

　カント哲学が普遍的である所以は、それが現代自然科学においても頻繁に言及される点に認められる（ヘーゲル、フッサール、ハイデガーら近現代のドイツの巨匠たちと比してもそれは顕著であろう。ヴィトゲンシュタインは例外であるが、それは言語論や分析哲学といった別の領域での話であろう）

　一例を挙げると、KEK［高エネルギー加速機研究機構］理論センター／総合研究大学院大学（当時。現在は国立天文台科学研究部）の郡和範教授による「現代宇宙論と素粒子論で哲学者カントに挑戦」（エッセイと題されてはいるものの、内容面では立派な一論稿である。巻末参考文献一覧参照）がある。

　一方、スティーヴン・ホーキングがたびたびカントの、例えばアンチノミー論を引き合いに出して、それも褒めてくれるのだが、どうもその理解は十分であるか怪しい。あるいは、哲学は哲学にすぎぬと割り切ったうえでの高評価なのであろうか。「科学と哲学」という課題は厄介で、それだけに哲学研究者の使命も大きいものがある。

　ただし、本書ではもっぱら物理学を中心とした、いわゆる「固い」自然科学にしか関連づけられなかったが、著者のもう一つの専攻である生命倫理に深く関わるライフサイエンス（こちらは「柔らかい」自然科学ともいえようか）とカントを結びつける試みはきわめて重要である。具体的には、脳死移植、再生医療（iPS細胞）、ゲノム医療（CRISPR/Cas9）などをカント哲学・倫理学を方法論として考察するという課題が挙げられるだろう。

第9章

相対論・量子力学による物理学革命と哲学的図式論
——マッハ、アインシュタイン、カント——

はじめに

　本章は、アインシュタインの相対性理論による 20 世紀初頭の物理学革命、次いで量子力学によるさらなる革命をめぐり、哲学的な問題との関連を考察したものである。はじめに科学と哲学の関係についてマッハとアインシュタインをめぐる思想的対立について触れ、本論部の主な論題は、実在主義による実証主義への批判（第 1 節 A）、そして科学論における哲学的図式（第 1 節 B および第 2 節 A、B）、そして「むすび」で図式の意義を踏まえ、あらためて科学と哲学の関係について概括し、論を閉じるということになる。

　とはいえ、そもそも科学と哲学とをめぐる論題は膨大な数に上り、焦点が定まり難くなることが危惧されるため、まずは 20 世紀の物理学を語るうえで、きわめてよく知られた話題から始めよう。

　1905 年は、アインシュタイン(Albert Einstein 1879-1955)個人にとってだけでなく、人類の科学史においても「奇跡の年」と言うべきものであった。この年、26 歳になるアインシュタインは特殊相対性理論、ブラウン運動、光量子仮説と、一挙に三つもの歴史的な研究論文を公けにした。

　その一つ、ブラウン運動に関する研究は、原子や分子に関して、それらが本当に実体として存在すると考える立場（実在論）と、それらはあくまで自然現象をよりうまく説明するのに便利なように提出された仮想概念にすぎないと考える立場（懐疑論）との間の論争を決着させた（ここでの懐疑論は、実在論に対する「実証論」に比してもよい。以下のアインシュタインの言葉もその意味である）。

　アインシュタインは自らこう述べている。すなわち彼はその論文で、「その当時非常に多かった懐疑論者（オストワルド、マッハ）に原子の実在性を納得させた。

これらの学者が原子論に対していだいていた反感は、疑う余地なく、彼らの<u>実証的</u><u>な哲学的態度</u>にまで遡ることができる。これは大胆な精神と鋭い直観とをそなえている学者でさえも、事実の解釈においては<u>哲学的偏見</u>に妨げられるという興味ある例である」（アインシュタイン 1979: 61，強調引用者）。

　だがアインシュタインのこの述懐とは裏腹ではあるが、後述するように、彼ら実在論者の、マッハら懐疑・実証論者に対する勝利は、1930 年代以降になると、実証論者（量子力学に与するボーアらコペンハーゲン学派、さらには後代のホーキングら）の、アインシュタインら実在論者に対する勝利へと逆転する。歴史は皮肉なかたちで繰り返されるのである。

第 1 節　導入

1A　マッハ対アインシュタイン——「哲学」的の意味——

　だが、まず問題にしたいのは、二箇所の強調に見られる「哲学」の意味である。ここでアインシュタインは二度にわたり「哲学」という語を用いている。こうした、自然科学者による「哲学」なる語の使用は、その発言や文章だけでもかなり頻繁になされるものである。しかし、本章のように「物理学と哲学」を主題とするのであれば、アインシュタインのような卓越した物理学者による「哲学」という語の使用法について穿鑿するのは必要な検証であると思われる。

　前者に見ると、アインシュタインは、マッハらが与する「実証」論を「哲学的態度」と呼んでいる。たしかにこれは「科学」的態度というよりは、「哲学」的態度と呼んだ方がより適切であろう。「哲学 philosophy」≒「科学 science」という、近世以前の科学史的背景を顧慮すれば、両者はほぼ同義と考えても誤りではないが、そうした曖昧さを凌駕して、マッハは 19 世紀後半に活躍した科学者であり、また哲学者でもあった。

　そして後者の「哲学」的偏見とあるのも、前者を踏まえ、マッハらが自らの自然科学における「実証」主義的態度に固執した頑迷固陋さを、哲学的な「偏見」とアインシュタインは批難しているわけである。自然科学者たるもの、画期的かつ精緻な理論が登場した以上は、実証主義による判断を一時停止し、その結果如何ではそれを封印すべきである、さもなければ、狭隘な態度に陥りかねない、というアイン

シュタインの批難である。

　このように、アインシュタインは自然科学者の学術的態度、主義や理念に関して「哲学」という考え方をおこなっている。それでは、批難されるべきマッハの自然科学者像とはいかなるものか。ここでエルンスト・マッハ(Ernst Waldfried Josef Wenzel Mach 1838-1916)の多彩な業績についてざっと確認しておく。

　彼は主に物理学（流体力学、光学、波動、電磁誘導など）において多大な業績を遺し（音速の単位マッハにその名を刻まれていることは今さら言うまでもない）、さらに、科学哲学や認識論哲学においても歴史に名を刻む人物である。また、いわゆるプロパーの（専門の）哲学史では、まずフッサールの現象学樹立に大きな影響を及ぼした人物として捉えられている。さらに、我が国のすぐれた哲学研究者による評価が示すように、19世紀から20世紀にかけての科学的思考そのものに大いなる転換をもたらした大思想家であるといえる（特に廣松渉(1933-1994)やその盟友加藤尚武(1937-)、あるいは木田元(1928-2014)、今井道夫(1944-)らのマッハ再評価が重要である。cf. 廣松1986；今井2001；木田2000；木田2002；木田2008；加藤2008）。

　マッハ独自の認識論は、存在するのは感覚所与だけであり、事物も精神現象も、感覚所与の複合でしかない、とみなすものである。したがって物理学の目的は、事物と事物の（連関を探求することにあるの）ではなく、感覚と感覚の連関を探求することにあるといい、物理学上の概念や法則などというものは、感覚所与を整理するためのたんなる道具にすぎず、物理学的実体と直接結びつくものではない、と主張する。また彼は、今日でいう認知科学的研究にも携わり、人間の認識能力の欠陥を次々に暴き（錯視現象であるマッハバンドは彼の業績として有名である）、その意味ではゲシュタルト心理学の祖というべき人物である（cf. 立花2000: 292）。

　さてマッハについて、アインシュタインとの関連において注目すべきは、ニュートンの絶対空間を烈しく批判したマッハが、相対性理論の成立に大きく影響しているというよく知られた関係である（アインシュタイン自身も後年、人生で出会った人の中で、彼に最も影響を与えた人物はマッハであったと公言している）。

　マッハは自著で、「絶対空間、絶対運動について何か語り得る人は誰もいない。それらは単に思考上の事物にすぎず、経験において明示されることはない」、さらに、「あらゆる質量、あらゆる速度、したがってまたあらゆる力は相対的である。

相対的なものと絶対的なものとの間の決定は何ら存在しない」と述べている（cf. マッハ 1987: 184）。これがいかにアインシュタインに影響を与えたかは、想像するに難くない。

　しかし一方で、「我々はどこにも原子を知覚することはできない。それはすべての実体と同様に思考上の事物である」とも述べ（cf. マッハ 1987: 185）、己れの認識論的立場から、原子や分子の実在を認めようとしなかった。よってアインシュタインは、この点でマッハと袂を分かったのである。

　電子顕微鏡や原子間力顕微鏡[*1] によって、実際に原子をこの眼で見ることもできる今日の我々にとって、こうした経緯の理解に際して想像力を働かせねばならぬのは、まだ 20 世紀初頭には、原子はおろか、分子さえも現実に見ることは叶わず、それらの実在性は偏に理論に委ねられていた、ということである。20 世紀後半で最も偉大な物理学者の一人スティーヴン・ワインバーグ（米 Steven Weinberg 1930- ）が「物理学者は理論を信じ過ぎるのではない。信じ方が足りないのだ」と述べたとされる（cf. 青木 2013: 238）のは、そういう意味でも理解すべきである。

1B　正誤の認識源泉としての「図式」

　ここで、先に指定した論点「実証的な哲学的態度」、「哲学的偏見」についてあらためて考えてみる。実在論者アインシュタインが実証論者マッハを批難したのは、実在が疑わしい対象に関する実証可能性の追究手段の不徹底さということになる。懐疑主義的な実証主義という、マッハの追究姿勢の誤りは、続いて偏見という科学的態度における哲学的な頑迷固陋さ、というもう一つの誤りへと彼を陥れることとなった。

　先述した錯視現象マッハバンドやゲシュタルト心理学に関するように、マッハが研究した錯覚は、「偏見というよりは先入見、前から持っていた図式（シェーマ）でものを見ることによって起きるもの」（立花 2000: 293-294）であり、「人間にとって図式でものを見る（解釈する）ということは、ほとんど避けられないもの」であって、むしろ「認知科学的にいうと、図式があるからこそはじめてものは見えてくる」とすらいえるから、「図式は脳のソフトに埋め込まれた最も大事な認識装置といっていい」のである（cf. 立花 2000: 294）。

　したがって、ここでの「図式」がもたらした「錯覚」は、認知作用における、感

覚所与と概念との、即物的な「重ね合わせ」によるものである。これ自体、もちろん哲学的な問題であるが、さらに、対象が感覚所与級の断片的なものから、一箇の学説や理論といった、大規模に構築されたものに至るとすれば、それはたんなる所与―概念レベルの錯覚という域を超え、文字どおり「哲学観」の域に達することになる。

　思考において、「柔軟性の最大の敵は偏見（先入見）」であり、「なかでも哲学的偏見というやつは一番のやっかいもので、頭の中身を硬直化させる最大の元凶」であろう（cf. 立花 2000: 294）。1905 年といえば、まだ専業科学者にはなれず、特許庁職員にすぎなかったアインシュタインが 26 歳（これを「若年」と讃える評者も多いが、二十代前半でノーベル賞級の業績を挙げた例はこの時代には数多い。ただし、特殊相対論を含む三大論文を一挙に公にした点ではもちろん前人未到である）、一方のマッハは 67 歳、死のおよそ十年前であった。相対論の基本アイデアの産みの親ともいえるマッハは、しかし終生、その相対論が理解できなかったとされる。

　そしてよく知られているとおり、アインシュタインもまた、自らが大御所となったとき、ほかならぬ自分が打ち立てた仮説で世に問うた光量子（後年、それは「光子 photon」と呼ばれることとなる）によって、量子力学の創始者の一人に数えられているにもかかわらず、彼はその不確定性を受け容れることを頑として拒み、強硬な量子力学の否定者として、ボーアらコペンハーゲン学派に対し執拗に反論を浴びせ続けた。それは 1955 年の死まで変わることはなかった。

　だが同じように、定常宇宙説をエドウィン・ハッブル(Edwin Powell Hubble 1889-1953)が実際の観測によって立証した膨張説に覆された時は、ウィルソン山天文台まで自ら足を運んでその眼で望遠鏡を覗き、自らの誤りを認めている。

　それにもかかわらず、アインシュタインはコペンハーゲン学派の量子力学は終生拒み続けた。それはやはり、膨張宇宙論が、赤方偏移[*2]によって目に見えるかたちで明らかにされた科学的事実であったということと、それとは異なり、理論や計算によってしか証明し得ず、けっして目には見えぬ量子論との相違ということなのだろう。いずれにせよ、まさに 1905 年の自身とマッハとの関係が形を変えて再び現れたわけである。

　ちなみに、2008 年に 87 歳にして待望のノーベル物理学賞（「自発的対称性の破

れ」の発見による）を受賞し、「量子色力学」や「弦理論」などを創始し、世界の物理学界においても「十年先のことが見えている」とその天才性を絶讃された南部陽一郎(1921-2015)は、1952年の米留学当初、プリンストンに滞在していた。あのアインシュタインのために設立されたプリンストン高等研究所（当時の所長はオッペンハイマー）である。南部はアインシュタインと同じ乗合自動車で研究所に通勤することもあった。そして二度、彼と面会している。

　しかし南部はこの世紀の大科学者と最後に三十分ほど対談した際の失望を告白している。南部が取り組んでいた素粒子理論において、物理現象を確率論で説明する量子力学は不可欠であるが、アインシュタインは「神は賽子を振り給わず」という有名な自説をここでも頑なに主張し続けるのみであった。「がっかりした。相対論を作った天才からこんな説教を受けるとは思わなかった」（読売新聞科学部 2001: 282）。それもあってか、プリンストンに馴染めぬ南部は米国における先進物理学のメッカ（かつてミリカンが君臨し、また戦後はフェルミが教鞭を執り、李政道 Lee Tsung-Daom や楊振寧 Yang Chen-Ning らを指導した）シカゴ大に移り、そこで持ち前の天才性を発揮することとなる。

　本題に戻ろう。神が賽子を弄ぶとは信じられないといって、量子力学の不確定性をその最期まで認めようとしなかったアインシュタインのきわめて有名なエピソードは、たんなる老科学者の動脈硬化による頑なさ、といったものとは違う意味があるのか。

　これについては、超一流の科学者においても、様々な意見が出されている。「アインシュタインがなぜそれほど因果律にこだわったのか」、例えば戸塚洋二 (1942-2008. ニュートリノ振動の観測による質量の発見によって、ノーベル物理学賞候補の筆頭にいたといわれる)）は、その理由は誰にもわからないとしつつも、もしかしたら21世紀にまたパラダイムの大転換が起きるかもしれない、と述べている（cf. 戸塚 2008: 57）。

　戸塚の真意とは別に、この「パラダイムの大転換」が起こり得ると考えられる要素を一つ指摘するならば、量子力学における不確定性の根拠である。すなわち、我々が対象を観測するためには、光が対象に当たり、それを我々が受容する過程が不可欠となる。しかし、素粒子のように、極限にまでミクロな対象の場合、観測するに先立って光が当たることで、対象そのものに不可避的な変化が生じてしまうのであ

る。譬えて言うならば、ナイフの切っ先より細い物をそのナイフで切ることはできないということと等しい（cf. 南部 1998: 17）。またこれを、量子力学における観測の不可能性と捉えている科学哲学者もいる（cf. 森田 2011）。

　この不可能性は、物の最も根源的な単子は何か、ということに関わる。したがってこれは、哲学史においては、カント『純粋理性批判』「超越論的弁証論」における第二アンチノミー論等に関わる。すなわち、定立「世界における合成された実体はそれぞれ単純な部分から成り立っている」vs.反定立「世界におけるいかなる合成された物も単純な物体から成り立ってはいない」の抗争(A435/B463)の二律背反の問題である。

　そもそも事典類によると「素粒子 elementary particle [独 Elementarteilchen]」という名称が既に、'fundamental,' "a subatomic particle with no substructure," "not composed of other particles" [独"unteilbare subatomare Teilchen," "die kleinsten bekannten Bausteine der Materie"]というかなり問題を含んだものであることは否めない。デモクリトスの「アトム」がそうであったように、「不可‐分」という限界概念自体が、科学技術の飛躍的向上によって絶えず更新され続けてきた。そしてそれも、マッハ時代からアインシュタイン時代、そして（超弦理論はさておき）クォーク時代への転換具合は、あまりにも大き過ぎるものであった。

　ニュートリノ（クォークとともに素粒子であるレプトンの一種）の専門家であった戸塚のユニークな例を借りると、水素原子を太陽系の大きさに拡大しても、ニュートリノはほんのソフトボール大（約 10cm）しかない。まさしく、これまで人智が遭遇した最もミクロな対象である（ただしそれも、相対的なものでしかなく、今後の科学の進展如何では、さらに微細なものに我々が直面するかもしれない。その候補の一つが、既に超弦理論によって予告されている）。

第2節　哲学的「図式」論について

2A　図式と偏見

　ところで、この「図式 Schema」について哲学的に最も本質的であろう議論を展開したのが、言うまでもなく『純粋理性批判』（―「超越論的分析論」―「原則の分析論」）の、その名も「純粋悟性概念の図式機能について」(A137-147 / B176-187)

におけるカントである（本書第 8 章第 1 節で掲げた構成概略を参照）。

　そしてここで提示されるのは「規準 Kanon」である。カントの定義によれば、カノンとは「何らかの認識能力の正しい使用一般のア・プリオリな諸原則の総体」（cf. A796/B824）である。つまりカノンとは、「認識能力をどのように使用するのが正しいのかを指示する、ア・プリオリな原則」、「判断力を正しく使用するためのア・プリオリな原則を指示するもの」（cf. 御子柴 2020: 236）である。

　さて、カントは図式について、およそ次のように述べている。――「或る対象が一つの概念のもとに含まれている」、「或る対象が一つの概念のもとに包摂される」、〈或る「対象の表象」がその「概念の表象と同種」のものである〉、〈或る「概念」が「おのれのもとに包摂されるべき対象において表象されるもの」を「含んでいる」〉、これら四つはみな同じ意味である（例えば、円という「純粋な幾何学的概念」において思考される円さが、皿という「経験的概念」において直観されるように）。

　しかし、カテゴリー［純粋悟性概念］はそうではなく、総じて感性的である「経験的直観」と比較すると、けっして何らかの直観において見出されることはない、まったく異種的なものである。だからカテゴリーが現象に適用されるには、「判断力の超越論的理説」を必要とする。したがって、一方ではカテゴリーと、他方では現象と、同種的であり、前者の後者への適用を可能にさせる「第三のもの」、「媒介の働き」をする「表象」が必要であるが、当然ながらこの表象は、あらゆる経験的なものを含まず「純粋」であり、しかも、一方では「知的」、他方では「感性的」でなければならない。それがすなわち「超越論的図式」である（cf. A137-138/B176-177）――。

　カントがここで提示している「媒介」役は、師プラトンのイデア論（特に『パルメニデス』、『国家』における）を批判した弟子のアリストテレス『形而上学』が提示した、世に言う「第三人間論」を容易に想起させる。そのことをカントが承知していなかったはずはなく、「媒介」を持ち出す以上は、必ずその媒介の「媒介」が必要になるか、或る程度の度外視がなされるかのいずれかでしかないのであるが、この点については、残念ながら討議し尽くしされたとは言い難い。

　また、語源を遡れば、カントの「図式 Schema」（ドイツ語ではシェーマ）が、アリストテレス論理学の「格 σχήμα」（スケーマ）に由来することは明らかだが、カントがアリストテレス論理学をギリシャ語の概念でどこまで忠実に継承したか

は検討の余地がある。むしろスケーマがラテン語化された「フィグーラ figura」
として理解していたと考える方が順当であろう。スケーマ、フィグーラのいずれも、
三段論法の「格」を意味し、それは「媒介」そのものではなく、むしろ〈主語 S〉
と〈述語 P〉、および〈媒概念 M〉の「配列」のことである。

　こうして、概念における媒介たる図式は、例えば芸術（作品）における「形相」
の多様な「像」を集約する「枠」、いうならば「位相的転移」として機能する。以
下は或る音楽論からの引用である。

　　　「……ひとつのパースペクティヴ〔展望〕の中で像は傾斜を重ねながらその
　　　展望全体を像と化してゆく。像のためのこの展望の枠を決定するのは形相で
　　　ある。形相の位相的転移は姿態としてのフィグーラである。……いづれのフ
　　　ィグーラに於いても、形相の示す……パースペクティヴに変はりはない。そ
　　　こから、その規定されたパースペクティヴに於いて、像は自己を豊かにして
　　　ゆく」（今道 1982: 30）。

　すると、図式とはその漢字の意味である「図」すなわち「表象 Vorstellung/image」
（造形的、音響的ともに）と関わるだけでなく、概念的なものにまで及ぶというこ
とになる。それがカント図式論が、「悟性 Verstand/intellect（知性とも）」の可
能性と限界とを追究した「超越論的分析論」の中核をなしている理由でもある。

　なお、Quantum は当然のごとくカント哲学においては「量」であるが、物理学
用語の「量子」の英語表記ではラテン語由来の quantum が用いられる（ドイツ語
では Quant であり、「量」と区別される。英語の「量」はよく用いられる quantity
である）。これは、物質の性質である粒子性と状態の性質である波動性とを併せ持
つ特殊な存在を、普通の物質と区別して特に「量子」と呼んだわけである。

2B　カント図式論の本質

　カントのこうした一連の「図式 Schema」をめぐる「図式論（Schematismus 図
式機能)」は分析論における判断論に置かれている。これら、論理学についてやや
詳しく述べる。

　カント超越論的論理学における「判断論」に相当する、第二篇「原則の分析論」
は、カント自身によって「判断の超越論的理説」と名づけられ（A136/B175）、
「純粋悟性の図式論について」は三つの章の第一に当たる。

　伝統的論理学では、概念論、判断論、推理論の三部構成が採られる。カント『純粋理性批判』の「超越論的論理学」もこれに倣い、前半「超越論的分析論」における「概念（の分析論）」、「原則（の分析論）」（判断論）、そして後半「超越論的弁証論」すなわち理性推論の批判的検討（推理論）、という構成がなされた。

　カント自身が同書を著す最大の動機と考えていたのはいうまでもなく理性批判である弁証論であるが、それに先立つ執筆過程での必然性によって、彼自身が認めているように（A 版序文「我々が悟性と名づけている能力を究明し、また同時にこの能力の使用の諸規則と諸限界とを規定するために」、「純粋悟性概念の演繹という標題のもとでこころみたものより、いっそう重要と思われる研究をも知らない。しかもこの考察は、最も多くの、だが、願わくば、報われなくはない労苦を私に払わせた」。A, XVI）、強い使命感に駆られ最も苦心して論述したのが、概念論中の「カテゴリー［純粋悟性概念］の演繹」であった。

　それでは、その両者の中間に置かれた判断の理説、原則の分析論はいかなる意義を有しているのか。ここではそれに対する自他の高い評価を幾つか紹介することでその詳説に代えよう。

　原則の分析論は超越論的判断力を主題としており、そこで解明されるこの「超越論的判断力」によって初めてカントは、経験とその対象の可能性についての検証を、具体的に展開できる場を獲得する。

　この「経験とその対象の可能性についての検証」について、19 世紀から 20 世紀にかけての何人かの重要なカント研究者、例えば本書でも既に論じた H・コーヘン（Hermann Cohen 1842-1918）や、ペイトン（Herbert James Paton 1887-1969）らは、『純粋理性批判』を「経験の形而上学」を論じた書と見なしていた。

　この「原則の分析論」の重要性は、原著者を含め、後代の多くの哲学者・研究者が広く認めてきた。「経験の形而上学 Metaphysik der Erfahrung」（そもそもこれ自体が重大な逆説を含んだ難題である）たる同書において、経験の可能性を把握するうえでの、超越論的判断力と「図式」との関係を論じたのがこの考察である。

　まず、カント自身が晩年の『レフレクシオーン』（遺稿）において、これを（カテゴリーの超越論的演繹論とともに）「最も重要な章である」(*Reflexionen*, in: AA, Bd. XVIII, p. 686) と評している。次いで例えば、ヘーゲルも『哲学史講義』で、図式論と超越論的構想力の結合を「カント哲学の最も美しい側面の一つである」

(*Vorlesung für die Geschichte der Philosophie*, 3. Teil, 2. Abschnitt, 2. Kapitel, in: TW, Bd. XX)とし、またハイデガーも、もちろんその解釈にそれぞれの違いはあるものの、この「純粋悟性の図式論」をきわめて重視している(cf. *Kant und das Problem der Metaphysik*)という点では一致している。

　それでは、この図式論では何が説かれているのか。これに先立つ演繹論では、現象に対する純粋悟性概念の客観的妥当性が証明された。次は、図式論によって、純粋悟性概念の適用可能性が問われることとなる。これは感性／直観と、悟性／思惟とを、異質な二つの働きとみなすことによって生じた、カント二元論哲学に固有のアポリアと関わっている。

　カントによれば、客観的認識が成立するためには、たんなる思惟一般の形式としての純粋悟性概念が、感性的直観の対象としての現象へと、適用されねばならない。そのために必要なのが、両者を媒介することができる第三者の存在なのである。純粋悟性概念は思惟の形式として普遍的であるが、それに対して現象はそのつど特殊的である。したがって、異質な両者を媒介し、特殊を普遍のもとへと包摂するために両者に共通する性格を有する、こうした第三者が必要なのである。

　さらにそれは、経験的概念および数学的概念を媒介するのではなく、純粋悟性概念の媒介をなすため、たんなる「図式」ではなく、「超越論的」図式 das ‘transzendentale’ Schema でなければならない(A138/B177)。

　そしてそれは、超越論的論理学に先立って、超越論的感性論で既に論じられた、純粋直観としての時間のうちに見出される。なぜなら時間は、純粋であるかぎり、概念と同種的であり、また、感性的であるかぎり、現象と同種だからである。したがって超越論的図式は、正確には、「超越論的時間規定」(transzendentale Zeitbestimmung)と呼ばれるべきものということとなる（A139/B178）。

　この超越論的図式そのものは、感性と悟性とをいわば橋渡しする役割を担う「超越論的構想力」の産物である。しかし、その図式による「図式論」ないし「図式機能」は、（純粋）悟性の手続きである（このようにカントは、構想力より悟性を重視する思想の持ち主である）。その手続きは例えば『判断力批判』第 59 節では、二種の「感性化」としての「描出」［例証］に区分される。すなわち第一に「図式的 schematisch」描出、第二に「象徴的 symbolisch」描出である。前者では、悟性が捉える概念に、これに対応する直観がア・プリオリに与えられる。それに対して

後者では、理性のみが思惟するだけで、いかなる感性的直観をもそれに適合することができぬ概念の根底にある直観が置かれるだけである。

　このように、純粋悟性の図式論は、純粋悟性概念へと対応し（、それへと）適応されるべき対象を、「描出」ないし叙述する手続きを意味する。とはいえ、「描出」されるべき概念は（先述したように経験的概念でも数学的概念でもなく、）純粋悟性概念である。そのためこの描出は、経験的直観による実例の提示や、純粋直観による対象の構成をおこなうことではない。純粋悟性概念が適用され得る感性的制約、これがすなわち「超越論的図式」なのであり、それを提示することが必要なのである。こうした概念の「描出」こそが、「純粋悟性の図式論」のなすべき課題である。

　では、図式論を含む「原則の分析論」が、「判断力の超越論的理説」と呼ばれるのはなぜか。それは、カントがこの図式論を、もっぱら独自の総合問題として捉えたのではなく、伝統的な形式論理学の「包摂」の論理と重ね合わせて把握していたのであろう、と推測されることから理解できる。すなわち、カントにおいて図式の問題は、伝統的な形式論理学における「判断力」理解にいまだに影響を受け、また制限されてもいたことがうかがえるのである。

　判断力とは、カントの定義によれば、「規則のもとに包摂する能力、すなわち、はたして或るものが或る与えられた規則に従うもの（与えられた規則の事例(casus datae legis)）であるかどうかを区別する能力」(A132/B171)である。カントは後年の『判断力批判』では判断力を主題としてより詳細に説明しており、この『純粋理性批判』での判断力は、『判断力批判』での「規定的判断力」の定義(cf. *Kritik der Urteilskraft*, Einleitung)に相当する[*3]。

　以上のように、判断力とは、「普遍」としての純粋悟性概念を、「特殊」としての現象へと適用するための、「包摂」の能力とみなされており、それによって異質な二つの能力である悟性と感性とを媒介することができる、とカントは考えている。

　こうした、規定的判断力としての超越論的判断力は、「純粋悟性概念のなかに与えられる規則（あるいは、むしろ規則のための普遍的制約）のほかに、その規則が適用されるべき事例を同時にア・プリオリに指示することができる」(A135/B174)という機能をも有する。その機能こそが、超越論的判断力によって、カテゴリーの現象への適用を、「描出」ないし「叙述」することであり、これが「純粋悟性の図式論」の任務なのである。また超越論的図式は、多様な現象をカテゴリー［純粋悟

性概念］に従って総合的に統一する、ア・プリオリな規則を含むかぎりでこのような包摂を可能にし、こうして客観的認識が成立可能となるのである[*4]。

むすび

　最後に、哲学的な図式が科学においていかに重要な働きをなすか、再び立花の見解を援用しつつまとめたい（cf. 立花 2000: 294）。

　基本的に、人間の脳は或る事実（感覚所与）を解釈しようとする時、それを何らかの図式に従っておこなおうとする。こうした図式は、我々の成長過程で学習と経験によって蓄積されていく。新しい情報に会うたびに既存の図式によって解釈を試みるが、それに成功しなければ、旧来の図式を改変するか、別の図式を探求するかしかない。手持ちの図式そのものが乏しかったり、眼前の事実に図式を適合させるための改変能力が劣っていたりすれば、事実を正しく解釈できない。

　マッハの場合は、図式は豊富に持ち合わせていたのではなかろうかと思われるが、むしろアインシュタインの相対論を受容する柔軟性が不足していたことになる。先にも引いたように、立花は「哲学的偏見というやつは一番のやっかいもので、頭の中身を硬直化させる最大元凶」（立花 2000: 294)であると断じている。

　だがそれを理由に、アインシュタインに批難されたマッハを批難したり、また量子力学者に批難されたアインシュタインを批難したりを繰返すのは、あまり実のあることではなかろう。

　むしろ、こうした図式の改変不能性について考えるべきではないか。トマス・クーンの著名なパラダイム論を用いて、かつての物理学史を振り返ってみれば、マックス・プランクやアインシュタイン、ボーア、シュレーディンガー，ド・ブロイ、ハイゼンベルク、パウリ、ディラック等々、幾つかの画期的な発見が認められる。このなかで、古典物理学と現代物理学とを線引きするのは、ボーア以降、主にコペンハーゲン学派によって、我々の通常の認識に大きな違和感を覚えさせる解釈がなされるようになった、つまり量子力学の成立である。

　しかし量子力学は定説として承認され、無数の実験結果、検証によって大きな綻びの無いことが確認されている。

　だが今後、科学において、科学に対する技術の進歩を超越した「理性」の真の限

界というべきもの、そういうものに我々が直面することが起こり得るのか、あるいは、たんにそれも原理的・方法的な制約にすぎず、さらに技術が進歩することで乗り越えられ、それによって、また新たなパラダイム転換が惹き起こされる類のものなのか。

　科学が不可逆的に進歩し続けるという素朴な幻想を未だ抱いている者は少ないだろう。2013 年のヒッグス粒子の発見や 2016 年の重力波の観測など、現代物理学は実際に進歩し続けている。だが先に引いた戸塚の示唆に見られるように、アインシュタインの名誉が回復されるような、21 世紀のパラダイム転換、もしそのようなものが起こるとしたら、むしろそれはアインシュタインが当初考えていた（量子力学の否定，および確実性の勝利）とは異なるかたちでの新たな真理の顕現——彼が 1917 年に自身の重力場方程式に書き加えた、いわゆる「宇宙項λ*5」のように——となるのではなかろうか。

　カント『純粋理性批判』の二つの主要な論点、「図式」と「第二アンチノミー」に関連して、マッハからアインシュタインへ、そしてアインシュタインから量子力学へ、という物理学の革命について若干の考察を施してみた。哲学が哲学者の論じたものとしても、また、科学者によって解釈されたものとしても、十分に検討に値することが幾何か示されたことと思う。

【注】

*1 きわめて微細な探針を試料に近づけ、そのときに働く引力や斥力を利用して試料表面の像を得る（最大で数百万倍の高解像力、対象によっては原子レベルの像）。

*2 後退する波に対してドップラー効果によって生ずる、スペクトル線の長波長への偏移。宇宙が膨張していることの動かぬ証拠となった。

*3 『判断力批判』「序論」では、判断力は「規定的判断力」と「反省的判断力」とに二分されており、この区分はこの『判断力批判』で初めて登場する。ただし、この区分そのものは、内容的にみても、既に『純粋理性批判』さらには『実践理性批判』のうちにも見出せる。だからここで注意すべきは、第一に、先に引用した判断力の定義(A132/B171)は、この『純粋理性批判』において、判断力を悟性とは異質の独立の能力としての規定した最初の箇所であることであり、また第二に、カントは続く（超越論的）弁証論では、反省的判断力の機能を理性の統制的な働きに帰しており、理性と反省的判断力とがまだ明確に区別

されていない、ということである。

　　したがって、第一・第二批判では、理性と規定的判断力および反省的判断力との区別と連関が、いまだ十分明確にされていない。この事実は、「カントの判断力論の把握にとって看過しがたい制約をなしている」（牧野 1996: 180 注 4 ）。

[*4] ただしこうしたカントの学説は、『純粋理性批判』の純粋悟性概念の超越論的演繹論と、純粋悟性の図式論との関係性をめぐって、研究者を理解困難へと導きかねない。賛否も様々で、例えばウォーノックやプリチャードやヘンリヒらは「図式論不要説」および「演繹論重視説」に、一方、ハイデガーやペイトンやロッカらは「図式論重視説」ともいうべき見解に立つ、とされる（cf. 牧野 1996: 180 注 5）。

[*5] 「宇宙定数」とも。当初アインシュタインは自身が主張していた静的な定常宇宙を維持するため、ひじょうに大きい距離において斥力を作り、重力における引力と釣り合わせる項を追加した。現代ではむしろ、宇宙の膨張加速を解明する要因の一つと解釈されることもある。

第 10 章

量子力学と哲学
—— ハイゼンベルク、プラトン、カント ——

はじめに　不可知という限界

　科学の歴史、特に 20 世紀の物理学史は、既成の概念、もはや「標準模型 model」［標準理論］と思われたものさえもが、絶えず新しい実験が挙行されて導き出された予想外の結果によって覆される、という驚きの連続であった。

　そのことを、ノーベル物理学賞を受賞した或る著名な実験物理者*はこう述べている。「あと少しで自然とこの世界についてすべてを理解できそうだと思うたびに、どこからかハムレットがひょっこりと現れて、この世界にはもっとたくさんのことがあるのだよ、と教えてくれる」（レーダーマン 2016：184-185）。

* レオン・レーダーマン(Leon Max Lederman 1922-2018)は米フェルミ研究所元所長。加速器実験での μ ニュートリノの発見による、レプトンの二重構造の実証で、1988 年にノーベル物理学賞を受賞した。

　この言葉は、『ハムレット』で主人公がその友ホレイショーに語った「この世界には、我々が自らの哲学で夢見るよりも多くのことがある」に因んだものである。しかしいったい、「哲学で夢見る」こととは何であろうか。

　その意味はここでは明らかにされていないが、『ハムレット』といえば、読者は次のことはよく知っている。この場面でのハムレットは、既に謀殺された父の霊に会い、真相を告げられていたのである。だから、彼の言うことが俄かにはホレイショーに信じ難いのも無理からぬことであって、それゆえ主人公は、暴かれるべき真理に対峙して孤独に歩み続けねばならなかったし、終には悲劇的な結末へと通ずるほか無かった。

　その意味で、狂気を疑われたどころか、敢えて狂人を装いつつ復讐を遂げたハム

レットが、終幕で「あとは寂滅 The Rest is Silence」とだけ告げて死んでいったの
と、哲学の祖ソクラテスとが重なって見えるのである。人間精神の洞窟から抜け出
て外のイデアの世界を見たソクラテスが、敵対者の策略のために、伝統の神を冒瀆
したとの咎によって遂には死刑判決を受け、『弁明』と『クリトン』に語り継がれ
るその誇らしき自説を述べて従容として自死した、ということ。両者はこの言葉ど
おり、哲学で夢見るよりも「多くのこと」の前に崩れて落ちていった共通の姿をし
ているのが、ありありと看て取れる。

　ハムレットを一人の哲学者として捉え、哲学と悲劇との本質的な類比について論
じたのはカール・ヤスパース(Karl Jaspers 1883-1969)である(cf. Jaspers 1947；伊野
2010（学位論文））。そしてそのヤスパースが、同時代でありながら思想的にも人
格的にもほとんど接点を持たなかったであろうもう一人の大哲学者ヴィトゲンシ
ュタインの若き日の代表作『論理哲学論考』の結びの一節について、深い感慨の念
を抱いていたことを、死に至るまでの晩年の数年間を秘書として仕えたハンス・ザ
ーナーがその伝記(cf. Saner 1970)に記している。ヴィトゲンシュタインのその有名
な文句とは、「語り得ぬことについては、沈黙せねばならない Wovon man nicht
sprechen kann, daruber muss man schweigen」(Wittgenstein 1921: Abschnitt 7)で
ある。ヤスパースはヴィトゲンシュタインのこの言葉に、ハムレット臨終の言葉を
関連づけて考えているのである。

　自然科学者が期待している哲学者の言葉は、しかしこのように限界があるものな
のだろうか。無限とも思われる進歩を遂げ続ける（2010 年代に入っても、ヒッグ
ス粒子の発見や重力波の測定など、世紀的な業績が続々と現れている）物理学にお
いても、常に科学者は限界を意識し、その打破に全力で取り組んでいる。

　哲学においても我々は、カント批判哲学に代表されるように、人間の認識能力の
可能性と限界とを絶えず見極めようと孜々として努めてきた。したがって、哲学の
側から現代物理学の成果を踏まえ、自己検証をする必要が当然あるだろう。

　以下、本論では、量子力学の樹立者の一人であるヴェルナー・ハイゼンベルク
(Werner Heisenberg 1901-1976)の対話篇的著作から、プラトンおよびカントの哲
学についてのきわめて実りある議論を採りあげ、その内容について精査してみる。

第 1 節　量子力学者と哲学者の討論

1A　『部分と全体』

　相対性理論はアインシュタイン(A. Einstein 1879-1955)が独力で築いたとされるが、実際にはその偉業に、本書前章で詳述したエルンスト・マッハ(Ernst Mach 1838-1916)らが大きく影響し、また、アンリ・ポアンカレ(Jure-Henri Poincare 1854-1912)が類似した説を確立していたことなどが指摘されている。

　一方で量子力学は、マックス・プランク(Max Karl Ernst Ludwig Planck 1958-1947)やアインシュタインら先人の貢献の上に、ニールス・ボーア(Niels Henrik David Bohr 1885-1962)やハイゼンベルク、ヴォルフガンク・パウリ(Wolfgang Ernst Pauli 1900-1958)、ポール・ディラック(Paul Adrian Maurice Durac 1902-1984)らコペンハーゲン学派の面々、また他の角度からもエルヴィン・シュレーディンガー(Erwin Rudolf Josef Alexander Schrodinger 1887-1961)やルイ・ド・ブロイ(Louis-Victor Pierre Raymond, 7e duc de Broglie 1892-1987)など、多くの天才の手によって確立されたといわれる。

　そしてボーア、ハイゼンベルク、パウリ、そしてシュレーディンガーなど、哲学や宗教に強い関心を抱いていたというのも興味深い特徴である。それぞれの哲学観・宗教観を見るだけでも、十分に価値のある考察へとつながると思われる。

　特にハイゼンベルクは哲学に造詣が深いことで知られる。晩年の著書『部分と全体 *Der Teil und das Ganze*』（1969 年。以下、「ハイゼンベルク 1974」と表記。なお、本章中に引用した同書の注はすべて山崎和夫による訳注）は、彼曰く「プラトンの対話篇のようなものを書くことを意図した」ものである。それだけでなく、彼はギリシャの哲学を好み、とりわけプラトンには強い思慕の念を抱き、「自らの現代のプラトンたらんと念じ」ていたようであった、と同書の邦訳者で弟子の山崎は回想している（cf. ハイゼンベルク 1974：398）。

　ハイゼンベルクが「プラトンの対話篇のようなもの」といったのは、さらに詳しくはどういう意味であるか。それはやはり彼自身に言によれば、「科学と哲学、そしてさらに深く物事の本質を人々に考えさせる」（ハイゼンベルク 1974：398）ものである。残念ながら、この言葉においても「哲学」の意味は曖昧なまま、半ば自明なものとされている。

　しかし「さらに深く物事の本質」を考えさせるというのは決定的に重要である。科学自身、哲学自身、さらに（科学、哲学、そして両者より）深い物事の本質を考える営為、実はそれこそが哲学の本義に他ならない。つまり哲学は常に自己をより深く究明せんとする営みなのである（こうした〈自己言及的〉な定義こそ、ほぼすべての誠実な哲学者や、このハイゼンベルクのような哲学的思索に耽った一流の自然科学者に共通な、最も肝腎なことについて慎重に、かつ〈それは（敢えて説明はせぬが）自明である〉という態度の原因の一つである）。

　自然科学における、そうした哲学的な態度とは、例えば或る現象についての理論を構築しつつも、絶えず不可知的なものを想定しながら論を深めていくことにつながる。それは例えば、カント批判哲学において、絶えず「物自体」という限界概念が論の深まりを導いているがごとく、である。

　したがって、こうした哲学的態度を採る優れた自然科学者の一人として、ハイゼンベルクがプラトンに敬意を抱き、カントについて盛んに論じているのはまったく合点がいくことである。『部分と全体』では、比較的若い時代におけるカント論と、それから三十年を経た晩年のプラトン論とが、ただしいずれも討論を通じて（あたかも「対話篇」を髣髴させるように）叙述されている。

1B　プラトンをめぐる議論

　それでは同書からプラトンとカントとについて、哲学史の順とは無関係に、また、討論の成立順とは敢えて逆に、プラトンから採りあげる。理由は、1930 年頃交わされたカントに関する議論の方が、1960 年代のプラトンのもの（遺憾ながら議論は十分な結論を見ずに終わる）よりも哲学的に重要であると思われるからである。

　まずプラトンについて、これはカントのおよそ三十年以上後、『部分と全体』「XX 素粒子とプラトン哲学——一九六一・一九六五年」で紹介されている議論である。

　登場人物は、ハイゼンベルク、カール・フリードリッヒ・フォン・ヴァイツゼッカー、ハンス・ペーター・デュルの三人である。

　次節で採りあげるカント論争の時とは異なり、かつては二十歳そこそこだったフォン・ヴァイツゼッカーも、ここではもはや大御所*となっている。

*Carl Friedrich Freiherr von Weizsacker 1912-2007. 「ヴィツェッカー」とも。ドイツの名門一家出身の物理学者／哲学者（父は外務次官、弟は大統領）。当時ハンブルク大学の哲学

教授。1957 年の有名なゲッティンゲン宣言の中心となり、物理学上の業績としては、原子核の性質、ウィリアムス／ヴァイツゼッカーの近似、また、星の中における核反応の研究は米のノーベル物理学賞（1967 年）受賞者ハンス・ベーテ（1907-2006）に匹敵する研究（ベーテ／ヴァイツゼッカーの公式）をおこなっている（cf. ハイゼンベルク 1974: 200 注 1）。彼は毎年の大学冬学期が始まる 11 月の前、9・10 月頃を旧師ハイゼンベルクをミュンヘン（第二次大戦後、ハイゼンベルクらがゲッティンゲンに設立したマックス・プランク物理学および天体物理学研究所は、1958 年秋に移転）に訪れるのが慣例となっていた(cf. ハイゼンベルク 1974：395 訳注 1)。

　その彼と、当時まだ二十代前半の若き物理学者デュル(Hans Peter Durr 1928-2014. なお、同名の人類学者は別人)との、「統一場の理論*」をめぐって交わされた議論である。

* 統一場の理論……「私はゲッティンゲン（著者注：ハイゼンベルクが所長を務めていたマックス・プランク研究所）において、内部相互作用をもった物質場を記述し、できることならば、すべての自然界に観測されている対称性（著者注：後述注参照）を、まとまった形の中に表現するような一つの場の方程式を見出すことに自分の努力を集中した」（ハイゼンベルク 1974：372）。1957/58 年頃、ハイゼンベルクがミュンヘン大学でゾンマーフェルト（Arnold Johannes Sommerfeld 1868-1951）に師事していた頃からの親友にしてコペンハーゲン学派の盟友でもあったパウリ（アインシュタインの推薦により「パウリの排他律」および「パウリの原理」で 1945 年ノーベル物理学賞受賞）が 1930 年に予言したニュートリノに関して、中国出身の米の物理学者リー・チェンダオ（李政道 Lee Tsung-Dao 1926- ）とヤン・チェンニン（楊振寧 Yang Chen-Ning 1922- ）——2023 年時点でいずれも存命中——が「それまでほとんど自然法則の自明の構成要素とみなされていた右と左との対称性が、弱い——すなわち放射性の現象を支配している——相互作用（著者注：弱い力）では乱されているに違いないという考えに到達」した（二人は 1957 年にノーベル物理学賞を受賞）。いわゆる「パリティの破れ」であり、これは女流科学者ウー・チェンシュン（呉武雄 Wu Chien-Shiung 1912-1997）によって実験で確かめられた。ハイゼンベルクとパウリは統一場の理論についての議論に「熱狂的」（ハイゼンベルク 1974：373）となったが、惜しいことに、パウリはこの 1958 年 12 月に肝臓癌で急逝した。生涯の目標を共有した友の急死に、さすがのハイゼンベルク（ナチス時代やその後の抑留といった苦境にも耐えた）もこの時ばか

りはひどく意気消沈していたという（cf. ハイゼンベルク 1974：379 訳注 10）。

　宇宙の始原が問題となったことから、当然ながら事は哲学的な問題へと発展していく。

　まず対称性＊に関して、ハイゼンベルクがおよそ次のように述べる。「唯一的なこの最初の決定」が「ただ一度、そして永久に」、「対称性を確定する」＊。だから、いわば「はじめに対称性ありき」であり、それはデモクリトスのような考え方「はじめに粒子ありき」よりは正しい(cf. Heisenberg 1969: 280；ハイゼンベルク 1974: 384. なお、ここで一人目の哲学者が登場したわけである)。

＊　「対称性」は物理学が宇宙の始原を論ずる際の重要なキーワードである。「宇宙は対称性に支配されている」、「まず素粒子の構造、そしてそれら素粒子を結びつけている４つの力（著者注：重力、電磁気力、強い力、弱い力）の働きも対称的」(cf. 立花 2009：18-19)。

　　しかし、先述した「パリティの破れ」は、コバルトのβ崩壊が等方的ではなく、左に偏っていることを示した。また、南部陽一郎（1921-2015）は自発的対称性の破れ（2008年ノーベル物理学賞受賞）を提唱、さらに益川敏英（1940-　）と小林誠（1944-　）が、いわゆる「小林／益川理論」すなわち「CP 対称性の破れ」、標準理論の三世代を予言し、それが 2001 年つくばの KEK-B 実験によって立証された（南部と共に 2008 年にノーベル物理学賞を受賞）。

　　こうしたニュートリノなどの現象、すなわち素粒子の世界の出来事が、宇宙の始原を解明する鍵となる。なぜなら、宇宙創成がたんにマクロなだけでなく、ミクロな思考により解明されることが 20 世紀半ば以降次々と明らかとなったからである。それは、膨張宇宙論やビッグバン理論、さらにもっと後代（1980 年代以降）のインフレーション理論などからもうかがえる。

・対称性についてより詳しくは、例えば立花 2000：295-299 および 301-322 を参照。

・インフレーション理論……宇宙創成直後の 10^-36〜10^-34（10 のマイナス 34〜36 乗）秒後、ビッグバン前に（著者注：ここを大きく誤解している者が多いが、インフレーション→ビッグバンの順である）ミクロな宇宙が指数関数的に急膨張し、その後、相転移によって爆発（＝ビッグバン）が発生した、という推測である。1981 年にまず佐藤勝彦(1945-　)が、続いて同年に彼とは独立して米のアラン・グース(Alan Harvey Guth 1947-　)らが同種の説を提唱した。「インフレーション」という経済用語を借用するアイディアはグース

の着想である。

したがって、ハイゼンベルクはここで「決定」が「対称性」を「確定する」と言っているが、その言葉どおりに〈決定→対称性〉という先後関係（すなわち因果関係）が既に存在しているのではなく、むしろ両者は同一（つまり決定≒対称性）と考えるべきである。

そして「決定」とは、誰かその主体（それを〈神〉と呼ぶ者も多くいる）の存在、さらにはその意思の有無が問われることとなる。だが、量子力学における基本的な考え方では、これらはすべて確率的（例えば probability は〈確率〉と邦訳されるが、むしろ〈蓋然性〉の方がより適切ではないか）であるとする。いうまでもなく、アインシュタインが噛みついた、「神は賽子を振り給わず」である。

しかし注目すべきは、このことに関してハイゼンベルクが、「宇宙の発展においては、後に偶然が働くようになる」が、その「偶然さえも」この「最初に決定された形式に合って」おり、さらに「それは量子論の頻度の法則を満足させるものである」（cf. Heisenberg 1969: 280；ハイゼンベルク 1974: 384-385）、とみなしていることである。すなわち、宇宙はまったくの蓋然性に委ねられておるのではなく、量子論の法則に適った支配がなされている。これが、宇宙創成このかた、現在を通じて、さらに未来永劫に及ぶ、万物の一切に関するハイゼンベルクの解釈なのである。

そして当然ながら、我々の惑星地球上の生命史においても「唯一的な決定」がなされた。すなわち「核酸が、生物の構造についての陳述に対する情報の倉庫としてふさわしいものであることが証明された」（cf. Heisenberg 1969: 281；ハイゼンベルク 1974: 385）。ハイゼンベルクはゲーテを例挙し、「全植物学を原始植物 Urpflanze から導き出そうとしたゲーテの自然科学を無視することはできない」と述べている（二人目の哲学者としてゲーテの名が現れる*）。原始植物は一つの物であるが、同時に、それから全植物が作られる「基本構造」をも意味していた。同様に核酸も一方において一つの物であるとともに、他方においては全生物学に対する基本構造を表している。それがゲーテの意味における原始生物だというのである。

* ゲーテ批判でも有名なヤスパースのゲーテ賞受賞講演をもとにした著作『我々の将来とゲーテ Unsere Zukunft und Goethe』（1948）と同様に、ハイゼンベルクも祖国の偉大な思想家ゲーテを（旧い「人文主義者」という呼称も相応しかろうが）「哲学者」と目していた

に違いない。なぜなら、ゲーテは本来は自然科学者とみなすべき人物でもあるからである。自然科学者ゲーテの重要性については今さら特筆するまでもないが、ここではあえて青木の「ゲーテは、「自分は科学者としての仕事にくらべれば、文学上の仕事などは取るに足りない」という、今日の目からすれば驚くような——そしてそれゆえに、どこか痛ましい——発言をするまでに、科学者しての仕事に自負をもっていた」という指摘を引いておく（cf. 青木 2013：54）。

そしていよいよプラトンが登場する（三人目の、最も重要な哲学者である）。これまでの議論から、人は自ずとプラトン哲学の核心へ入り込んでいる、とハイゼンベルクはいう。「素粒子はプラトンの『ティマイオス』における正多角形と較べることができる」。それは「原始描像」であり「物質の理念」なのである。「あらゆる創造物の発展」においても「後から偶然が重要な役割を果たすとしても」、その偶然もまた「なんらかの方法で中心的秩序に結びついている」点では、宇宙創成と同じなのである（cf. Heisenberg 1969: 281；ハイゼンベルク 1974: 385-386）。

　ただしこの「なんらかの方法」についてはフォン・ヴァイツゼッカーが「もっと正確に説明」して欲しいと要請し、「偶然はまったく無意味」なのか、それとも「個々の結果に一つの意味を与えることができるような、全体のなんらかの結びつきもなお可能である」のか、と食い下がっている（cf. Heisenberg 1969: 281；ハイゼンベルク 1974: 386）。

　さらにデュルも、「量子力学の頻度の法則からのいかなるずれも、なぜ現象がそれ以外では量子力学の枠内におさまっているかということの理解をむずかしくする」、だから「そのようなずれは」「どうしても不可能であると考えるべきだ」とし、「その本質から、唯一的なもので、したがって偶然性の問題ではないような結果か、あるいは決定」かを問い質している（cf. Heisenberg 1969: 281； ハイゼンベルク 1974: 386）。

　まさにここにこそ、ハイゼンベルクが考える宇宙創成の仕組みが説かれねばならないところである。しかし残念ながら、この場の三人の議論では曖昧なままで終わっている。この後の幾つかの議論においても、その答えはおろか、プラトンに関するさらなる見解もまた、登場することは無かった。

第 2 節　カントをめぐる議論

2A　物理学者と哲学者の討論

　続いて、同じ『部分と全体』の「X　量子力学とカント哲学——一九三〇・一九三二年」(Heisenberg 1969: 141-149；ハイゼンベルク 1974: 188-200) である。ハイゼンベルクおよび彼の下で当時 1932 年に学位を取得したフォン・ヴァイツゼッカーと、彼らに対して女流哲学者グレーテ・ヘルマン*とが、当時ハイゼンベルクが大学教授を務めていたライプツィヒで交わした討論の様子が収められている。そしてハイゼンベルクとフォン・ヴァイツゼッカーの見解にはボーアの思想が背後にある。

* この「ゲッティンゲンの哲学者ネルソンを中心とする学派」で学んだ「若い女哲学者」(cf. ハイゼンベルク 1974：189) は Grete Hermann（1901-1984）である。彼女は数理物理学者でもあり、1926 年にゲッティンゲン大学にて女性ゆえに不遇の研究者人生を強いられた、かの天才学者エミー・ネーター（Amalie Emmy Noether 1882-1935. 数理物理学者。「ネーターの定理」で後の「場の量子論」に大きな影響を与えた）の下で学位を取得しており、初期には量子力学の哲学的基礎づけに関する著作がある。なお「ネルソン」は Leonard Nelson 1882-1927 で新カント学派（新フリース学派）に属する哲学者、数学者。フリース（Jacob Friedrich Fries 1773-1843）はドイツ観念論・新カント派の哲学者）。

　カントと物理学とが共有する問題は時空論（超越論的感性論）、アンチノミー（時空の無限／有限、究極の粒子の有無、因果律など）等数多いが、ここでは因果律をめぐって、カント主義から量子力学が批判される。

　ヘルマンは以下のように討議を始める。因果律は経験によって基礎づけられたり、反証を挙げることができたりするような経験的な主張ではなく、逆にすべての経験に対する前提である。これこそがまさにカントが「ア・プリオリ（超越論的）a priori」と呼んだ思考範疇である。カントの批判哲学によると、我々に世界を把握させる感覚的印象は、それ以前の現象から、超越的な法則に従って、一つの印象へと作り上げられる。この法則は、原因と結果との一義的な結びつきであり、人が知覚を客体化しようとする、また、一つの物体あるいは一つの現象を経験したと主張するならば、既に前提とせねばならぬ法則である(cf. Heisenberg 1969: 142；ハイゼンベ

ルク 1974: 189-190)。

　他方、自然科学では、まさに客観的な［客体化された objektivierend］経験を取り扱い、それは他者によっても検証され得るし、そうした厳密な prazis 意味で客観的な objektiv 経験だけが自然科学の対象 Gegenstand となり得る（cf. Heisenberg 1969: 142 ；　ハイゼンベルク 1974: 190)。

　「すべての自然科学は因果律を前提とせねばならない」、「因果律が存在するという限りで、自然科学は存在し得る」ということが必然的に結論づけられる。因果律は「我々の感覚的印象の素材を消化し、経験にまで到らしめるような思考の道具 Werkzeug」と、ヘルマンはみなしている。だから、量子力学が因果律を緩めつつ、それでいて同時に自然科学にとどまろうとするのは不可能であるはずだ、と批判を投げかける（cf. Heisenberg 1969：142；ハイゼンベルク 1974：190）。

　そこでハイゼンベルクはヘルマンに、量子力学の統計的な解釈に到達するまでの経験をまず説明した（もちろん彼女も、既にこうした歴史的経緯は学んでいたはずではあるが）。例えばラジウムＢの原子を観察すると、遅かれ早かれ（通例それは半時間足らずで起こるが、あるいは一秒後のことも、また一日経ってやっと変わることもあり得る）、また、どちらかの方向（一定ではない）に電子一個を放出して、ラジウム Ｃ の原子に転移して行く。そこにまさに、因果律の或る種の破綻が現れるのを見るわけである。一つ一つのラジウムＢ原子の場合、それが後でも先でもなく「まさにこの瞬間に崩壊する」ということ、また、それがその方向以外ではなく「まさにこの方向に電子を放出する」ということについての原因を指摘することはできず、それどころか、そうした原因が存在しないということも多くの理由から確実である、そうハイゼンベルクが説明する（cf. Heisenberg 1969: 142-143 ；ハイゼンベルク 1974: 190-191)。

　当然ながらヘルマンは、それこそが現在の原子物理学の誤りに違いないと批難する。すなわち、或る定まった結果に対し、何も原因を見つけられぬという事実から、原因そのものも存在せぬとする結論を導くことは不可能である。このことはむしろ、たんにまだ解決されていない課題が残っているのだから、原子物理学者はその真の原因を発見するまで、すなわち、先述のようなラジウムＢについての知識は明らかに不完全であり、「いつ」、「どちら」向きに電子が放出されるべきかを決められるに違いなく、完全な知識を獲得するまで、さらに探究すべきである（cf.

Heisenberg 1969: 143 ；ハイゼンベルク 1974: 191）、彼女がこう指摘するのももっ
ともであろう。

　だがもちろん、「不確定性原理」の創始者ハイゼンベルクは、ヘルマンが「不完
全」だと批難するこの知識が既に「完全である」と主張する。なぜなら、これ（ラ
ジウム B）に関する他の実験からも、既知のもの以外に別の決定要素を与え得ぬこ
とが結論されるからである。ハイゼンベルクはそれをもっと正確に説明して述べる。

　──仮に、さらなる追求の結果、決定要素が見出されたとしても、次のような困
難に陥る。放出された電子は、原子核から放射された一つの物質波としても把握す
ることができ、そのような波は干渉現象を起こす。原子核からはじめは反対向きに
放射された波の部分は、それに合わせて或る装置の中で干渉を起こさせられ、その
装置の結果として、或る決まった方向へ、波が消滅したと仮定すると、それは電子
が結局この方向へは放出されないということを確実に予言し得ることを意味する。
しかしもし我々が新しい結果要素を知り、それによって電子がともかく原子核から
或る完全に決まった方向へ放出されるということが帰結されるものとすれば、干渉
現象は絶対に起こり得ない。干渉による消滅は起こらず、そうすると今さっきに引
き出した結論はもはや維持できない。だが、事実この消滅は実験的に観測されてい
るから、ここで論争している決定要素は存在せぬこと、したがって我々の知識が既
に新しい決定要素無しで完全なものであることを、自然は我々に教えているのであ
る──（cf. Heisenberg 1969: 143-144 ；ハイゼンベルク 1974: 191-192）。

　だがこうしたハイゼンベルクの説明に、ヘルマンは（そして著者も含め多くの哲
学徒は）納得し得ない。「いつ、どちら向きに電子が放出されるかを我々は知らぬ
のだから、ラジウム B についての我々の知識は不完全なものであると言いながら、
なおそれ以外の決定要素が存在したとすれば、我々は或る種の別の実験と矛盾に陥
るから、我々の知識は完全なものである、と量子力学者は主張するが、しかし、知
識は完全であると同時に不完全である、というのはまったくナンセンスである」
（Heisenberg 1969: 144 ；ハイゼンベルク 1974: 192）。量子論者のいう「知識は完
全であると同時に不完全である」とは、いったいどういうことであるか。

2 B　物理学者のカント解釈
　これに対しては、代わってフォン・ヴァイツゼッカーが、カント哲学の前提をよ

り正確に分析［解明］しつつ反論した。

　彼によると、ヘルマンが指弾した矛盾は、一つのラジウムB原子についてあたかも「それ自体 an sich」として述べ得るかのように取り扱うことから起こって来たにすぎない。しかしそのことは自明ではなく、もともと間違ってもいる。既にカントにおいて「物自体 Dinge an sich」が確かに問題ある概念である。カントは「物自体」から何も明言できぬということを知っていた。我々にとって与えられているのは知覚の客体だけなのだが、カントは知覚のこの客体をいわば「物自体」の模型Modell に結びつけるか、あるいは整理することができると仮定した。我々が日常生活で慣れているものは、精密なかたちで古典物理学の根本を形成している。カントは経験のその部分の構造を、もともと超越論的に与えられたものだと仮定している。その見解からすれば、世界は、時間が経つとともに変化する空間内の物体と、次々に一つの規則に従って起こる現象とから成立している。しかし原子物理学では、知覚はもはや「物自体」の模型に結びつけ得ぬとか、あるいは整理され得ぬということを、我々は学んだ。ラジウムB原子「自体」という物も存在しないのである（cf. Heisenberg 1969: 144-145；ハイゼンベルク 1974: 193）。

　もちろんヘルマンは、この反論にも納得できない（やはり、多くの哲学徒もそうであろう）。

　彼女は以下のように再反論した。そのようなフォン・ヴァイツゼッカーによるカント「物自体」概念の用い方は、正確にはカント哲学の精神に即していない。物自体と物理的対象との間をはっきり区別せねばならない。カントによれば、物自体は、現象の中には間接的にもまったく入って来ない。この概念は、自然科学においても、またすべての理論哲学においても、人が絶対に知り得ぬものを表示する機能しか有していない。なぜなら、我々のすべての知識は経験を頼りとしており、そして経験とは、すべてをあるがままに知る、ということを意味するからである。超越論的な認識すらも、この認識の唯一の機能は、経験を可能にすることだから、「あるがままのもの」には通じない。したがって、もし古典物理学の意味で、ラジウムB原子「自体」について語るとき、それでもって、むしろカントが一つの対象あるいは一つの客体と呼んだものを意味している。客体は現象の世界の部分である。それは、その客体が原子（著者注：21 世紀の今日であれば素粒子となろう）のように、まったく目に見えなくとも、である。

　なぜなら我々はそれを現象から（厳密に科学的に）推論するからである。現象の世界は一つの関連のある組織であり、それは日常的な知覚においてさえ、人が直接的に見るものと、ただ推論したものとの間を厳しく区別することは、いずれにせよ可能ではない。自然科学はまさに客観的 objektiv であり、なぜならばそれは知覚についてではなく、客体 Objekt について語っているかである。何が客体であるかは、実体や因果性などのカテゴリー（カントのいう純粋知性概念）によって定められている。カテゴリーの厳密な適用を放棄すれば、それは経験ということの可能性さえも放棄することになる（cf. Heisenberg 1969: 145；ハイゼンベルク 1974: 193-195）。

　しかしフォン・ヴァイツゼッカーも譲らなかった。彼が言うには、量子力学においては、カントがまだ思いつくことができなかった、知覚を客体化するための新しいやり方が問題なのである。知覚から、経験も生ずるべきものならば、どの知覚も、あらかじめ指定されねばならぬ一つの観測状況に関わっている知覚の結果は、それが古典物理学で可能だったのと同じようには客体化することはもはやできない。今ここに一つのラジウム B 原子が存在するという結論を出せるような一つの実験がおこなわれれば、それにより獲得された知識は、この観測状況の下ではそれで完全である。しかし放出された電子を説明するような他の観測状況に対しては、［その知識は］もはや完全ではない。二つの異なった観測状況が、ボーアによって相補的 komplemetar だと名づけられたように関係づけられているときには、一つの観測状況に対する完全な知識というものは、同時に他のものに対しては不完全な知識を意味する（cf. Heisenberg 1969: 146；ハイゼンベルク 1974: 195）。

2C　言語の問題

　フォン・ヴァイツゼッカーに対し、ヘルマンは、それではカントの経験の分析を、すべて破壊しようというのか、と激昂した。彼は弁明する。そんなことは彼の見識によればまったく不可能であって、カントが、いかにして経験が実際に得られるか、ということをひじょうに正確に観察したことは確かだし、その分析は本質的には正しいと信じられる。

　しかし、カントが空間と時間という直観形式と因果性という範疇［カテゴリー］を、経験に対して「ア・プリオリ」なものとして言表した時に、それらを絶対的なものとすると同時に、それが内容的にもどんな物理理論でも同じかたちで現れねば

ならぬと主張する危険が生じた。しかし、相対論と量子論とが証明したように、そうではない。だが、にもかかわらず、或る面ではカントは完全に正しい。

　物理学者が設定した実験は、まず古典物理学の言葉で記述されねばならない。そうでなければ何が測れたかということを他の物理学者に知らせることがまったくできないからである。そしてそれによって初めて、他者がその結果を検証し得る立場に置かれる。したがってカントのいわゆる「ア・プリオリ」は、近代物理学においてもけっして克服されていない。だがしかし、それは或る意味で、相対的になった。古典物理学の概念、すなわち「空間」、「時間」、「因果律」などの概念も、それが実験の記述に用いられねばならない——あるいは、もっと注意深く言えば、実際に用いられる——という意味において相対論や量子論に対してもア・プリオリである。しかし内容的には、それらは、この二つの新しい理論においてはやっぱり変更されている（cf. Heisenberg 1969：146-147；ハイゼンベルク 1974：195-196）。

　案の定というか、ヘルマンは、今までのすべての話でも、やはりまだ彼女の出発点の質問に対する明快な答えをもらっていない、と不満を漏らす。或る現象、例えば或る電子の放出を、前もって計算するのに十分な原因を、まだ見つけておらぬ段階では、なぜさらに探究を進めてはいかぬのか、彼女はそれを知りたいと訴える。この探究を、ただたんに禁止しようとしてはおらぬものの、しかし（この探究は）それ以上の決定要素が存在し得ぬから、やっても無駄だと、なぜなら数学的に精密に定式化できる不確定性が、他の実験装置に、或る一定の予言のきっかけを与えるからで、またそのことも実験によって確認されているからだ、量子論者はそう言う。もしもこのように話を続けていくなら、不確定さというものが、或る程度の、一つの物理的実在のように見えてくるし、それは客観的な性質を帯びてくる。しかしやっぱり普通の不確定さはたんに未知として説明されている。それはその限りで何か純粋に主観的なものである（cf. Heisenberg 1969：147；ハイゼンベルク 1974：196）。こうしたヘルマンの批判は的を射たものである。

　ここで再びハイゼンベルクが討論に加わる。今、ヘルマンが述べたことは、正確に現代の量子論の特徴的な性格を捉えている。原子的な現象から法則性を推論しようとするならば、我々はもはや空間と時間との中で客観的な経過を結びつけることはできない。より注意深く表現をするなら、「観測状況」というものがあらわれる。我々が経験的な法則を保持できるのは、これに対してだけである。そうした一つの

観測状況を記述するのに使う数学的な記号が表すのは、事実よりも、むしろ可能性、あるいは、可能性と事実との中間的なものを表している。この可能性についての一定の知識は、将来の或る結果についての確率的［蓋然的］な結果を許すのみである。日常経験の領域から遥か彼方にある経験領域においては、知覚の秩序を「物自体」、あるいは「対象」、その模型によってはもはや貫徹し得ない。したがって、簡潔にまとめるならば、原子は物でも対象でもないということを、カントは予見できなかった、ということである（cf. ハイゼンベルク 1974：197）。

　「では、いったい原子とは何か？」ヘルマンが尋ねる。ハイゼンベルクは答える。——それに対しては、言葉を使っての表現を与えることはできない。なぜなら、我々の言語は日常の言語と結びついて形成されているが、原子は確かに日常経験の対象物ではないからである」。言い換えるならば、原子は「観測状況の構成要素であり、現象の物理的な分析にとって、高度の説明価値を持った構成要素」である——（cf. Heisenberg 1969：148；ハイゼンベルク 1974：197）。

　さらにフォン・ヴァイツゼッカーが言葉を繋げる。我々が、いやしくも言葉による表現の困難さについて話すというのであれば、現代物理学から引き出し得る最も重要な教えは、おそらく我々に経験を記述させるすべての概念が、或る限られた適用範囲しか有していない、ということだろう。「物」、「知覚の客体」、「時点」、「同時刻」、「広がり」等の概念の場合、これら［の概念］ではうまくいかないような実験状況を示すことができる。にもかかわらずそれは、これらがすべての経験の前提とはなり得ぬということを意味はせず、いつでも批判的に分析されるべき前提が重要であり、それらはいかなる絶対的な主張も引き出すことはできぬ、ということを示しているのである（cf. Heisenberg 1969:148；ハイゼンベルク 1974:198）。

2 D　調停・妥協の可能性

　ヘルマンは二人の説明に不満であったはずである。彼女はカント哲学の思考道具（それは例えば因果性のカテゴリーや「超越論的」や「物自体」など）をもって、原子物理学者の説を最も鋭く論破できるか、あるいは逆に、カントがどこかで決定的な思考の誤りを犯しているのか、それを見極めることができるに違いないと期待していただろう。しかし、彼女の希望した明快さには程遠い、「なんともはっきりしない引き分け」（ein farbloses Unentschieden. Heisenberg 1969：148；ハイゼン

ベルク 1974：198)に終わったように見える。

　だから彼女はさらに次のように尋ねた。カントの「ア・プリオリ」ということの相対化は、言葉そのものであり、たんに「我々は何も知り得ぬことがわかった」という意味での完全な断念を意味しているのではない、のであろうか。量子力学者の観点からすれば、その上に確立できるような認識の土台というものは存在しないのだろうか？（cf. Heisenberg 1969：148；ハイゼンベルク 1974：198)

　これに対して、フォン・ヴァイツゼッカーはひじょうに大胆に（まったく！）、自然科学の発展から、一つのいくらか楽観的な見解をとることができる、として、カントの哲学をアルキメデスの梃子の原理に類比させて説明した*。

*カントは彼の「ア・プリオリ」によって当時の自然科学の認識状況を正しく分析したが、量子力学者が今日の原子物理学において新しい認識論的状況の前に立っているというのは、かつてアルキメデスの梃子の法則が、当時の技術にとって重要な実際的規則の正しい定式化を含んではいたものの、電子技術など、今日の技術に対してはもはや十分でない、という事実に似ている。それはアルキメデスの法則が不確実なわけではなく、むしろ本当の知識というものを含んでおり、梃子についての話であれば、いかなる時代においても通用し、どこか遠くにある星の系の惑星の上に、もしも梃子が存在したならば、そこでもアルキメデスの主張は正しいに違いない。人類は己れの知識の拡張とともに、梃子の概念だけではもはや不十分であるような技術の領域に突入するといっても、梃子の法則の相対化ではなく、歴史化を意味するのでもない。梃子の法則が歴史的な発展において、技術のより包括的な体系の一部となり、それが初めに持っていた中心的な意義を、それ以後はもはや持ち得ぬことを意味しているだけである（cf. Heisenberg 1969: 148-149；ハイゼンベルク 1974: 199-200）。

　カントの認識の分析は、ただ不確定な意見を含むだけではなく、本当の知識であり、反応することができる生物が、その外界に対して、我々人間の立場から「経験」と呼ばれるような関係になった時には、（カント哲学は）どこまでも正しいままであると信じる、とフォン・ヴァイツゼッカーは述べた(cf. Heisenberg 1969: 149；ハイゼンベルク 1974: 199)。しかし、カントの「ア・プリオリ」も、後には中心的な地位から追い出され、認識過程のずっと包括的な分析の一部となろう。自然科学的な、あるいは哲学的な知識を「どの時代もその固有の真理を有する」という語句でもって緩和しようとすることは、ここでは確かに誤りである。しかし歴史的な発

展とともに、人間の思考の構造も変化するものだということは、それでも、同時に
よく気をつけておかねばならない。科学の進歩は、ただたんに、我々が新しい事実
を知り、そして理解するというだけにとどまらず、「理解する」という言葉が何を
意味するかということを、我々が繰り返し、改めて学ぶことによっても達成されて
いくのである（cf. Heisenberg 1969: 148-149； ハイゼンベルク 1974: 199-200）。

　ハイゼンベルクによると、このフォン・ヴァイツゼッカーの意見は、確かに部分
的にはボーアによるものである。ヘルマンもこれで多少は満足したようであった。
そして量子力学者二人もカント哲学の近代自然科学に対する関係をさらに正しく
理解したと感じた。彼はそう述懐している（cf. Heisenberg 1969：149；ハイゼンベ
ルク 1974: 200）。

　以上、長々と議論を引いて述べてきたが、カント「純粋理性批判」の方法論（因
果性のカテゴリーや「超越論的」や「物自体」といった、ヘルマンの言う「思考の
道具」）について、ヘルマンは専門家として、ハイゼンベルクも哲学に深い敬意を
示す量子力学者として、そして特筆すべきが、二十歳でまだ物理学の学位を取るか
取らないかといった若さのフォン・ヴァイツゼッカーが、その本質について的確に
捉えていることである。

　この討議は不発に終わったとは言わぬが、やはり「なんともはっきりしない引き
分け」を避けんがための、調停あるいは妥協によって幕引きされた。この翌年（1933
年）にはナチス政権が成立し、ハイゼンベルク自身も強く危惧していた、平和問題
が絶望的となっていく。ヘルマンとの実りある討議も、再びおこなわれることはな
かった。

むすび

　ハイゼンベルクが三十一歳という若さでノーベル物理学賞を受賞するのは 1932
年のことであり、このヘルマンとの討議はそのすぐ前になされたものと推測される。
そして彼の弟子であり新進気鋭の自然科学者（後には科学哲学者も兼ねる）フォ
ン・ヴァイツゼッカーも、やはり 1932 年に若干二十歳で学位を取得する。

　一方のヘルマンはハイゼンベルクと同じ 1901 年生まれで、現代数理物理学にも
通暁したこの女流哲学者に、二人の量子力学者は幾分圧倒されているかに映る。

　暖簾に腕押し、という諺とは無縁に、ボーア率いるコペンハーゲン学派は容赦ない論争を仲間同士においても常に展開してきた（師ボーアと初めて論じ合った際、激しく言い負かされたハイゼンベルクが思わず泣き出した、あるいは、初めてコペンハーゲンを訪れた、量子力学の確立者ではあるものの、彼らとは一線を引き、後にはあの有名な「猫」のパラドックスで痛烈な反対者となったシュレーディンガーが、到着してすぐに始まり、その後も延々と続く論議に知恵熱でも起こしたのか、一泊目に寝込んだ（にもかかわらず議論はその後の日も続いた）など、エピソードに事欠かない）。ここでも、理論と実験の結果に忠実であろうとするために、「語り得ぬもの」と格闘する姿がありありと描かれている。

　このように、量子力学における哲学の意義とは、絶えず不可知と向き合い、相対化へと問いかけることに存するのである。

第 11 章

Ａ I ／ロボットの倫理と哲学
── カント批判哲学、「美意識」「おそれ」について──

はじめに　導入、AI とロボットとの違い

　2023 年現在、「第 3 次 AI ブーム」と言われる時代が到来している。倫理学[*1]、分けても現代社会の諸問題に対応する使命を帯びた応用倫理には、主要分野として情報倫理があり、また科学・技術・工学それぞれの倫理も議論されている。これらが複合的に絡み合い、「AI 倫理」ももう四半世紀ものあいだ議論され続けてきた。

　本章はその一環で、「二人零和有限確定完全情報ゲーム」、すなわちまずはチェス、あるいは将棋や碁などの棋士／プレイヤーと AI との対戦を題材としている（とはいえ、著者はチェス、将棋、碁のいずれにも不案内で、前二者はせいぜい駒の動かし方くらいしかわからず、後者に至っては碌にルールも知らないので、その方面で見当外れなことを言う場合があるかもしれないが、あくまで専門の哲学・倫理学に即して論じていく）。

　周知のように、これら三種のゲーム／競技では既にいずれも AI に軍配が上がっており（後述のようにチェスでは 1997 年に世界チャンピオンが敗れ、碁では Google DeepMind 社が開発した AlphaGo が、まず 2015 年 10 月に現役の欧州チャンピオン樊麾（ファン・フイ。中国系フランス人）を、さらに 2016 年 3 月には当時世界最強と目されていた韓国人の王者李世乭（イ・セドル／이세돌）を、続けて破った。特に後者は AI 開発史における画期とされている）、開発側からすれば誇らしくまた商業的にも喜ばしい結果となり、そういった報道に接する一般市民といえば、先進テクノロジーの驚異に讃嘆しつつも、人類の地位がそれらに奪い取られかねないという不安も同時に抱いているようである。

　では当の棋士らはどうか。これが文字どおり「戦士」であれば、「敗北」即「死」であるから悠長なことはもちろん言ってはいられまいが、当初は AI を見くびるよ

うな者もいたし、そしていざこうした事態が到来してしまうと、AI の優越性を率
直に評価し、かえってその成果を自らに採り入れようとする姿勢すらも見られるよ
うになる（もはやトップ棋士も、こうした AI との棋譜研究のトレーニングを通し
て対局に臨んでいるのが現状だという）。

　かつてはこうであった、という（皮肉を言えば幾分微笑ましい）エピソードとし
て、1996 年版『将棋年鑑』の記事を孫引き（羽生 2017 より）する。プロ棋士へ
「コンピュータがプロ棋士を負かす日は？」というアンケートをとった。この年は、
IBM 製スーパーコンピュータ〈ディープ・ブルー Deep Blue〉が、史上最強とも
謳われたチェスの世界チャンピオン、ガリー・カスパロフとの連戦で初めて勝ち越
すという大事件の起こる前年である（余談だが、カスパロフは後に「アドバンスト・
チェス」という、AI とヒトとのペアでチーム対戦するゲームを考案した。山田に
よると（cf. 山田 2019: 130）、2019 年 7 月の時点では、AI だけよりも AI ＆ ヒト
のペアの方が強く、両者の協働社会を考えるうえでも興味深い、という）。

　そういう時代でもあったためか、アンケートの結果、多くの棋士が、そんな日は
来ない、と真っ向から否定した。実名とともにそのコメントは、米長邦雄「永遠に
なし」。加藤一二三「来ないでしょう」。村山聖「来ない」。真田圭一「百年は負
けない」。郷田真隆「いつかは来ると思う。但し、人間を越えることはできないと
思う」。

　しかしそのなかで「その日」が来るのをほぼ正確に予測していた棋士がいたとい
う。それが羽生善治である。曰く、「二〇一五年」（羽生 2017: 3-4）。

　前掲の文献（羽生 2017）はその 2015 年に、NHK スペシャル「天使か悪魔か　羽
生善治人工知能を探る」（翌 2016 年 5 月放送）の制作にともない著されたもので
ある。企画がスタートし、最初の打ち合わせで羽生は、制作統括（エグゼクティブ・
プロデューサー）に、AI に勝てるか？と訊かれた。その時は、羽生はこう答えて
いる。

　　　「今、将棋の人工知能は、陸上競技で言えば、ウサイン・ボルトくらいで
　　　す。運がよければ勝てるかもしれない。しかしあと数年もすれば、F1 カーの
　　　レベルに達するでしょう。そのとき、人間はもう人工知能と互角に勝負しよ
　　　うとは考えなくなるはずです」（羽生 2017: 4）。

同書で羽生は、AI に次々とうち負かされる棋士のなかの「最後の牙城」（羽生

2017: 4) と目されている。その彼が、もはやこうも潔くシャッポを脱いでいる。

　羽生についてはほぼ説明不要であろう。1970 年生まれ、現役棋士のなかでずば抜けた戦績（タイトル獲得合計 99 期、1996 年のタイトル 7 冠独占、通算 1434 勝（通算記録は 2022 年時点）等々はいずれも前人未到）を誇り、まさに往年の絶対的存在であった大山康晴（そして無敗のまま現在の 8 冠独占に迫りつつある藤井聡太）と並ぶ、現代最強の棋士である（ただし、一般に棋士の実力のピークは比較的若い時期に訪れ、彼もまた既に下り坂にあることは事実である。2018 年には二十七年ぶりに無冠となり、今年 2022 年には 29 期在籍していた A 級からの陥落が決まっている）。

　その彼をして、ここまで厳しく、また冷静な評価を下さしむるのが当時の AI の威力であった（そして 2022 年現在、羽生が 2015 年に言った「数年」は既に経過している）。

　本論に入る前、最初にここで述べておきたいのが、AI が既に人智を超えており、いずれ近い将来には人類を脅かす存在となるという、巷間盛んに取り沙汰されている悲観論についてである（例えばカーツワイル 2007 によれば、2045 年には「シンギュラリティ」と呼ばれる歴史的に重大な転回点が訪れ、人類と AI の地位は逆転し、職業などがみな奪われる、とされる）。これをめぐって倫理学から検討すべき論点は幾つもあるが、前もって、AI　とロボットとの　区別を明確にする必要がある。そしてこれこそまず、心身二元論など、哲学史において重要とされてきた諸見解と深く関わっていることがわかる。

　或るロボット研究者によれば、「ロボットは動く機械装置」であり、一方、人工知能［AI］は「人間の脳の働きをまねた、目に見えない情報処理の一種」である（cf. 新山 2019: 16-20, esp. 17）。

　以下に挙げる図 A は「かわいいフリー素材集　いらすとや」という我が国できわめて広く用いられている画像シリーズからの一枚であるが、画中「AI」と謳っているのは両義的である。

図A（いらすとや　より）　　　　　　　図B（FAロボット.comより）

　今まさに黒石を碁盤に打とうとしている機械が、「垂直多関節」の、文字どおり「ロボット」で、これは「5軸」（一般に産業用ロボットでは図B[*2]のような6軸機構が主流であるが、図は簡略化されている）で、碁石を「爪」で摘まんでいるのが黒い「ロボットハンド」（エンドエフェクト）、それが二つの「軸」とともに三つの白い「ロボットアーム」（マニピュレータ）によって、「AI」とペイントされた台に接続されている。すなわち「垂直多関節ロボット（シリアルリンクロボット）・5軸」となる。

　だが、「AI」と呼ばれる部分はどれなのかといえば、このロボットの外見からはわからない。台の部分に内蔵されているのか、あるいは（画中には描かれていないが）有線ないし無線でコンピュータ本体から遠隔操作されているのか、いずれにせよ、この「ロボット」はAIの指令によって碁石を碁盤に打つことに従事しており、AIそのものと見なすべきかといえば、それには「待った」がかかるであろう。

　前掲した新山の定義を振り返れば、AIとロボットとの違いは、古くはデカルトに代表される近世の心身二元論と結びつくことがわかる。AIは人類の「脳」（デカルトでいえば「精神」）の「働き」を模したものである。一方のロボットで核となるのは働きではなく「動き」であり、ロボットの「ハンド（手）」はまさしくAIが意図する働きを現実化する（やはりデカルトいうところの）「延長」なので

ある。この点からも、AI／ロボットの基本的な構想が、典型的な近代科学主義に拠るものであることがわかる。

　こうした解釈が、哲学史上の重要なかつ周知の概念への強引なこじつけでないことは、次の系譜を示すことで弁明できる。すなわち、デカルト流の心身二元論[*3]が、後代の随伴現象説（epiphenomenalism、心的現象は物的現象に随伴して生起する、との見方）によって批判的に深化し、大脳生理学の発展も相俟って、20 世紀に入ると、「心の随伴現象説こそが心身問題の唯一の解決法と見なされるに至った」（坂本 1998: 823）。さらに、1948 年にあの「サイバネティクス」が N・ウィーナーによって提唱される。これは、通信とその制御という事象にまで視野が拡大し「人間の精神的活動の物質機械性を支持し、随伴現象説を補強する」（坂本 1998: 823）。そしてサイバネティクスこそ、今まさに第 3 世代の AI 理解における、とりわけ重要な概念なのである。

　西垣はウィーナーを受けて、生物をネオ・サイバネティカルなものと定義し、すなわちオート・ポイエティック（自己－創出的）な存在とみなし、それが今後のAI に結びつくものであると捉えている。その一方で、ロボットはアロ・ポイエティック（他者－創出的）な存在であり、それゆえ、AI とロボットは明確に線引きされることになるのである（cf. 西垣 2017: 64）。

　人が「ホモ・ファーベル」と定義づけられたのも（homo faber：工作人。その命名は H・ベルクソンによるとも、M・シェーラーによるともいわれ、その発案自体はさらに B・フランクリンにまで遡るとされる）、デカルト流心身二元論に則って表現すれば、先史時代の人類が精神の指示によって手を用いて物を加工してからである。

　数百万年の後、ギリシャの或る抒情詩人はこう詠んだ。

　　“ψυχῆς γὰρ ὄργανον τὸ σῶμα, θεοῦ δ'ἡ ψυχή” (Ἀνάχαρσις)
　　「肉体は魂のオルガノン［道具］であり、魂は神の［オルガノンである］」
　　　　　　　　　　　　　　　　　　　　（アナカルシス　紀元前 6 世紀頃）

　私見では、この詩句は最初の心身二元論の表明である。

　そして、それだけならばまさしく人類の歴史を回顧しただけであるが、AI の自律獲得および真の「自己－創出」という事態が起こり得るとするならば、それをAI／ロボットに譬えると、

・AI がロボットの手を操作して（何か物を）加工する

　これだけならば、人類史で絶えず展開されてきた技術革新にとどまるが、それだけでなく、

・AI がロボットの手を操作して、AI 自らを加工する

という段階が現実化する事態ということになる。いうまでもなく、「精神が手という延長を用いて精神自らを加工する」というのは、学習などの後天的な修得活動レベルならともかく、もともと存在していなかった自律性を新規に獲得するというのであれば、これは人類史はおろか、地球全体、さらには宇宙における生命の歴史においても、文字どおり前代未聞の事態というべきではなかろうか。

　したがって、AI をめぐる ELSI［ethical, legal and social issues: 倫理的・法的・社会的問題］のうち、まず AI の責任問題だけ述べると、AI が人類と同じく自律能力を備えた場合、それが問われることとなると思われる。しかし、AI が自律能力を備える可能性は多くの専門家が否定しており＊4、すると AI が仕出かした粗相はあくまでその設計者ないし運営者等にその責任を帰すべきであり（状況により定められるべきである）、してみると（R・カーツワイルや Y・N・ハラリら、少なからぬ影響力を持った言語人が、意図するとせざるとにかかわらず民衆をあたかも扇動するような物言いで）AI の〈暴走〉により人類の文明が脅かされるというのは根拠を欠いた文字どおり杞憂としか思われない。

第1節　人類を圧倒する AI

1A　情報工学の〈量〉の面における飛躍的発展
　次に、本章が主題としてもっと敷衍して述べたいのが、AI の能力と人類の能力

との対比についてである。

　よく用いられる説明に、ＡＩに犬と猫の識別をさせる、というのがある（例えば、稲葉 2021: 211-212）。先に述べたように、「第 3 次 ＡＩ ブーム」が従来のそれとは大きく異なる点が、かつては容易でなかった犬猫の区別が格段に進歩した、という例でよく語られるのである。

　従来の技術は、犬と猫のそれぞれについての特徴を表す指標を数え上げ、それらを機械に入力する、というもので、いったいどんな指標を入力してやればよいのか、というのが難しいとされていた。

　なぜ難しいかといえば、何のことはない、我々人類は無意識・無自覚に犬猫を区別しているが、意識もせず自覚もともなわぬ以上、それを明示的に言語化し、プログラム化して機械に入力することはできない、とされてきたからである。

　ここでさっそく哲学の出番が来たことがわかる。これは一説によると、人類では至極お馴染みの「イデア　ἰδέα」に拠るものにほかならない。

　著者も大学等での講義の際、「猫」のイデアを例に挙げ、話題として用いている。誰もが猫を知っている、もちろん犬とも区別できる、しかしそれは加算的な定義づけ（定義の列挙、網羅）で理解し説明できるわけではない。まさにキリが無いからである。

　イデア論によると、我々に猫のイデアが内在化し、我々は猫を知る、という。あるいはプラトン本人はもっと極端に、我々の魂のうちに眠る猫のイデアが想起されると説いているが、それは認識における先天性すらかつてのようにほとんど認められなくなった現代科学では、およそ受け容れられぬものであろう。

　著者自身は、先のイデアの内在化というのが十分に腑に落ちる（著者は応用倫理学専攻であるとともに、近現代ドイツ哲学・倫理学を主に、また古代ギリシャ哲学・倫理学も併せて学んだ者であるから、イデア論≒観念論にはひじょうに馴染みがある）が、しかしもちろん、認知論からはもっと詳細な説明が施されている。

　そしてここで問題となるのは、人類のイデア形成における思考力の容量は、現代の汎用コンピュータに比して、大きいのか否か、ということである。

　これも、説明としては二種存在するように思われる（そして結論からいって、そのいずれが妥当か、未だ決着がついていないようでもある）。

　すなわち、〈ヒトの脳の働きは計り知れない、それは「電話帳」で「何十冊」、

「何百冊分」のデータに匹敵する〉（断わっておくがここでの「電話帳」は昔ながらの紙媒体の物である。というのも、今や「電話帳」でネット検索しても、ほとんどスマートフォン内蔵のそれしかヒットしなくなってしまっている。一度試してみられたい）、などという喩えがよく用いられる。これはいわば人智礼讃型といえるだろう。

　一方で、パソコンのメモリの容量が数十テラ（すなわち百分の数ペタ＝0.0数ペタもあるスケール）バイト規模で実用化されている今日、〈ヒトの脳の容量など、たかが知れている〉という、まったく対照的な説もよく目にする（人智軽視型ともいうべきか）。

　そもそも 1TB が何文字分に相当するかといえば、もちろん大まかな目安であるが、全角で約 5500 億文字／半角で約 1 兆 1000 億文字、といわれている。学術書に多い A5 版は（著者が以前出版した際に聞かされたところでは）1 頁が 400 字詰め原稿用紙 2 枚相当（例：原稿用紙 500 枚でおよそ 250 頁）などとされており、日本文が漢字仮名とアラビア数字アルファベットなど混在していることを度外視しても、1TB で約 7 億頁以上となる。

　我が国特有のジャンルともいえる歴史小説、その最長篇である山岡荘八『徳川家康』全 26 巻は原稿用紙 1 万 7400 枚、文字数に換算して 696 万文字あるとされる（付記：あるいは世界最長の物語として栗本薫の遺著『グイン・サーガ』も挙げるべきかもしれない。正伝第 93 巻刊行時点で版元の早川書房が英訳版をもとに換算した総字数は 3022 万 5000 文字、後述するプルーストの三倍強である。なお本作は第 130 巻第 2 話をもって著者の死により中絶、その後は他の複数の著者による正伝・外伝が書き継がれている）。

　世界文学の名作クラスでは、プルースト『失われた時を求めて』が第Ⅰ部「スワン家の方」から最後の第 VII 部「見出された時」まででアルファベット約 960 万文字（スペース等含まず）とされ、こちらは半角文字だが、それでも換算するとわずか 9.16MB 程度にしかならない。

　我々研究者は自分の書いた論文の MS［＝Microsoft］Word ファイルのデータサイズをパソコン画面のフォルダ情報で把握しているから（むしろいちいち見もしないことも多かろう）、サイズがこんなに小さいということに特段の驚きは無い。文字データ＜画像データ(JPG)＜動画データ(MP4)なのは当然で、1 文書あたりのサイズはせいぜい数十 KB から千幾つ KB（1MB 少し）である。

　さらに余談めくが、たしかどこかの日本の AV 機器メーカーの開発者がかつて、「ビデオ・テープの容量をけっして侮ってはならない。あれだけの表面積（注：言葉の一字一句は、著者がこの資料を読んだ際の記憶がやや曖昧なのだが）があるのだから、その潜在能力は計り知れない」という趣旨の発言をしていた。驚いたことに、彼は磁気メディアがビットメディアに太刀打ちし得ると真剣に考えているようである。記録方式という「質」と記録媒体の「量」とをめぐる逆転関係が正しく受け容れられておらぬのである（百歩譲ってヴィニル盤ならまだしも）。

　業務用ビデオでは未だ現役の 1 インチテープ（かつての家庭用ビデオ・テープよりも格段に大型）であれ、往年の録音用オープンリール 1/4 インチテープであれ（テープスピードが速いほど高音質で、最高速は 76cm/s）、質の面では PCM [pulse code modulation]によるデジタル・レコーディングの登場によってとうに追い抜かれている。もっとも、デジタル録音に関しては、PCM はデータ圧縮は無いが、いわゆる「可聴音域」といわれるものに関しては、22000Hz（22KHZ）でカットされることが一般的である（一方、コンサートなどの生演奏では約 40000Hz に達するとされる）。そこで音質については、オーディオマニアの間の議論では〈それでもなお、なぜアナログなのか〉というなかば精神論、あるいは都市伝説で長年にわたり展開している。

　ビッグデータと称する、その全体像を簡単には把握できない、様々な形式の巨大なデータ群が、もはや我々の日常生活の基盤となっている（ネット上を飛び交う情報、GPS 情報、オフィスにおけるサーバーのアクセスログや文書データ、医療情報、気象データ、交通系 IC カード情報、購買データ、監視カメラ情報等々）現在、もはや情報のスケールは桁外れに巨大化・拡大の一途を辿っている。

　ただし先述した人類のイデア的な情報獲得・運用については未だ神秘的な部分も多く残り、究明は永続的に続けられることであろうし、ヒトの脳の解明が十分に進んでいない現状では、人智をめぐる〈神秘主義〉もまた根強く残り続けるであろう。

　ともあれ、AI がデータ容量やその処理能力で人智を圧倒するのは火を見るよりも明らかであり、要は算盤が電卓に取って代わられたような前例と、今後の人類と AI との関係とは何が同じで何が異なるのか、ということが問われるわけである。それは、いま述べた算盤がやはり未だに児童にとっては計算力や思考法の養成において完全にその支持を失っていない、という点とも関係するかもしれない。

　以上をまとめると、量と質については、ひとまずは「質は量に還元できる」と言うことができるだろう。なぜなら AI のように、プログラムどおり、迅速かつ正確に計算するコンピュータの能力に、いかにして質の評価を下すべきかは難しい問題だからである。いかに速くそして正確に計算するかは、その目安を畢竟、「量」に還元することとなる。既に AI が人類を凌駕している分野はいずれもこの点に関してである。

　AI において「質」を問うとすれば、本章の後半で詳論するように、人類とどこが同じでどこが異なっているかが問われるであろう。その着眼点の例として本章では二つ、「美意識」と「おそれ」とについて考察するものである。

　さて、その前提として、明らかに AI が人類を既に凌駕しているとみなされる分野についてみていく。

<h2 style="text-align:center">1B　「最強棋士」の AI 論に基づいて</h2>

　第 3 次 AI ブームが飾った輝かしい戦歴の一環として、本章はで碁、そして特に将棋を例に挙げる。その恰好ともいえる参考文献が、羽生善治が NHK の番組制作に協力した際に執筆した『人工知能の核心』（羽生 2017）である。

　著者は当初この書から、AI と棋士との対局に関して興味深い議論が聞けるだろう、程度の期待をしていたが、それを遙かに上回る、予想以上の収穫があった。それは後述するように、著者が専門とする応用倫理だけでなく、さらに遡り、カント批判哲学とも関連づけられる議論が展開されていたからである。

　もし著者の読解したとおり、AI とカント批判哲学との関連づけの可能性がここに見出せるとしたら、それはきわめて興味深いことだといえるだろう。

　それを裏づけるものとして、羽生は同書中で幾度も、AI における「新しい「美意識」」に関して言及しており、それはカント批判哲学では当然ながら第三の『判断力批判』に大いに関わってくるはずである。

　もちろんそう結論づけるには周匝な議論が必要だろうから、順序として、まず羽生の所説を幾つか引いてみる（以下、引用・参照はいずれも羽生 2017 から、アラビア数字は頁数）。

　引証の最初に、羽生が AI と棋士をただ対局させて勝敗を競う、というのではなくて、「人工知能のアルゴリズムのあり方から何かを吸収して、例えば新しい「美

意識」を提示しようと考える発想の方が、むしろ建設的であり、意義深いように思えます」(44)と述べているの注目したい。これは同書第一章のうち、「人工知能から新たな思考を紡ぐ」と題された節（43-45）からの引用で、AI から「単に答えを与えられるだけではもったいない」(43-44)に続いて、羽生はこう述べているのである。

　そして続く第二章はまさしく「人間にあって、人工知能にないもの——「美意識」」と題されている。この副題だけからも以降の論の展開は予想できるだろう。ただし、羽生の場合はもっぱら将棋に根ざして論述していくところに、やはり門外漢の我々（とりわけ著者のように将棋や碁といった方面の嗜みが無い者）にとって学ぶべきところが多い。

　すなわち、羽生は将棋の「大局観」について述べる(67-71)。それは羽生によると、「直観」、「読み」とともに棋士がそれらを使って対局中に思考する、その三つのうちの一つである(71)。

　よく、AI に対して人類が秀でている、として引き合いに出されるのが、棋士は夥しい可能的な指し手の中から、無駄な手を「引き算」で削っていくのを大事にしている(71)、という点である。そもそも AI にこの「引き算」いったような芸当がまったくできないかといえばそうではないが、やはりこの「直観」力こそが人類の強みであるのは容易に察しがつこう。

　それは将棋／チェス／碁に代表される和洋中の三つ、ゲーム理論の分類で「二人零和有限確定完全情報ゲーム」と呼ばれるゲーム／競技にともなう、まさしく圧倒的な情報量に関わってくる。

　まず盤面を見ればすぐわかるように、升目の数でチェスは 8×8=64 升、将棋は 9×9=81 升、一方の碁は縦横の直線で格子が作られ、その交点 19×19=361 ある。

　当然ながら最も数の多い碁が最も複雑だと考えられがちだが、実際にはそれぞれ戦い方も異なるし（よく言われるのは、将棋では獲った相手の駒を自分の物として使えるという、他には無い戦法が存在する）、一概には言えない。また、そもそも碁は升目に石を置くのではなく、縦横 19 本引かれた線の交差部分に打つゲームである（すなわち、19×19 で構成された縦横 18×18 の升目に石を置くわけではない。五目並べやオセロとは異なる）。

　しかしそれでも、碁における合法的な局面の総数は現代数学にとっては恰好の論

題である。現在、その正確な値とされるのは、約 2.1×10^170（10 の 170 乗。すなわち 171 桁の数）であることが、トロンプらによる数年にわたる計算の結果、2016 年に最終発表されている*5。碁の可能な手数は圧巻で、まさに天文学的数字であるといえるし、将棋もまた、一つの局面で（羽生によると）、平均八十通りの指し手があるとされる（66）。

　こうした天文学的な可能的手数と対峙して、こと将棋においては、他のゲームよりも、「引き算」をしていく発想が大事かもしれない、と羽生は言う。なぜなら、将棋は、実は自分の手番で、本来なら「何もしない」のが最適解である場面がとても多いゲームだから(71-72)である。

　まず、将棋を学ぶときに（すなわち局面という核だけでなく、将棋道全般に言えることとして）大事なのは、実は覚えることを増やすだけでなく、余計な考えを捨てていくこと(24)である。つまり、誤った情報に惑わされない・導かれない、という趣旨であろう。

　そして今度は個々の局面に際しても同じことが言える。羽生に言わせれば、「将棋が強くなるために一番大事なことは」、「だめな手が瞬時にわかること」なのである(73)。そしてその「だめな手が瞬時にわかること」は、「直観」と「大局観」とに関わり、「実戦での経験の蓄積から身につくもの」である(73)。

　直観といい大局観といい、その言わんとする意味はわかりやすい。一方で、「美意識」は日常語であるとともに、美学・感性論の術語でもある。それを羽生はいかなる意味で用いているか。

1Ｃ　将棋における「美意識」と「おそれ」
羽生はこう述べている。

　　「筋の良い手に美しさを感じられるかどうかは、将棋の才能を見抜く重要なポイントなのです。この自らの「美意識」をいかにきめ細かく磨き込んでいくかが、将棋の強さに関わってきます。

　　人間がどうして、いきなり九〇パーセントくらいの手を「直観」で捨てて、何万手という「読み」の方向性を、「大局観」で制御していけるのか。

　　この大きな取捨選択の核となるものが「美意識」なのです」(75-76)。
してみると、この美意識という言葉には、たんに美感的な嗜好だけでなく、より

広義に実践的な、将棋という「戦さ」においては文字どおり「生きるか死ぬかの見極めどころ」という意味まで帯びていることがわかる。

　ただし前もって断っておくと、「芸道」（芸）、そして「武芸」（武術）、さらに「武道」（もはや生き方そのもの。思想家・教育家そして国際連盟事務次長も務めた新渡戸稲造は「道」［タオ］を「教え」、「人が守るべき正義」、果ては「宇宙の原理」とすら定義した）へと類推ないし敷衍していくに当たって、例えば卑怯であることを「醜い」と批難したり、あるいはたとえ勝負事においてさえ「美しく勝て」（オランダの伝説的フットボール選手／監督ヨハン・クライフの名言"Mooie Winnen"）という理念が掲げられたり、あるいはむしろ（醜い勝者であるならば、むしろ）「美しき敗者」であれ（これもクライフの言に帰せられることが多い）と唱えられたりであるとか、広義の善悪の概念を美醜の概念で表現することもきわめて一般的におこなわれている。

　だからそれは、どう攻めあるいはどう受けるかといった戦術そのものはもちろんのこと、武士道の究極においては自害や切腹といった死に様にすら関わってくる（人口に膾炙したルース・ベネディクト風の定式化を用いれば、「恥の文化」、すなわち他者の目に醜く映ることを何よりも忌み嫌う気風ともいえよう）。だから、こうした「恐怖心」「おそれ」は、あるいは「憚る」心、と表現した方が良いかもしれない。

　羽生のまとめによると、「人間が「直観」「読み」「大局観」の三つのプロセスで手を絞り込んでいくとすれば、人工知能は超大な計算力で「読み」を行って最後に評価関数で最善の一手を選ぶ」(80)わけであるが、「ここで人間にあって人工知能にはないのが、手を「大体、こんな感じ」で絞るプロセス」(80)なのだという。そして、特に興味深いのが、「棋士の場合には、それを「美意識」で行っていますが、人工知能にはどうもこの「美意識」に当たるものが存在しないよう」(80)だ、ということである。

　著者は先に、議論が美意識が関わるからカント『判断力批判』を引き合いに出した。しかしそれだけではない。羽生はさらに「私はその理由は、人工知能に「恐怖心がない」ことと関係していると考えてい」(81)る、というのである（注：ここで羽生の言葉に本書の著者が幾つか補足している理由を説明すると、著者はＡＩに「美学」も「畏れ」も共に無いことを偶然とは考えておらぬということ、そして（先に

述べたように）「恐れ」は単なる「怯え」ではなく、「畏敬」の念（これについてやはりカントが『判断力批判』で論じており、それは後に詳論する）に近いものだ、ということである）。

　日本人の羽生がこの「恐怖心」を、カントの母語ドイツ語の何に相当するものとして語っているかを彼に追及するのはもちろん筋違いであるが、カントがその批判哲学で "Furcht"（従来は「おそれ」「畏怖」等と訳されてきた）について重要な議論を展開していることは既に広く知られている（ただし弘文堂『カント事典』にはドイツ語 "Furcht"、邦語「おそれ」、およびそれに類する語の項は無い）。ここではただ、「美意識」（美）と「恐怖心」（おそれ）とが関わっているという、羽生の興味深い指摘に注目したい。

　そこに注目しつつ、さらに羽生の論説を読み進めよう。彼の評するところによると、ただただ圧倒的な量の過去のデータに基づき、最適解を計算する人工知能は、それがゆえに人類の思考の盲点となるような手を「怖いもの知らず」(81)で平然と衝いてくる。

　一方、人類のこういった思考の死角や盲点のようなものは、防衛本能や生存本能に由来しているように思えてならない。人類には、生き延びていくために、危険な選択や考え方を自然と思考から排除してしまう習性があるような気がする、と(81)。

　さらに門外漢である我々がそう思うのみならず、羽生自身も「面白い」と言っているのは、こうした習性の結果と、例えば棋士が先述したように「美意識」で手を絞り込む時、「美しい」と感じられるのが、基本のかたちに近い、見慣れたものである(81)ということだ。

　棋士は紛れもない「戦士」なのであって、我が国においては中世以前や幕末の戦乱の世はもちろんのこと、人類の祖先が原始時代に苛酷な生存競争を勝ち抜き（あるいはより消極的には、ひたすら生き延び）、子孫を遺し得たように、棋士もまた対局という「戦」に勝ち抜くため（こちらには勝ち抜く以外に生き延びる術は無い。将棋等は）、危険な選択や考え方を文字どおり「おそれ」、斥け続けた結果、いわゆる「定跡」（碁では「定石」）へと洗練されていった。その洗練を通じて「美」の意識が構築されていったことになる。

　だからこそ、武道においても、まずは勝って生き延びるために、次いではたとえ負けても見苦しい死に様でないように、美しい戦い「方」、「型」が尊ばれた。こ

の「美」は美学的なカテゴリーであるとともに明らかに倫理学的なカテゴリーでもある。

第 2 節　人類と AI との違い ── カント批判哲学と関連して ──

2 A　AI のさらなる可能性を問う

　羽生は「人工知能が恐怖心を覚えるようになったときが、本当の恐怖かもしれ」ないと述べている。その理由は、「人間にとっても得体のしれないものになるから」(83)である。

　これは将棋「道」（もっとも、羽生は「道」について直接的に言及していないが）における「美意識」と、それとは対極的な「おそれ（畏れ・恐れ・怖れ・惧れ・虞（れ）・懼れ）」（羽生のいうところの「恐怖心」）に関わる。

　AI が「おそれ」の念を抱くということ──。ここからいよいよカントについての言及に踏み込んでいく。

　周知のように、『判断力批判』は、序論に続き「第Ⅰ部　情感［美感］的判断力の批判」、「第Ⅱ部　目的論的判断力の批判」の大きく二部構成を採る。前者「情感的判断力の批判」はさらに「第 1 篇　情感的判断力の分析論」と「第 2 篇　情感的判断力の弁証論」とに分かれ、さらにその前者「情感的判断力の分析論」は「第 1 章　美しいものの分析論」と「第 2 章　崇高なものの分析論」とに分かれる。さらに「崇高なもの」に関しては、やはりよく知られたように、「A　数学的に崇高なものについて」と「B　自然の力学的に崇高なものについて」との二種に分けられて分析される。

　以上、『判断力批判』全体の構成を表で示せば、次のとおりとなる。

序論（これとは別に、当初書かれ、後に全面的に差し替えられた「第一序論」がある）			
第Ⅰ部 情感的判断力の批判	第1篇 情感的判断力 の分析論	第1章 美しいものの分析論	
		第2章 崇高なものの 分析論	A 数学的に崇高なものについて
			B 自然の力学的に崇高なものについて
	第2篇 情感的判断力の弁証論		
第Ⅱ部 目的論的判断力の批判	第1篇 目的論的判断力の分析論		
	第2篇 目的論的判断力の弁証法		

※第Ⅰ部第2篇末尾に「趣味の方法論について」、第二部全体の末尾に「目的論的判断力の方法論」が、それぞれ付録として置かれている。また、本章ではあまり触れない第Ⅱ部（目的論）の論述も第一部と同様にカント特有の体系的嗜好を反映して、形式性の高い書式に則っている、との指摘もある。詳細は、例えば牧野による訳者解説（カント 1999: 313-344）を参照。なお、慣例では「力学的」と訳されてきた dynamisch を、桑島は「動勢的」と訳すべきだと提案している（cf. 桑島 2008: 88）。一般の辞書には無い語ではあるのが難だが、本書の著者も概ね賛同する。

　このうち、特に本章における AI 論に関係するのは第Ⅰ部の「崇高」に関する論述であるのだが、先に二箇所、それとは異なる第Ⅱから引用する。

　　　　「恐怖 Furcht ははじめに神々（鬼神）を生み出すことはできたが、しかし理性は、自分の道徳的諸原理を介して初めて神についての概念を生み出すことができた」（『判断力批判』第Ⅱ部第86節）。

　これは盲目的な恐怖の対象としての鬼神から、道徳的原理の源、いわば理性の洗礼を受けた神への人類の思索史における移行について述べた箇所である。

　そしてもう一箇所、

　　　　「その代わりに（引用者注：強制と強引な服従とではなく）、人倫的法則に対する尊敬 Hochachtung がまったく自由に、我々自身の理性の指令に従って我々の使命の究極目的を我々に表象させるとすれば、我々は、感受的な pathologisch 恐怖 Furcht とはまったく異なる最も誠実な畏敬 Ehrfurcht によって、この究極目的とその遂行とに合致する原因を我々の道徳的展望のうち

へと一緒に取り入れ、この原因に喜んで服従するのである」（『判断力批判』第Ⅱ部「目的論に対する一般的注解」）。

この「目的論に対する一般的注解」からの引用文の末尾には、カント自身による原注があり、それも全文を引用すると、「美に対する讃嘆と、これほど多様な自然の諸目的による感動とは、熟慮する心の持ち主が世界の理性的創始者について明晰な表象を持つ以前に、既に感じることができる。そしてこの讃嘆と感動は、或る宗教的な感情に類似したものをそれ自体で持っている。したがって讃嘆と感動は、たんなる理論的観察が惹き起こし得る関心よりも、はるかに多くの関心と結びついている讃嘆を起こさせる場合には、それらは、まず道徳的な判定の仕方と類似的な判定の仕方によって道徳的感情（我々に未知の、原因に対する感謝と畏敬の）に働きかけ、それゆえ道徳的諸理念を喚起することによって心に働きかけるように思われる」とある。

　ここでもまた、先の引用（第Ⅱ部第86節）と同様、理性を介しているか否かが大いなる違いとなる。「感受的な恐怖」とはいわば、表層的・感覚的なものであって、もちろん「最も誠実な畏敬」とは「まったく異なる」であろう。それは、道徳の根源として「未知の、原因に対する感謝と畏敬」であり、『判断力批判』の叙述の順序とは逆に*6、我々は同書第 23-29 節「崇高なものの分析論」（崇高論）において、畏敬／畏怖について既に論ぜられていたのを顧みなければならない。そして次節で取り沙汰されるように、とりわけ「力学的に崇高なもの」についてが問題となる。

　ではいよいよ、本題である「力学的に崇高なもの」についてのカントの所見を、もっぱら「おそれ」に着目して読解してみる。

　２Ｂ　カントの「力学的に崇高なもの」論について

　同書でのカントの崇高論は、数学的なものと力学的なものとの二つが題材となっている（これは『純粋理性批判』における第一・二カテゴリーと第三・四カテゴリーとの対比と呼応している）。そもそも崇高とはカントによれば「端的に大きなもの」であり、数学的なものは量に関わり、力学的なものは（後述するように）優越性に関わる。そして本来の意味で崇高の名に値するのは、崇高な自然を観照する人間精神の無限な能力、すなわち超感性的な道徳性に帰せられる*7。

　前掲の表に示した「B 自然の力学的に崇高なものについて」は、「28 力としての自然について」および「29 自然の崇高なものに関する判断の様態について」の二節から成る。

　まずカントは第28節で「力 Macht」と「威力 Gewalt」とを区別して論じ始める。カントによると、前者は「大きな障碍に優越している能力」、そしてその同じ力 Macht が、「力をそれ自身所持しているものの抵抗にもまた優越している時」、後者「威力」と称せられる。「自然は我々を支配する威力の無い力として情感的判断のうちに考察された時に、力学的に崇高である」（第28節）とカントは言う。

　だから、自然が我々をして崇高の念を感ぜしむるがゆえに、自然は恐怖 Furcht を起こすものとして表象されるはずである、というのがここでの「崇高」－「恐怖」の関係性である。とはいえ（既に同書の後半、第Ⅱ部第86節や第Ⅱ部「目的論に対する一般的注解」からの引用に見たように）、恐怖を起こす対象すべてが我々の情感的判断において崇高であるわけではない。

　むしろ人類にとって神は、恐怖せずに、しかもおそるべきものとみなし得る存在なのである。それゆえ「有徳な人は、神に恐怖することなく、神をおそれる So fürchtet der Tugendhafte Gott, ohne sich vor ihm zu fürchten」（第28節）。この引用箇所でカントが用いている語は、この邦訳における「恐怖する」も「おそれる」も、いずれも Furcht の動詞形 fürchten（下線部、前者はその三人称単数現在形）なのである。

　このように、カントは明確に、たんなる「恐怖」と、理性を介した「おそれ」とを別なものと考えている。前者はただ漠然とした不安をともなう感情であり、それに対して後者は己れの限界を自覚した、弁えられたものだからである（そもそも「批判哲学」の「批判 Kritik」こそ、こうした可能性と限界づけの厳密な学の謂いであった）。

　そのことについてカントは次のように述べている。

　　「我々は、自然が計り知れぬことについて、また自然の領域の情感的量評価に釣り合った尺度を採るには我々の能力が不十分であることについて、我々自身の制限を見出したのだが、にもかかわらず我々は、同時に我々の理性能力について非感性的な別の尺度——あの無限性そのものを単位として含み、この尺度と比べれば自然におけるすべてのものは小さいような尺度——

を見出したのである」（第28節）。

　そしてカントは最後に、なぜこうした崇高論が彼の批判哲学・超越論（的）哲学、第三批判『判断力批判』で要請されたかを、次のように述べて説明を終えている。

　　「崇高なものについての他の人々の判断が我々の判断に賛同する必然性、〔中略〕情感的判断があえて主張する判断の［引用者補：上述の］必然性のうちに、判断力批判に対する一つの主要契機が存在する。なぜなら、この必然性は、まさに情感的諸判断についてア・プリオリな原理があることを知らせ、さもなければ情感的諸判断が楽しみと苦痛の感情のもとに（いっそう繊細な感情という無意味な形容詞をともなうだけで）埋もれたままであるような経験的心理学から引き上げ、情感的諸判断と、またこれらの判断を介して判断力とを、ア・プリオリな諸原理を根底に持つものの部類に配置し、しかもそうしたものとしてこれらを超越論的哲学のうちへと引き入れるからである」（第29節）。

　まさしく、たんなる美醜の判定を超えた力、カントのいう反省的判断力、あるいは本章で論題としてきた「美意識」が、己れを凌駕する崇高なものに対して、ただの恐怖、怯懦ではなく、人類が本来的に有するア・プリオリな、超越論的な機制の自覚を促す契機ともいえるような「おそれ」を喚起させられることにより、我々は我々の理性のいっそうの深淵を見出すべく努める。その営みこそ「超越論的哲学」にほかならぬのである。

　このように、カント『判断力批判』を読めば、本来の「おそれ」を抱くことこそがまさしく、人類が真の意味で人類であることの必要条件であるように思われる。まさにカントが言うとおり、「最大の讃嘆の対象」とは、「物に動じず恐怖することなく、それゆえ危険を避けず、しかも同時に十分に熟慮して用意周到に当たる人間」である（第28節）。

　してみれば、我々人類が、AIに対して抱く「おそれ」とは、〈未だ十分に実態を攫み得ぬ、しかし我々を或る場面では遙かに凌駕するもの〉に対して抱く、きわめて自然な心情の発露であり、たとえ現時点で既にAIが多くの領域で我々人類を上回っているといえども、こうした心情そのものをAIが自ら備えるには至っておらず、またそれを備えること自体、独力ではあり得ぬというわけである（例えば前近代の叙事詩の世界観ならば、人ならぬ魔的な存在が、我々人とはついに親和

的になり得ぬように、である。ただしこの叙事詩的世界観は、むしろ現代社会においてはファンタジーやSFなどでいっそう広い読者・観客を獲得しているのだ）。

2C　人類とAI、それぞれの「美意識」と「おそれ」

ここで論を整理するために、主体と客体とについて明確にする。すなわち以下のとおりである。

・人類が主体である「美意識」と「おそれ」（この段階では、何が「客体」であるかは敢えて問わない）
・AIが主体である「美意識」と「おそれ」（上と同じくこの段階では、何が「客体」であるかは敢えて問わない）

　するとより明瞭に浮上してくるのが、

・人類が主体であり、AIを客体とする「美意識」と「おそれ」であり、さらには、
・AI　が主体であり、我々人類を客体とする「美意識」と「おそれ」

という関係も浮かび上がってくる。だがしかし、最後のものは、はたして、想定し得るではあろうが、現実化するであろうか（まさしく自律／自己－創出と関わる問題である）。

　ともあれ、こうした「おそれ」のありようは、我々人類からAIに向けられた、やや屈折した感情とも関わってくる。

　人類は、コンピュータに対しては、AIに対してとは異なり、おそれのような感情は抱かぬだろう。電卓だったらなおさらであるし、あるいはパワーショベルでも同様である。

　すなわち、人類よりはるかに秀でたデータ処理能力や計算能力、あるいは運搬能力や掘削能力などあっても、コンピュータなどはしょせんは人類が利用する道具にすぎぬとわかりきっているからである。四則計算に特化した電卓や土砂や岩石を持ち上げるだけの建設用重機も同様である（ただしそれが、ギネス認定されるほどきわめて巨大なものであれば、少なくともその大きさに圧倒されはするだろうが。し

かしむしろそれは単純に巨大で凄まじい重量の金属の塊を目の当たりにして、まるで圧し潰されそうに感じる恐怖心のようなものである）

　その証拠に、例えば国産のスーパーコンピュータが世界記録を更新したなどのニュースを聞いて、その高性能さに感心こそすれ、戦慄を覚える者はほとんどいないだろう（2022 年 5 月に米の〈フロンティア Frontier〉が首位となり、理化学研究所の富岳は第 2 位に転落した。フロンティアの計算速度は 1.102E［エクサ］FLOPS（エクサは 10^{18}＝100 京）、すなわち 1 秒間におよそ 110 京 2000 兆回の演算性能である）。

　同様に、旧い時代の映画や漫画・アニメなどでフィクション化されたロボットは、往々にして人類から見下され奴隷視された様子で描かれることも多々あった。

　しかしロボット社会はまだ到来していないが、AI 社会は既に到来している。また、多くの AI ツールは（ソフトバンクが開発中のものなどを例外としては）人体に擬せられることはなく、コンピュータの筐体に収められたまま、その機能だけが我々にその威力を見せつけてくる。この半ば不可視であることが、AI にまつわる漠然とした不安の要因であるともいえよう。

　また、AI に関する懸念として、その卓越した判断の根拠が、あまりの卓越性ゆえに、人類に俄かには（あるいはかなり長い時間を経ても）理解困難もしくは不能であることが指摘される。これはよく「ブラックボックス」と称され、やはり人類にとっては不安の種といえる。このように、主体［主観］としての我々人類が、AI を客体として捉えた時に覚える（カントの意味する「おそれ」ではなく）恐怖が、先述した AI についての悲観論の原因であることもはや言うまでもない。

　そして羽生が予感するように、本来どこまでも客体であり続けるはずであった AI が主体化して、例えば将棋の或る局面において、我々人類という客体の営みに「恐怖心」［おそれ］を抱く、という間主観的［間主体的］構造がある。

　だが、そうした AI が抱く（擬人的な表現だが）「恐怖心」であれ、「おそれ」であれ、そうしたものをともなった「主体性」はあくまで疑似的ないし暫定的なものであって、カントが述べるような、理性的存在者あるいは人格が抱くような真の畏怖とはあまりにも遠く隔たっている。

　本来の AI にとって、最も本質的な特性として、先述した「ネオ・サイバネティカル」（西垣 2019: 64; 70-73）とも、あるいは「オートポイエティック」（西垣 2019:

64-67; 70-73) とも表現されるもの挙げられている。オートポイエーシスすなわち自己－創出という特性が、N・ウィーナーが1948年に提唱した著名なサイバネティクスを刷新したもの、と想定されている。ここまでくればまさに AI は、現在のアロポイエティック（他者－創出的）・他律的な(heteronomous)システムを超え、カントのいう自律(Autonomie)に達するかもしれない。だが、少なくともそれは現段階ではあくまで「夢想」の域に留まり、原理的にあり得るものでは断じてなかろう。

むすび

　さて、ここまで述べてきて、「畏敬」についてカントのあの、おそらく最も有名な言葉を引いてないことを奇異に感じられる読者もいることだろう。

　　　　「繰り返し、じっと省みれば省みるほど、常に新たに、そして高まりくる
　　　　感嘆と畏敬 Ehrfurcht の念をもって心を満たすものが二つある。我が天なる
　　　　星の輝く空と我が内なる道徳法則とである」（『実践理性批判』結語）。

　この Ehrfurcht とは、文字どおり「畏 Furcht」「敬 Ehr」と訳されるべき語である。まさしく、天空というマクロコスモスと、理性というミクロコスモスという二つの極限に向けられた、カントの率直なる心情をあらわしている（ただ不思議なことに、これまであまり指摘されていなかったように思われるが、この大宇宙と小宇宙との対比は、前者が単なる客観視（もちろん、宇宙空間全体にも我々自身が含まれてはいるものの）であるのに対し、後者は自己客観視、すなわち自己言及である点で、前者よりいっそう深遠なものである）。

　カントは、法はただそれ自身のために（法への畏敬から）のみ意欲され、義務もやはり義務のためにのみ意欲される、と考えた。「意志にとっては、意志自身から創出された目的、すなわち自己の自由という目的以外のいかなる目的も存在しない」とも述べている。

　これが真の自律であり、ここからカント実践哲学の真髄である定言命法も演繹される。「汝の意志の格率が常に同時に普遍的な立法の原理として妥当し得るように行為せよ」（『実践理性批判』第7節）、この命題は単純に内容の点（格率↔立法原理）では対極的なもの同士の空虚な同語反復［トートロジー］であり、したがって推論（シュロギスモス／三段論法）では説明がつかない。しかし内容・実質では

なく形式において、道徳律はそれ自体としてなすべきものなのだ、と説明される。したがってそれは主体たる我々の意志の自由（それも真の自由）に拠るのである。

　少なくとも現時点ではまだ、AI に自律は認められないし、自律能力を備えることはおよそ叶わぬことである。それと人類との或る違いは、おそれ・畏敬の念を抱き得るか否かに係るといえるだろう。

　したがって羽生が述懐するように、AI がおそれの念を抱くことがあるとしたら、それは我々にとって真に慄然とする局面であるといえる。喩えるならば、無関心としか思われぬ自然がひょっとしたら我々同様に関心を有しており、自然に心奪われる我々を、実は物言わぬままにあちらから見据えているようなものである。

　AI 論によって我々は、真と偽／善と悪／美と醜という周知の対カテゴリーに加え、力学的な「強と弱」という対にも注意するように促された。AI 自身が恐怖心ないしおそれの念を抱くことにより、我々人類にとっては、当初の AI の「無関心」であるというあり方が失われ、もしくは変容することとなり、それが我々にこれまで抱いたことの無かった恐怖心を喚起する、といういくぶん転回した事態が迫りつつあるのだろうか。

　一方では、人間中心主義的な哲学や美学や倫理学が、やはり本質的な転回を求められているとも言うことができるだろう。

【注】

*1　日本語の「倫理」と「倫理学」とは若干ニュアンスが異なるが、例えば英語ではもちろんともに ethics であり、表記上の区別は無い。以下、本章でも特に両者を区別することはしない。

*2　「ロボットハンド、ロボットアームの選定方法・選定基準」（キーエンス「FA ロボット.com」）より。

　https://www.keyence.co.jp/ss/products/vision/fa-robot/industrial_robot/robotic-arm.jsp

　（アクセス最終確認は 2023 年 2 月 2 日）

*3　この、いわゆるデカルト流心身二元論は、彼の主著の一つ『省察 Meditations』第六省察の「物質的事物の存在について」において大々的に展開され（cf. Descartes 1996: VII-78）、また、『哲学原理』第 II 部から第 IV 部の宇宙論的自然学においても、さらには晩年の『情念論』や、デカルトがスウェーデンのエリーザベト女王やアルノーらと交わした哲学的な

書簡の数々などにおいても、広く論じられている。

　なお小林はデカルトの「物質即延長」説に基づく宇宙論的自然学が、周知のようにニュートン力学によって乗り越えられはしたものの、そのニュートン力学がさらにまた 20 世紀の相対論と量子力学によって乗り越えられたことによって、結果的に再評価されることとなった（とりわけ一般相対論における「場」の概念や、全体論的な「マッハ原理」などにより）点を指摘している（cf. 小林 2007: 245-247）。当然この機運は、現代におけるAI／ロボット論の文脈にも当てはまるといえるだろう。ただしこれ以上の詳論は別の機会に譲ることとする。

*4　こうした話題に対して、悲観論（人類は AI に支配される、例えば大ヒットした映画《ターミネーター》のような）でもなく、楽観論（人類と AI は手を携えて〈明るい〉未来を構築できると（根拠も無く）信じる）でもない、著者が判断するに中立的で冷静な議論と思われるものとして、例えば西垣 2019 がある（本章も同著に多くの論拠を負うている）。ただし、宇宙、極地、深海開発など苛酷な条件に対処するため、AI に自律能力が附与されることは大いに考えられる。

*5 Tromp, John/Farnebäck, Gunnar 2016: "Combinatorics of Go"（著者注：同名論文には2007 年の暫定版（preliminary version）もあり、区別を要する。2016 年にオランダのライデン大学で三日間にわたり開催された第 9 回国際コンピュータ＆ゲーム会議の初日 1/29にトロンプが発表した内容が前掲の最終版である）：リンク先は以下（アクセス最終確認はいずれも 2023 年 2 月 2 日）

　　論文 https://tromp.github.io/go/gostate.pdf

　　会議 https://www.chessprogramming.org/CG_2016

*6　カント 2000: 283 訳注 47 における「恐怖」および「恐怖の対象」についての牧野の説明（同書第 28 節への誘導）を参照。

*7　カント 1999: 341（牧野による訳者解説）。

あとがき

　本書は著者がカント哲学を題材として近年に執筆した学術論文を纏めたものである。初出その他は以下のとおり：

第 I 部

【第 1 章】伊野連 2018：「カント『純粋理性批判』の「無限判断」について——アカデミー版における改訂をめぐって——」（『埼玉学園大学紀要』人間学部篇、第 18 号、pp. 1-11）を加筆修正

【第 2 章】伊野 2020：「カント『純粋理性批判』の「無限判断」と「無限」をめぐる誤解——カント、コーヘン、エルトマン——」（『東洋大学大学院紀要』第 56 集、文学研究科哲学他篇、pp. 53-66）を加筆修正

【補章】伊野 2016：『哲学・倫理学の歴史』pp. 89-93「論文 3　アリストテレス「三段論法」モデルの、カントによる応用について」を加筆修正

第 II 部

【第 3-5 章】伊野 2010：「「哲学のオルガノン」についての考察——アリストテレス、カント、シェリング、ヤスパースにおける藝術哲学と形而上学——」（博士（文学）学位論文、東洋大学、乙（文）第七十九号）［＝学位論文］の「第三部　哲学的構想力の射程」の「第一章　構想力観の変遷」より「第一節　カントの構想力論」、「第二節　フィヒテの構想力論」、「第三節　シェリングの構想力と知的直観」を加筆修正

第 III 部

　学位論文「第二章　カント「超越論的統覚」をめぐって」、および伊野 2016：『哲学・倫理学の歴史』「論文 4　フッサールのカント時間論への批難——超越論的統覚をめぐって——」、pp. 114-137 を原型として再構成

【第 6 章】伊野 2019：「ハイデガーによるカント批難の是非——新旧〈超越論的統覚論〉の真意——」（『埼玉学園大学紀要』人間学部篇、第 19 号、pp. 13-23）を加筆修正

【第 7 章】学位論文「第二章　カント「超越論的統覚」をめぐって」から抜粋・再編集

第 IV 部

【第 8 章】学位論文「第三章　「トピカ」と「スケーマ」」「第一節　二つの「トピカ」」を再編集し、伊野 2017：「カント『純粋理性批判』「超越論的反省概念」について」（『埼玉学園大学紀要』人間学部篇、第 17 号、pp. 13-21）を加筆修正

第 V 部

最も古いもので 2010 年取得の学位論文からの抜粋・再編集があり、最新のものでは 2023 年春の AI とカント論文、およびその英語版ということになる。当然ながらその時差は、例えば無限判断論における無限判断の理解と、反省概念論における無限判断が果たす役割の理解と関する齟齬を著者自ら認めしむる事態となった。そこに一貫性を持たせるために、今後さらに深くテキストを読み込まねばならない。

なお学位論文からは、もっぱらヤスパースおよび芸術哲学を論じた箇所を中心に、既に一書を上梓している（伊野 2012：『ドイツ近代哲学における藝術の形而上学——カント、シェリング、ヤスパースと「哲学のオルガノン」の問題——』リベルタス出版）。今回はそれに含まれなかった統覚論・構想力論を収録した（ちなみに、この九百五十枚ほどの学位論文は「オルガノン」をめぐり、さらにアリストテレス（およびハイデガーのアリストテレス論）とフランシス・ベイコン、補足的にランベルトやその他のオルガノン著者について論じた箇所もあり、これらもゆくゆくは独立した著書として再編集したいと考えている）。あらためて、主査の山口一郎先生、副査の長島隆先生および河本英夫先生に感謝申し上げる。

なお、内容の面では、オルガノンに対するカノンとして、カントのいわゆる図式論については、今回は便宜上、マッハやアインシュタインといった現代物理学の関

連づけるかたちでもっぱら採りあげた。これはカント図式論という一大問題についての扱いとしては異例、否むしろ不当であるかもしれない。本来図式論は、独立した一章をもって論じ尽くすべきである。これもまた、他の諸問題同様、著者が今後長い時間をかけて再考せねばならぬ課題である。

さてこの十数年の間、純粋に生命医療倫理学[Bio-medical-ethics]だけを扱ったテーマ（とはいえこの分野でもカントの義務論は、功利主義や徳倫理学と同様に深く関係している）以外は、若干の哲学史研究を除くと著者が取り組んできたのは多くがカントに関わるものであった。

超越論的統覚と反省概念から発し、無限判断論を経て、ここ数年の著者の関心はもっぱらカントと現代科学（特に宇宙論、量子論と、工業的にかなり実用が進んだAIや、実用にはまだ遠いが飛躍的に発展している量子コンピュータ）にある。

どれにとっても当然ながらカント批判哲学の二大領域である第一批判の認識論と第二批判の倫理学のいずれもひじょうに重要であるし、著者独自の観点から言えばAIは批判哲学の綜合たる『判断力批判』ともきわめて密接に関わってくる。

その一例が本書第11章やChapter 13で示した崇高論との関わりである。第三批判でカント本人が崇高論をいわば補足のように扱い、また現にそのように論じているのは、まことに意味深長であると言わざるを得ない。思うにカントは、崇高論はただ美学・美的感性論にとどまるものではないと考え、とはいえ三批判のどこに配するかといえば（それは三つすべてに関わるのが正解であろう）即答にも窮し、そのように振舞ったのではなかろうか。それが1787年第一批判のいわゆるB版、翌1788年の第二批判、そしてこの1790年の第三批判と立て続けに公刊していた時期のカントのひとまず、一応の回答であったと個人的には考えている。

この崇高論の課題は思想史上の一大テーマとして後代の我々にも引き継がれ、爾来二百三十年にわたり様々な見解が示されてきた。著者自身は、やはりAIの意思や自律などの可能性という現代の問題と対峙し、ヒトの統合性［英 integrity／独 Integrität］との関連について、例えばハンス・ヨナスなどと結びつけて考えているところである。これはいうまでもなく「バルセロナ宣言」の一つであり、もしこれを改めてカント哲学へと関連づけることができれば、応用倫理学、特に生命倫理学とも深く結びつき、やはり新たな成果となるであろう。

なお、さらにカント哲学と現代科学について、ハイゼンベルクは哲学にも深遠な

関心を抱いた大物理学者であって、自身より（我が国の干支でいえば）一回りほど年長のハイデガーには深い尊敬の念を表明していたが、私見ではハイデガー哲学の方はカント哲学、そして本書でも例挙したプラトン哲学のようには、ハイゼンベルクの物理学とは呼応してこないように思われるが如何であろうか。もちろんハイデガーの技術論は 20 世紀思想の重要テーマの一つではあるが、同時代人アインシュタインの相対性理論にもいち早く呼応したあの巨人カッシーラーのような独自の現代科学への観点は表明されていたか。これもまた今後の課題である。

　だがもとよりそれはハイデガーがカントより劣るという意味ではなく、それこそカント哲学の普遍性ゆえにほかならない。科学哲学における解釈学の課題として、こうしたハイゼンベルクをはじめとする、アインシュタイン、ボーア、シュレーディンガー、パウリ、ディラック、フォン・ノイマン（もちろん西欧の物理学者に限った話ではなく戸塚洋二も、そして山中伸弥やジェニファー・ダウドナ等々）ら偉大な科学者の哲学観・解釈について、伝統的な哲学・倫理学の系譜に立って捉え直すことが必要であり、それもまた著者が自身の課題として引き受けているものである。

　なお文献一覧は引用したもの以外にも本書を書き上げる過程で学び参照し示唆を受けた物を幅広く取り込んだ。物理学や特に AI 関連の物が多数含まれているのが通常の哲学書ではあまり無いことであろうが、五十頁にも及ぶのは多過ぎるかというと、これでもまだ漏れているのが幾つもある、というのが正直なところである。

　出版に際しては三恵社の木全俊輔社長に、これで五度目の全面的なお世話となった。おそらく校正段階での（掟破りとも思える）大幅な加筆修正は、他の出版社ではおそらく許されないであろう、著者にとって最後の改良の機会となり、それが無ければこの拙著ですら成立し得なかったと思われる。深く感謝申し上げる。

　校了直前に発生した能登半島地震の犠牲者に哀悼の意を表し、一日も早い復興を祈る。

2024 年新春　著者識

【文献一覧／Literature】

（カント以外はアルファベット順／Alphabetical order, except Kant's work）

Kant, Immanuel:

C[K]ritik der reinen Vernunft, 1st edn., J. F. Hartknoch, Riga 1781; 2nd revised edn., 1787
（著者が直接参照した原版は早稲田大学中央図書館蔵のもの）；

With a new introduction by Lewis White Beck, Routledge/Thoemmes Press, London
1994 (Kant's three critiques, Selections)（比較的近年に刊行された原版のリプリント版）；

Kritik der reinen Vernunft, Benno Erdmann (hg.), sechste revidierte Auflage, Neudruck,
Walter de Gruyter & Co., Berlin/Leipzig 1923（邦訳は本書第 I 部に詳述）

Kant, Immanuel 1788/1906: Kritik der praktischen Vernunft, herausgegeben von Karl
Vorländer, Felix Meiner, Hamburg （邦訳は『実践理性批判』樫山欽四郎訳、河出書房
新社、1989 年；坂部恵／伊古田理訳、岩波書店（『カント全集』7』）、2000 年；宇
都宮芳明訳注、以文社、新装版 2004 年；熊野純彦訳、作品社（『倫理の形而上学の基
礎づけ』も併録）、2013 年；中山元訳、光文社古典新訳文庫（上下巻）、2013 年など）

Kant, Immanuel 1790: Kritik der Urteilskraft, herausgegeben von Karl Vorländer, Felix
Meiner Verlag, Hamburg 1924; Kritik der Urteilskraft. Beilage: Erste Einleitung in die Kritik
der Urteilskraft. Mit Einleitung und Bibliographie herausgaben von Heiner F. Klamme.
Mit Sachanmerkungen von Piero Giordanetti, Felix Meiner Verlag, Hamburg 2009
(Critique de la faculté de juger, translated into French and introduction by Alexis
Philonenko, Librairie Philosophique, J. Vrin, 1993; Critique of Judgment, translated into
English by Werner S. Pluhar, Hackett Publishing Co., 1987; Critique of the Power of
Judgment, translated into English by Paul Guyer/Eric Mathews, Cambridge University
Press, 2000; Handan-ryoku Hihan, 2 vols., translated into Japanese by Makino Eiji,
Iwanami-shoten publishers, 1999-2000（牧野英二訳、上下巻、岩波書店（『カント全集』
8・9』）、1999-2000 年。なお牧野による「解説」は、上巻 1999: 313-344 に所収））
（邦訳は他に『判断力批判』坂田徳男訳、河出書房新社、1989 年；宇都宮芳明訳注、
上下巻、以文社、新装版 2004 年；熊野純彦訳、作品社、2015 年等）

【各種全集】

Kant's gesammente Schriften [=AA], Königlich Preußischen Akademie der Wissenschaften (ed.; vols. 1-22)/Akademie der Wissenschaften zu Berlin (ed.; vol.23) Akademie der Wissenschaften zu Göttingen (ed., vols. 24-), Walter de Gruyter & Co., Berlin 1900ff.:

Erste Abtheilung: Werke (Wilhelm Dilthey (Leiter)):

vol. I, "Principiorum priorum cognitionis metaphysicae nova dilucidatio," 1755 (ed. by Kurt Lasswitz)（「形而上学的認識の第一原理（の新解明）」〔教授資格請求論文〕、山下正男訳、理想社版カント全集第 2 巻（に所収、以下同じ）；山本道雄訳、岩波版カント全集第 2 巻）, 1910

vol. II, "Die falsche Spitzfindigkeit der vier syllogistischen Figuren," 1762 (ed. by Kurt Lasswitz)（「三段論法の四つの格」山下正男訳、理想社版全集第 2 巻；田山令史訳、岩波版全集第 2 巻）; "Versuch den Begriff der negativen Grossen in die Weltweisheit einzufuhren," 1763 (ed. by Kurt Lasswitz)（「負量概念の哲学への導入［負量の概念］」山下正男訳、理想社版全集第 2 巻；田山令史訳、岩波版全集第 3 巻）; *Beobachtungen über das Gefühl des Schönen und Erhabenen*, 1764 (ed. by Paul Menzer)（邦訳『美と崇高との感情［性］に関する観察』上野直昭訳、岩波文庫、1948 年；久保光志訳、岩波版全集第 2 巻）; *Untersuchung über die Deutlichkeit der Grundsätze der natürlichen Theologie und der Moral*, 1764 (ed. by Kurt Lasswitz)（『自然神学と道徳の原則の判明性（に関する研究）』植村恒一郎訳、岩波版全集第 3 巻）; *De mundi sensibilis atque inteligibilis forma et principiis*, 1770 (ed. by Erich Adickes)（『感性界と叡智界［可感界と可想界］の形式と原理』〔教授就任論文〕、山本道雄訳、岩波版全集第 3 巻）, 1912

vol. III, *Kritik der reinen Vernunft* (2. edition, 1787 [= B-Ausgabe], ed. by Benno Erdmann), 1904/1911

vol. IV, *Kritik der reinen Vernunft* (1. edn, 1781 [= A-Ausg.], ed. by Benno Erdmann), *Prolegomena zu einer jeden künftigen Metaphysik, die als Wissenschaft wird auftreten können*, 1783（『プロレゴメナ』邦訳各種）; *Grundlegung zur Metaphysik der Sitten*, 1785（『道徳形而上学［人倫・倫理の形而上学］の基礎づけ』邦訳各種）; *Metaphysische Anfangsgrunde der Naturwissenschaft*, 1786 (ed. by Alois Höfler)（邦訳『自然科学の形而上学的原理』犬竹正幸訳、岩波版全集第 12 巻), 1904/1911

vol. V, *Kritik der praktischen Vernunft*, 1788 (ed. by Paul Natorp)（『実践理性批判』邦訳各種）; *Kritik der Urt[h]eilskraft*, 1790 (ed. by Wilhelm Windelband)（『判断力批判』

邦訳各種）, 1908/1913

vol. VII, *Anthropologie in pragmatischer Hinsicht* (1798, ed. by Oswald Külpe)（『実用的見地における人間学』山下太郎／坂部恵訳、理想社版全集第 14 巻；『人間学、教育学』（西洋の教育思想 5）三井善止訳（カッシーラー版第 8 巻(1922)からの訳、巻末に名句抄を附す）、玉川大学出版部、1986 年；渋谷治美訳、岩波版全集第 15 巻）, 1917

vol. IX, *Logik* [*Immanuel Kant's Logik: Ein Handbuch zu Vorlesungen*. Herausgegebenvon Gottlob Benjamin Jäsche, Konigberg, Friedrich Nicolovius 1800, *"Jäsche" Logik*]（『論理学』湯浅正彦訳、岩波版全集第 17 巻）, [etc.,] 1923

Zweite Artheilung: Briefwechsel (ed. by Rudolf Reicke):

vol. XII, 1795-1803; (Öffende Erlärungen) "Erklärung in Beziehung auf Fichtes Wissenschaftslehre," 1799（「フィヒテの知識学に関する声明」）, 1922

Dritte Abtheilung: Handschriftlicher Nachlass [=N.] (ed. by Erich Adickes):

vol. XV [N. 1&2], *Anthropologie*: Erläuterungen zur Psychologia empirica in Baumgartens *Metaphysica*; Reflexionen zur Anthropologie（「人間学遺稿」山下太郎／坂部恵訳、理想社版全集第 14 巻；高橋克也訳、岩波版全集第 15 巻）, 1923

vol. XVI [N. 3], *Logik*, 1924.

vol. XVIII [N. 5], Reflexionen zur Metaphysik, 1928

vol. XX [N. 7] (ed. by Gerhard Lehmann): "Bemerkungen zu den Beobachtungen über das Gefühl des Schönen und Erhabenen," "Lose Blätter zu den Beobachtungen über das Gefühl des Schönen und Erhabenen," "Erste Einleitung in die Kritik der Urteilskraft," "Preisschrift über die Fortschritte der Metaphysik (*"Welches sind die wirklichen Fortschritte, die die Metaphysik seit Leibnizens und Wolffs Zeiten in Deutschland gemacht hat?* ")（「形而上学の進歩（に関する懸賞論文）」)," "Lose Blätter zu den Fortschritte der Metaphysik" , 1942

Vierte Abtheilung: Vorlesungen (Paul Menzer (Leiter), Bruno Bauch/Paul Gedan/Paul Menzer/Rudolf Stammer (Mitarbeiter)):

vol. XXIV-1, [Logik Herder,] *Logik Blomberg* (, Logik Philipi), 1966;

vol. XXIV-2, *Logik Pölitz*,(Logik Busolt, Logik Dohan-Wundlacken,) *Wiener Logik* [, Logik-Auszüge Schlapp], Gerhard Lehmann (ed.), 1966（「ペーリッツ論理学」（カントの論理学と形而上学　1789 年に筆記された講義 Collegium）、湯浅正彦訳、岩

波版全集第 20 巻）

vol. XXV, *Die Vorlesung des Wintersemesters 1781/1782 [?] aufgrund der Nachschriften Menschenkunde, Petersburg*（人間論およびペテルブルクの筆記ノートに基づく 1781-1782[?]冬学期の講義）（「人間学講義」中島徹訳、岩波版全集第 20 巻）

Kants Werke: Akademie-Textausgabe (Unveränderter photomechanischer Abdruck von *Kants Gesammelte Schriften*. Herausgegeben von der Königlich Preußischen Akademie der Wissenschaften), 1968

† † †

Immanuel Kants Werke, Ernst Cassirer (ed.):

vol. III, *Kritik der reinen Vernunft*, Albert Görland (ed.), 1913

Sämtliche Werke, Karl Vorlländer (ed.), Felix Meiner, Hamburg:

vol. I (Der Philosophischen Bibliothek Band 37a), *Kritik der reinen Vernunft*, nach der 1. 2. Original-Ausgabe, neu Herausgegeben von Raymund Schmidt, 1926（＝PhB［哲学文庫］旧版。なお 1781 年初版を A、1787 年第二版を B と表記する慣例は同版をもって嚆矢とする）

Kritik der reinen Vernunft, Jens Timmermann (ed.), PhB, vol. 505, 1998（＝PhB 新版）

Immanuel Kant Werkasugabe in zwölf Bänden, Wilhelm Weischedel (ed.), Suhrkamp

Immanuel Kant's Vorlesungen über die Metaphysik, neu herausgegeben von Karl Heinrich Schmidt, J. H. Pflugbeil, 1924, 2. Aufl.nach der Ausgabe von 1821, herausgegeben von Karl Heinrich Ludwig Pölitz, I. 1821; nachgedruck, Kessinger Publishing 2009

Immanuel Kant's Logik, neu herausgegeben von Dr. Walter Kinkel, Leipzig 1904

Immanuel Kant, *Practical philosophy*, translated into English and edited by Mary J. Gregor, general introduction by Allen Wood, Cambridge University Press (*The Cambridge Edition of The Works of Immanuel Kant*, general editors: Paul Guyer/Allen W. Wood, advisory board: Henry Allison, Lewis White Beck, Reinhard Brandt, Rafl Meerbote, Charles D. Parsons, Hoke Robinson, J. B. Schneewind, Manley P. Thompson): *Critique of Practical Reason*, pp. 137- (= V, 1-163)

【本書で引用した第一批判の主な欧語訳】

Emmanuel Kant, *Critica della ragion pura*, Giovanni Gentile & Giuseppe Lombardo-Radice (trans.), vol. I, Gius. Laterza & Figli, Bari 1924; 1949 年版は以下のアドレスで写真版（た

だし「第1部」として超越論的弁証論の「誤謬推理」終わり、p. 345 まで、また、色鉛筆による線引き等が無数にある）が閲覧可能（アクセス確認：2023 年 12 月 1 日）

https://archive.org/details/KantCriticaDellaRagionPuraGentileVolUno/mode/2up

Immanuel Kant, *Critique of pure reason*, Friedrich Max Muller (trans.), Macmillan, New York & London 1881; 2nd edn., 1922

http://oll.libertyfund.org/titles/ller-critique-of-purereason

Emmanuel Kant, *Critique de la raison pure*, J. Barni (trans.), vol. I, Ernest Flammarion, Paris 1920

【『純粋理性批判』のすべての全訳、および関連する『プロレゴメナ』等の邦訳】

（『純粋理性批判』の冒頭の数字は成立順序に基づく）

01 天野貞祐訳、上下巻、岩波書店（『カント著作集』1-2）、1921-1931 年；改訂版、岩波文庫（全 3 巻）、1933-1937 年；講談社学術文庫（全 4 巻）、1979 年

07 有福孝岳訳、全 3 巻、岩波書店（『カント全集』4-6）、2001-2006 年

10 石川文康訳、上下巻、筑摩書房、2014 年

05 宇都宮芳明監訳・註解、宇都宮／鈴木恒夫／田中一郎／新田孝彦／嶋崎正躬訳・註解、上下巻、以文社、2004 年

09 熊野純彦訳、作品社、2012 年（1 月刊行）

02 篠田英雄訳、全 3 巻、岩波文庫、1961 年

03 高峯一愚訳、1965 年、河出書房『世界の大思想 10 カント〈上〉』（桝田啓三郎（訳者代表）／高峯訳、『世界思想全集 哲学・文芸思想篇 10』上下巻、1956 年の改訳）

08 中山元訳・解説、全 7 巻、光文社、2010-2012 年（1 月 1 日刊行）

04 原佑訳、上下巻、理想社（『カント全集』4-6）、1966-1973 年

06 原佑訳（渡邊二郎校訂、渡邊／量義治／髙山守／木阪貴行／菊地惠善／円谷裕二／古川英明／湯浅正彦改訳）、全 3 巻、平凡社ライブラリー、2005 年

『プロレゴメナ』

桑木厳翼／天野貞祐訳（「イムマヌエル。カント『哲学序説』」（カント著作の本邦初訳））、東亜堂、1914 年；岩波書店（『カント著作集』6『プロレゴーメナ』）、1926 年；岩波文庫、1927 年；篠田英雄訳、岩波文庫、1977 年；久呉高之訳、岩波書店『カント全集』6、2006 年）

【事典類】

『カント事典』有福孝岳／坂部恵（編集顧問）、石川文康／大橋容一郎／黒崎政男／中島義道／福谷茂／牧野英二（編集委員）、弘文堂、1997 年（縮刷版 2014 年）

【その他の文献】

阿部将伸 2015：『存在とロゴス 初期ハイデガーにおけるアリストテレス解釈』月曜社

Adorno, Theodor W. 1970: *Ästhetische Theorie*, in: *Gesammelte Schriften*, vol. VII, (Gretel Adorno/) Rolf Tiedemann (ed.), Suhrkamp Taschenbuch Wissenschaft 1707, Frankfurt am Main 1970/2003（テオドール・W・アドルノ『美の理論』大久保健治訳、河出書房新社、新装版 2019 年（原著 1973 年版からの訳））

Adorno, Theodor W. 1995: *Kants »Kritik der reinen Vernunft«* (1959), Suhkamp Verlag, Frankfurt am Main (Theodor W. Adorno, *Kant's Critique of Pure Reason* (1959), Rolf Tiedemann, translated into English by Rodney Livingstone, Polity Press, Cambridge, 2001)

鯵坂真 2012：『ドイツ古典哲学の本質と展開』関西大学出版部

秋元康隆 2022：『いまを生きるカント倫理学』集英社（集英社新書）

秋富克哉 2023：『ハイデッガーとギリシア悲劇』京都大学学術出版会（学術選書 111）

Allison, Henry E. 2015: *Kant's Transcendental Deduction. An Analytical-Historical Commentary*, Oxford University Press

天野貞祐 1935：『カント純粋理性批判 純粋理性批判の形而上学的性格』（『大思想文庫』17）、岩波書店（再版 1965/1985 年）

青木薫 2013：『宇宙はなぜこのような宇宙なのか 人間原理と宇宙論』講談社現代新書

Aquila, Richard E. 1983: *Representational Mind. A Study of Kant's Theory of Knowledge*, Indiana University Press, Bloomington

新井紀子 2018：『AI vs. 教科書が読めない子どもたち』東洋経済新報社

有福孝岳／牧野英二（編）2012：『カントを学ぶ人のために』世界思想社

アリストテレス 1944：『辨証論（トピカ）』山内得立／多賀瑞心訳、河出書房（山内「訳註」；他の邦訳として、岩波版旧新全集などがある）

Aristoteles 1831-1870: *Aristotelis Opera*, edidit Academia Regia Boroussica, ex recognitione Immanuelis Bekkeri, 5 voll., Georgium Reimerum, Berlin (vol. 5, *Index Aristotelicus*, Hermann Bonitz (ed.)) (邦訳『アリストテレス全集』出隆監修、山本光雄編、岩波書店、

1968-1973 年；内山勝利／神崎繁／中畑正志編集委員、岩波書店、2013 年（刊行中）；各篇でその他多数有り）

アリストテレス 1966：『命題論（言葉によるものごとの明示について）』水野有庸訳、田中美知太郎（編）『アリストテレス』（世界古典文学全集 16)筑摩書房に所収；他の邦訳として安藤孝行、山本光雄（岩波版旧全集）、水崎博明、早瀬篤（岩波版新全集）等がある）

浅沼光樹 2014：『非有の思惟——シェリング哲学の本質と生成』知泉書館

浅沼光樹 2022：『ポスト・ヒューマニティーズへの百年 絶滅の場所』青土社

我妻幸長 2021：『Google Colaboratory で学ぶ！ あたらしい人工知能の教科書 機械学習・深層学習・強化学習で学ぶ AI の基礎技術』翔泳社

Bacon, Francis [Franc. Baconis de Verulamio [Baco de Verulamio]/1st Viscount of St. Albans] 1620/1642: *Novum Organum, sive Indicia Vera de Interpretatione Naturae (Instaurationis magnae, Pars II)*, London（ベイコン『新オルガノン』、服部英次郎／多田英次訳、河出書房『世界の大思想 6 学問の進歩 ノヴム・オルガヌム ニュー・アトランチス』、1966 年、他）

伴博 1999：『カントとヤスパース——勝義の哲学的人間学への道——』北樹出版

Barth, Bernhard 2001: *Schellings Philosophie der Kunst. Göttliche Imagination und ästhetishe Einbildungskraft* , Alber, Freiburg i. B. [im Breisgau]

Baumgarten, Alexander Gottlieb 1750: *Aesthetica*（アレクサンダー・バウムガルテン『美学』松尾大訳、玉川大学出版部、1987 年；改訂版、講談社（学術文庫）、2016 年）

Baumgarten Alexander [G.] 1757: *Metaphysica*, 4th edn., in: *Kant's gesammelte Schriften*, vol. XV-1, pp. 3-54 ("Erläuterungen zur Psychologia empirica in Baumgartens *Metaphysica*," §§ 504-699)

Baurmgarten, Alexander 2011: *Metaphysica/Metaphysik*. Historisch-kritische Ausgabe. Übersetzt, eingeleitet und herausgegeben von Günter Gawlick/Lothar Kreimendahl, Forschungen und Materialien deutschen Aufklärung [FMDA]. Herausgegeben von Nobert Hinske/L Kreimendahl/Clemens Schwaiger, Abteilung I: Texte, Band 2, frommann-holzboog, Stuttgart-Bad Canstatt

Baumgartner, Hans Michael (ed.) 1975: *Schelling-Einführung in seine Philosophie*, Verlag Karl Alber, Freiburg （ハンス・ミヒャエル・バウムガルトナー（編）『シェリング哲

学入門』北村実／伊坂青司／長島隆／髙山守／松山壽一／北澤恒人訳、早稲田大学出版部、1997 年）

Beckers, Hubert 1865: *Unsterblichkeitslehre Schelling's im ganzen Zusammenhang ihrer Entwicklung.* Aus dem Abhandlungen der k. bayer. Akademie der W. I. Cl. XI. Bd. I Abth., Verlag der k. Akademie(, in Commision bei G. Franz. Druck von F. Straub.), München

Beckers, Hubert 1875: *Schelling's Geistesentwicklung in ihrem inneren Zusammenhang.* Festschrift zu Friedrich Wilhelm Joseph Schelling's Hundertjährigem Geburtstag am 27. Januar 1875, verfasst im Auftrage der Feier an der k. b. Ludwig-Maximilians-Universität, Verlag der K. B. Akademie., München

Behn, Sigfried 1908: *Die Systembildung des dogmatischen Rationalismus im Lichte von Kants Amphibolien der Reflexionsbegriffe dargestellt*, Inaugural-Dissertation

Benedict, Ruth 1946: *The Chrysanthemum and the Sword: Patterns of Japanese Culture*, Houghton Mifflin（ルース・ベネディクト『菊と刀 日本文化の型』長谷川松治訳、講談社（学術文庫）、2005 年）

Benjamin, Walter : *Das Kunstwerk im Zeitalter seiner technischen Reprodukierbarkeit* (1935-1939), in: *Walter Benjamin Gesammelte Schriften* (I-2, 1974/1978, pp. 431-469; pp. 471-508; VII-2, 1989/1992, pp. 350-384. なお、各版の異同については伊野 2015: 250 を参照), Rolf Tiedmann/Hermann Schweppenhäuser (ed.), Suhrkamp Verlag, Frankfurt am Main（ヴァルター・ベンヤミン『複製技術時代の芸術作品』邦訳各種）

Bennett, Jonathan 1966: *Kant's Analytic*, Cambridge University Press

Bennett, Jonathan 1974: *Kant's Dialectic*, Cambridge University Press

Bennett, Jonathan 1986: ”*In the Tradition of Kantotle: review of Grice Festschrift*,” in: Times Literary Supplement, October 1986

Berg, Franz 1804: *Sextus oder über die absolute Erkenntnis von Schelling. Ein Gespräch.* Sebastian Satorius, Hofbuchdrucker. Würzburg 1804

Blumenburg, Hans 1983: *Die Lesbarkeit der Welt*, 2. Aufl., Frankfurt am Main

Boethius A. M. S. 1894: *In Librum Aristotelis de Interpretatione Libri Duo*, in: *Manlii Severini Boetii Opera Omnia*, J.-P. Migne (ed.), Paris 1894

Boethius 1894: *I. L. A. d. I. Libri Sex*, in: ibid.

Böhme, Gernord 1999: *Kants Kritik der Urteilskraft in neuer Sicht*, Suhrkamp Verlag, Frankfurt am Main（ゲルノルト・ベーメ『新しい視点から見た カント『判断力批判』』河村克俊（監訳）、晃洋書房、2018 年）

Bostrom, Nick 2014: *Superintelligence: Paths, Dangers, Strategies*, Oxford University Press（ニック・ボストロム 2017：『スーパーインテリジェンス 超絶 AI と人類の命運』倉骨彰訳、日本経済新聞出版社）

Braun, Otto 1908: *Hinauf zum Idealismus!* Schelling-Studien, Fritz Eckardt Verlag, Leipzig

Bruckstein, Almut Sh.2004: *Hermann Cohen, Ethics of Maimonides*, tran. with commentary by Bruckstein, Madison

Bubner, Rüdiger 1973: "Über einige Bedingungen gegenwärtigen Ästhetik," in: *Neue Hefte für Philosophie* 5（リュディガー・ブプナー「現代美学の成立条件」（ブプナー『現代哲学の戦略』加藤尚武／武田純郎訳、勁草書房、1986 年、pp. 202-267（第 7 章）に所収））

Burke, Edmund 1757: *A Philosophical Enquiry into the Origin of Our Ideas of the Sublime and Beauty*, R. & D. Dodsley, London（エドモンド・バーク『崇高と美の観念の起源』中野好之訳、みすず書房、他）

Cassirer, Ernst 1907/1911/1922: *Das Erkenntnisproblem in der Philosophie und Wissenschaft der neueren Zeit*, vol. II, Verlag Bruno Cassirer, Berlin（エルンスト・カッシーラー『認識問題 近代の哲学と科学における』第二巻、須田朗／宮武昭／村岡普一訳、みすず書房、2003 年）

Cassirer, Ernst 1918: *Kant's Leben und Lehre*, Berlin（エルンスト・カッシーラー『カントの生涯と学説』濱田義文 et al. 訳、みすず書房）

Cassirer, Ernst 1920/1923: *Das Erkenntnisproblem in der Philosophie und Wissenschaft der neueren Zeit*, vol. III. *Das nachkantischen System*, Verlag Bruno Cassirer, Berlin（エルンスト・カッシーラー『認識問題 近代の哲学と科学における』第三巻、須田朗／宮武昭／村岡普一訳、みすず書房、2013 年）

Cassirer, E. 1923: *Einstein's Theory of Relativity* [originally written in German *Einsteinschen Relativitätstheorie*, 1921], translated into English by William Curtis Swabey, The Open court publishing, Chicago

Cheetham, Mark A. 2001: *Kant, Art, and Art History. Moments of Discipline*, Cambridge University Press

Chivers, Tom 2019: *The AI Does Not Hate You. Superintelligence, Rationality and the Race to Save the World*, Janklow & Nesbit Limited, UK（トム・チヴァース『AI は人間を憎まない』樋口武志訳、飛鳥新社、2021 年）

Cohen, Hermann:

Cohen 1871: *Kants Theorie der Erfahrung*（ヘルマン・コーヘン［コーエン］『純粋認識の論理学』村上寛逸訳、第一書房、1932 年）

Cohen 1883: *Das Prinzip der Infinitesimal-Methode und seine Geschichte. Ein Kapitel zur Grundlegung der Erkenntniskritik*, Berlin

Cohen 1902: *Logik der reinen Erkenntnis*, Berlin（コーヘン『純粋認識の論理学』藤岡藏六訳述、岩波書店、1921 年；村上寛逸訳、第一書房、1932 年）

Cohen 1907: *Kommentar zu Immanuel Kants Kritik der reinen Vernunft*, Leipzig 1907（コーヘン『カント純粋理性批判解説』今田竹千代訳（春秋社「世界大思想全集」43、1929 年に所収））

Cohen 1908: "Charakteristik der Ethik Maimunis," in: *Moses Ben Maimon: sein Leben, seine Werke und sein　Einfluß: zur Erinnerung an den siebenhundersten Todestag des Maimonides*, ed. by W. Bacher et al., Bd. I, Leipzig

Cramer, Konrad/Fulda, Hans Friedrich/Horstmann, Rolf-Peter/Posthast, Ulrich (ed.) 1987: *Theorie der Subjektivität* (Dieter Henrich zum 60. Geburtstag), Suhrkamp, Frankfurt am Main

Crawford, Donald W. 1974: *Kant's Aesthetic Theory*, The University of Wisconsin Press

Davis, Martin 2000/2018: The Universal Computer: The Road from Leibniz to Turing, WW Norton & Co., 3rd edn., CRC Press, 2018（マーティン・デイヴィス『万能コンピュータ ライプニッツからチューリングへの道すじ』（チューリング生誕 100 周年記念版）沼田寛訳、近代科学社、2016 年）

Deguy, Michel et al. 1988: *Du sublime*, Éditions Belin（ミシェル・ドゥギー／J=L・ナンシー／エリアーヌ・エスクーバ／フィリップ・ラクー＝ラバルト／J=F・リオタール／ジャコブ・ロゴザンスキー／J=F・クルティーヌ／ルイ・マラン『崇高とは何か』梅木達郎訳、法政大学出版局（叢書・ウニベルシタス 640）、1999 年）

Deleuze, Gilles 1963: *La philosophie critique de Kant*, Press Universitaire de France, Coll. Quadrige, reprint 2004（ジル・ドゥルーズ『カントの批判哲学』國分功一郎訳、ちくま

学芸文庫、2008 年）

Derrida, Jaques 1978: *La vérité en peinture*, Flammarion（ジャック・デリダ『絵画における真理』上下巻、高橋允昭／阿部宏慈訳、法政大学出版局、1997 年）

Descartes, Rene 1996: *Œuvres de Descartes*, publiée par C. Adam et P. Tannery [=AT], 11 vol., Paris, 1897-1909; réédition, 1964-1974; tirage en format réduit, 1996（ルネ・デカルト［レナトゥス・カルテジウス］『方法序説』『省察』（AT 第 7 巻）、『哲学原理』『情念論』『書簡集』等、代表的な邦訳は『デカルト著作集』全 4 巻、白水社、1973 年）

Dilthey, Wilhelm 1966-1970: *Leben Schleiermachers. Auf Grund des Textes der 1. Aufl. von 1870 und der Zusaetze aus dem Nachlass*, Martin Redeker (hrsg.), Vandenhoeck & Ruprecht, II, Göttingen（抜粋訳、ヴィルヘルム・ディルタイ『シュライエルマヘル傳』立澤剛（編）、日獨書院、1929 年）

ドイツ観念論研究会（編）『思索の道標をもとめて――芸術学・宗教学・哲学の現場から――』萌書房

Dörflinger, Bernd 1988: *Kant --- Die Realität des Schönen in Kants Theorie rein ästhetischer Urteilskraft. Zur Gegenstandsbedeutung subjektiver und formaler Ästhetik*, Bouvier, Bonn

アルベルト・アインシュタイン 1979:『自伝ノート』中村誠太郎／五十嵐正敬訳、東京図書

Eisler, Rudolf 1964: bearbeitet von Kant Lexikon, Olms Paperback Band 2, Hildesheim

Feger, Hans 1995: *Macht der Einbildungskraft in der Ästhetik Kants und Schillers*, Universitätsverlag C. Winter Heidelberg（ただし原著は入手できなかった。邦訳ハンス・フェガー『カントとシラーにおける構想力』鳥谷部平四郎訳、大学教育出版、2002 年）

Fichte, Johann Gottlob:

Gesamtausgabe der Bayerischen Akademie der Wissenschaften [=AA], edited by R. Lauth/H. Jacobs/H. Gliwitzky, Stuttgart-Bad Cannstatt 1962ff.（邦訳は晢書房『フィヒテ全集』全 23 巻補巻 1、他）:

vol. II, *Über den Begriff der Wissenschaftslehre oder der sogenannten Philosophie* 1794（『知識学の概念、あるいはいわゆる哲学について』）, *Grundlage der gesamten Wissenschaftslehre* (Vortragen im Jahre 1794) 1794/1795（『全知識学の基礎』）,

Nachgelassene Schriften

vol. IV, *Grundriß des Eigentümlichen der Wissenschaftslehre in Rücksicht auf das theoretische Vermögen* 1795（『理論的能力を考慮した知識学の固有性綱要』）, *Versuch einer neuen Darstellung der Wissenschaftslehre (Erste Einleitung in die Wissenschaftslehre)* 1797（『知識学の新しい敍述の試み（知識学への第一序論）』）, *Zweite Einleitung in die Wissenschaftslehre* 1797（『知識学への第二序論』）

Sämtliche Werke [= SW], edited by I. H. Fichte

　System der Sittenlehre,: in: SW, IV

Fischer, Kuno 1899: *Schellings Leben, Werke und Lehre. (Geschichte der neueren Philosophie, Jubiläumsausgabe,* vol. 7,) Zweite durchgesehene und vermehrte Auflage., Carl Winter's Universitätsbuchhandlung, Heidelberg

Fischer, Kuno 1911: *Hegels Leben, Werke und Lehre (Geschichte der neueren Philosophie, Jubiläumsausgabe,* vol. 1, parts 1-2), 2. edn. （クーノー・フィッシャー『ヘーゲル伝』甘粕石介訳、三笠書房、1935 年（部分訳）、他各種）

Flatt, M. Carl Christian 1803: *Fragmentarische Bemerkungen gegen den Kantischen und Kiesewetterischen Grundriß der reinen Allgemeinen Logik. Ein Beytrag zur Vervollkommnung dieser Wissenschaft,* Jacob Friedrich Heerbrandt, Tübingen; *Aetas Kantiana* 73. Impression Anastaltique. Culture et Civilisation, Bruxelles 1968

Floridi, Luciano 2010: *Information: A very short introductions,* 1st edn., Oxford University Press（フロリディ『情報の哲学のために　データから情報倫理まで』塩崎亮／河島茂生訳、河島解説、勁草書房、2021 年）

Floridi, Luciano 2014: *The Fourth Revolution: How the Infosphere is Reshaping Human Reality,* Oxford University Press（フロリディ『第四の革命──情報圏（インフォスフィア）が現実をつくりかえる』春樹良且他訳、新曜社、2017 年）

ルチアーノ・フロリディ／ラファエル・カプーロ／チャールズ・エス 2007：『情報倫理の思想』西垣通／竹之内禎訳、 NTT 出版（叢書コムニス 05）

Förster, Eckart 2011: *Das 25 Jahre der Philosophie: Eine systematische Rekonstruktion,* Klostermann (*The Twenty-Five Years of Philosophy: A Systematic Reconstruction,* translated into English by Brady Bowman, Harvard University Press, 2012)（エッカート・フェルスター『哲学の 25 年　体系的な再構成』三重野清顕／佐々木雄大／池松辰男／岡崎秀二

郎／岩田健佑訳、法政大学出版局（叢書ウニベルシタス 1131）、2021 年）

Foucault, Michel 2008: "Introduction à L'anthropologie de Kant (Genèse et structure de l'Anthropologie du Kant)," in: *Emmanuel Kant, Anthropologie du point de vue pragmatique*, précédée de Michel Foucalt, *Introduction à L'anthropologie de Kant*, Librairie Philosophique J. Vrin, Paris（ミシェル・フーコー『カントの人間学』王寺賢太訳、新潮社、2010 年）

Franke, Ursula (ed.) 2000: *Kants Schlüssel zur Kritik des Geschmacks. Ästhetische Erfahrung heute - Studien zur Aktüalität von Kants »Kritik der Urteilskraft*[a] (*Sonderheft des Jahrgangs 2000 der Zeitschrift für Ästhetik und Allgemeine Kunstwissenschaft. Herausgegeben von Ursula Frank*) Felix Meiner Verlag, Hamburg

Frede, Michael/Krüger, Lorenz 1973: "Über die Zuordnung der Quantitäten des Urteils und der Kategorien der Grösse bei Kant," in: Gerold Prauss (ed.), *Kant. Zur Deutung seiner Theorie von Erkenntnis und Handeln*, Klepenheuer & Witsch, Köln 1973

藤井健真 2021：『課題解決に効く、次世代 AI 活用術』クロスメディア・パブリッシング

古川直裕 et al. 2021：『Q&A AI の法務と倫理』古川／渡邊道生穂／柴山吉報／木村菜生子著、中央経済社

藤澤賢一郎 1990：「フィヒテ自我論の射程 自己意識・個体制・相互人格性」（廣松渉／坂部恵／加藤尚武（編）『講座 ドイツ観念論』第 3 巻『自我概念の新展開』弘文堂、1990 年、pp. 223-292 に所収）

藤田健治 1962/2011：『シェリング』（思想学説全書）、勁草書房（再版 1977 年；オンデマンド版 2011 年）

藤田健治 1994：『カント解釈の基本問題──その人間学的還元』法政大学出版局

福谷茂 2009：『カント哲学試論』知泉書館

『現代思想』1998：「特集 主体とは何か」1998 年、10、vol. 26-12、青土社

『現代思想』1999：「特集 システム論 内部観測とオートポイエーシス」1999 年、4、vol. 27-4、青土社

『現代思想』2001：「総特集 システム 生命論の未来」2001 年、2 月臨時増刊、vol. 239-3、青土社

Gerhardt, Volker/Horstmann, Rolf-Peter/Schumacher, Ralph (ed.) 2001: *Kant und die Berliner aufklärung. Akten des IX. Internationalen Kant-Kongresses*, Band 5, Walter de

Gruyter, Berlin/New York

Burger, Paul/Gloy, Karen (ed.) 1993: *Die Naturphilosophie in Deutschen Idealismus*: Tagung der Reimers-stiftung vom 27. -30. 4. 1993 in Bad-Homburg V. d. h. (Reihen » Spekulation und Erfahrung« Abteilung II: Untersuchungen, 33, Friedrich Frommann Verlag, Stuttgart

Goldschmidt, Ludwig 1910: *Zur Wiedererweckung Kantischer Lehre*, F.A.Perthes, Gotha 1910

Groth, Olaf/Nitzberg, Mark 2018: *Solomon's Code. Humanity in a World of Thinking Machines*, Aevitas Creative Management（『新たな AI 大国　その中心に「人」はいるのか？』長澤あかね訳、講談社（日本語版として再編集））

アルセニイ・グリガ (Гуыга, A) 1983：『カント──その生涯と思想』西牟田久雄／浜田義文訳、法政大学出版局（原著(A. Gulyga, *Kant*, 1977)は入手できなかった）

Guth, Alan 1981: "The Inflationary Universe: A Possible Solution Horizon and Flatness Problem," in: *Phys. Rev.* D 23, 347

Guth, Alan 1997: *The Inflationary Universe: The Quest for a New Theory of Cosmic Origins*, Addison-Wesley（アラン・グース『なぜビッグバンは起こったか　インフレーション理論が解明した宇宙の起源』はやしはじめ／はやしまさる訳、早川書房、1999 年）

羽生善治／ NHK スペシャル取材班 2017：『人工知能の核心』NHK 出版（NHK 出版新書）

羽生善治 2022：「次の一手を決めるプロセス」、「鼎談 脳と AI」（別記酒井 2022：『脳と AI──言語と思考へのアプローチ』に所収）

量義治 1984：『カントと形而上学の検証』法政大学出版局

量義治 1986：『カント哲学とその周辺』勁草書房

浜田義文 1967：『若きカントの思想形成』勁草書房

浜田義文 1994：『カント哲学の諸相』法政大学出版局

浜田義文（編）1989：『カント読本』法政大学出版局

半田智久 2013：『構想力と想像力──心理学的研究叙説』ひつじ書房

Harari, Yuval Noah 2016: *Homo Deus. A Brief History of Tomorrow*, Harvill Secker, London（ユヴァル・ノア・ハラリ 2022：『ホモ・デウス テクノロジーとサピエンスの未来』上下巻、柴田裕之訳、河出書房新社（河出文庫）；初版 2018 年）

春芽健生 2022：『さらば、FAKE AI Real AI 次代を切り拓く 3 つの条件』ダイヤモンド社

Hartmann, Nicolai 1974: *Die Philosophie des deutschen Idealismus*, Teil 1. *Fichte, Schelling und die Romantiker*, Walter de Gruyter; *Geschichte der Philosophie*, vol. 8, 1923（ニコライ・ハルトマン『ドイツ観念論の哲学』第一部「フィヒテ、シェリング、ロマン主義」村岡普一監訳、作品社、2004 年）

Hawking, Stephen 1988: *A Brief History of Time: From the Big Bang to Black Holes*, Bantam Dell Publishing Group, London（スティーヴン・ホーキング『ホーキング、宇宙を語る ビッグバンからブラックホールまで』林一訳、早川書房、1989 年）

Hawking, Stephen 2018: *Brief Answer to the Big Questions*, Space Time Publishing Ltd.（スティーヴン・ホーキング『ビッグ・クエスチョン〈人類の難問〉に答えよう』青木薫訳、NHK 出版、2019 年）

Hawking, Stephen/Mlodinow, Leonard 2008: *A Briefer History of Time: The Science Classic Made More Accessible,* Random House Publishing Group, London（スティーヴン・ホーキング／レナード・ムロディナウ『ホーキング、宇宙のすべてを語る』佐藤勝彦訳、武田ランダムハウスジャパン、2005 年）

Hegel, Georg Friedrich Wilhelm 1801: *Differenz des Fichte'schen und Schelling'schen System der Philosphie* (in Beziehung auf Reinhold's Beyträge zur Ieichtera Übersicht des Zustands der Philosophie zu Anfang des neunzehnten Jahrhunderts), in: *Gesammelte Werke*. In Verbindung mit der Deutschen Forschungsgemeinschaft herausgegeben von der Nordrhein-Westfällischen Akademie der Wissenschaften und der Künste [= GW（ノルトライン（現ライン）＝ヴェストファーレン・学術アカデミー版／学研版）], vol. IV: *Jenaer KritischeSchriften*, hrsg. im Auftrag der Deutschen Forschungsgemeinschaft, Hartmut Buchner/Otto Pöggeler (hrsg.), Felix Meiner Verlag, Hamburg 1968, pp. 1-92; in: *Werke in zwanzig Bänden*, Eva Moldenhauer/Karl Markus Michel (ed.), vol. II, *Jenaer Schriften 1801-1807*, Theorie Werkausgabe Suhrkamp [= TW（ズーアカンプ版）], Frankfurt am Main 1970, pp. 7-138（ゲオルク・ヴィルヘルム・フリートリヒ・ヘーゲル『フィヒテとシェリングの哲学体系の差異』〔「差異論文」〕邦訳各種）

Hegel, G. F. W./Schelling, F. W. J. v. (ed.) 1802-1803: *Kritisches Journal der Philosophie*, in: GW, IV: 113-506（『哲学批判雑誌』）

Hegel, Georg Friedrich Wilhelm 1802: *Glauben und Wissen (oder die Reflexionsphilospohie der Subjektivität in der Vollständigkeit ihrer Formen als Kantische, Jacobische, und Fichtesche*

Philosphie), in: GW, IV, pp. 313[315]-414 (*Kritisches Journal der Philosophie*, Bd. II, Stück 1, Juni, 1802); in: TW, II (『信と知』〔信仰と知〕、邦訳は上妻精訳、岩波書店、1993 年、他各種)

Hegel, Georg Friedrich Wilhelm 1812/1830[1831]/1832: *Wissenschaft der Logik*, Erster Teil: *Die objektive Logik*, Erstes Buch: *Die Lehre vom Sein*, in: GW, vol. 21, Friedrich Hogemann/Walter Jaeschke (ed.), 1985 [PhB(哲学叢書版)385, Hans Jürgen Gawoll (new ed.), Felix Meiner Verlag, 1990]; TW, vol. V(『論理の学』〔大論理学〕第一部「客観的論理学」第一巻「存在論［有論］」、邦訳は山口祐弘訳、作品社、2012 年、他各種)

Hegel, Georg Friedrich Wilhelm 1817/1827/1830: *Enzyklopädie der philosophischen Wissenschaften im Grundrisse*, Part 1: *Die Wissenschaft der Logik*. Mit den mundlichen Zusätzen, in: TW, vol. VIII(ヘーゲル『エンチュクロペディー』第一書『(小) 論理学』邦訳各種)

Hegel, G. W. F. 2020: *Vorlesung für die Geschichte der Philosophie,* I-III, in: TW, vol. XVIII-XX, 1971; Suhrkamp Taschenbuch Wissenschaft 618-620, 1986 (original version, edited by Ludwig Michelet)(ヘーゲル『哲学史講義』邦訳各種)

Hegel-Studien 1980: *Hegel in Jena. Die Entwicklung des Systems und die Zusammenarbeit mit Schelling*, Dieter Henrich/Klaus Düsing (ed.), *Hegel-Studien* (Friedhelm Nicolin/ Otto Poeggeler (ed.)). Beiheft 20, Internationale Vereinigung zur zur Förderung des Studiums der Hegelschen Philosophie, X. Veröffentlichung. Hegel-Tage Zwettl 1977, Bouvier Verlag Herbert Grundmann, Bonn

Hegel-Studien 1983: *Kant oder Hegel? Über Formen der Begründung in der Philosophie.* Stuttgarter Hegel-Kongreß 1981. Dieter Henrich (ed.), *Hegel-Studien* 12, Klett-Cotta, Stuttgart

Hegel-Studien 1988: *Metaphysik nach Kant?* Stuttgarter Hegel-Kongreß 1987. Dieter Henrich/Rolf-Peter Horstmann (ed.). *Hegel-Studien* 17. Veröffentlichung der Internationale Vereinigung zur zur Förderung des Studiums der Hegelschen Philosophie, Klett-Cotta, Stuttgart

Heidegger, Martin 1927/1977: *Sein und Zeit*, Max Niemeyer, Tübingen (1927); *Gesammtausgabe* [= GA], I. Abteilung: Veröffentliche Schriften 1910-1976, vol. 2, edited

by Friedrich Wilhelm von Hermann, Vittorio Klostermann, Frankfurt am Main (1977)
（マルチン・ハイデガー『存在と時間』邦訳各種）

Heidegger, M. 1929/1991: *Kant und das Problem der Metaphysik*, 1st edition, Max Niemeyer, Bonn (1929); Zweite, unveränderte Auflage, 1951; GA: 3 (1991, F. -W. von Hermann (ed.))（ハイデガー『カントと形而上学の問題』（理想社『ハイデッガー選集』19、木場深定訳、1967 年；創文社版全集 3、門脇卓爾／ハルトムート・ブフナー訳、2003 年）

Heidegger, M. 1976: *Kants These über das Sein* (1961) in: GA: 9, *Wegmarken*, F. -W. von Hermann (ed.)（ハイデガー「存在についてのカントのテーゼ」、『道標』辻村公一／ハルトムート・ブフナー訳、創文社版全集 9、1985 年に所収）

Heidegger, M. 1977: *Phänomenologische Interpretation von Kants Kritik der reinen Vernunft*, GA, II. Abt.: Vorlesungen 1919-1944, vol. 25 (Wintersemester 1927/1928), Ingraud Görland (ed.), Frankfurt am Main（ハイデガー『カント『純粋理性批判』の現象学的解釈』石井誠士／仲原孝／セヴェリン・ミュラー訳、創文社版全集 25、1997 年）

Heidegger, M. 1983: *Grundbegriffe der Metaphysik. Welt - Endlichkeit - Einsamkeit*, GA29/30 (WS 1929/1930), F. -W. von Hermann (ed.)（ハイデガー『形而上学の根本諸概念』川原榮峰／ゼヴェリン・ミュラー訳、創文社版全集 29/30、1998 年）

Heidegger, Martin 1985: *Phänomenologische Interpretation zu Aristoteles. Einführung in die phänomenologische Forschung*, GA61 (WS 1921/1922), W. Bröcker/K. Bröcker-Oltmanns (ed.)（ハイデガー『アリストテレスの現象学的解釈／現象学的研究入門』門脇俊介／コンラート・バルドゥリアン訳、創文社版全集 61、2009 年）

Heidegger, Martin 2005: *Phänomenologische Interpretation ausgewählter Abhandlungen des Aristoteles zu Ontologie und Logik*, GA62 (Sommersemester 1922), G. Neumann (ed.)

ハイデガー・フォーラム（編）2021：『ハイデガー事典』昭和堂

Heimsoeth, Heinz 1966/1971: *Transzendentale Dialektik. Ein Kommentar zu Kants Kritik der reinen Vernunft*, de Gruyter, Berlin（ハインツ・ハイムゼート『魂・世界および神 カント『純粋理性批判』註解 超越論的弁証論 第一部』、同『第二部』山形欽一訳、晃洋書房、1996-1999 年）

Heimsoe[ö]th, Heinz 1956/1958/1971: *Studien zur Philosohpie Immanuel Kants, Kant-Studien* Ergänzungshefte 71, Kölner Universitäts-Verlag（抄訳：ハインツ・ハイムゼート『カント哲学の形成と形而上学的基礎』須田朗／宮武昭訳、未來社）

Heine, Heinrich 1834: *Zur Geschichte der Religion und Philosophie in Deutschland* (*Ueber Deutschland*, vol. I), in: *Heinrich Heine's sämtliche Werke*, vol. V, Hoffmann & Campe, Hamburg 1872（ハインリヒ・ハイネ『ドイツ古典哲学の本質』伊東勉訳、岩波書店（岩波文庫）、1951 年）

Heinz, Rudolf 1966: *Französische Kantinterpreten im 20. Jahrhundert*, Mainzer philosophische Forschungen, Bd. 5, Bouvier, Bonn

Heisenberg, Werner 1969/1973: *Der Teil und das Ganze. Gespräche im Umkreis der Atomphysik*, Deutschen Taschenbuch Verlag (dtv q03), München (English version: *Physics and Beyond. Encounters and Conversations*, "A volume in the World Perspective Series, planned and editied by Ruth Nanda Anshen," trans. by Arnold J. Pomerans, Harper & Row Publishers, Inc., New York 1971（ヴェルナー・ハイゼンベルク『部分と全体』(*Bubun to Zentai*)、山崎和夫(Yamazaki, Kazuo)訳、みすず書房(Misuzu shobo Publishers)、1974 年); Kapital/Chapter 10. "Quantummechanik und Kantische Philosophie (1930-1934)"

Henrich, Dieter 1973: "Die Beweisstruktur von Kants transzendentaler Deduktion," in: Gerold Prauss (ed.), *Kant. Zur Deutung seiner Theorie von Erkenntnis und Handeln*, Klepenheuer & Witsch, Köln

Henrich, Dieter 1991: *Konstellationen. Probleme und Debatten am Ursprung der idealistischen Philiosophie (1789-1795)*, Klett-Cotta, Stuttgart

Henrich, Dieter 1994: *The Unity of Reason: Essay on Kant's Philosophy*, Harvard University Press

Henrich, Dieter 2003: *Between Kant and Hegel. Lectures on German Idealism*, David S. Pacini (ed.), Harvard University Press, Cambridge/London

Henrich, Dieter/Iser, Wolfgang (ed.) 1992: *Theorien der Kunst*, Surkamp Taschenbuch Wissenschaft 1012, Frankfurt am Main 1992

ディーター・ヘンリッヒ 1979：『カント哲学の体系形式』門脇卓爾監訳、理想社、1979 年（Die systematische Form der Philsophie Kants の訳とあるが原典は入手できず）

ディーター・ヘンリッヒ 1986：『フィヒテの根源的直観』座古田豊／小林恵一訳、法政大学出版局（"La de couverte de Fichte," in: *Revue de métaphysique et de morale*, 1967, pp. 154-169; in: Dieter Henrich, *Selbstverhaeltnisse*, Stuttgart 1982 、および *Fichtes ursprüngliche Einsicht*, Frankfurt am Main, 1967 の邦訳。いずれも原典は入手できず）

Heuser-Keßler, Marie-Luise 1996: *Die Produktiviät der Natur. Schellings Naturphilosophie und das neue Paradigma der Selbstorganisation in den Naturwissenschaften*, Erfahrung und Denken Bd, 69, Duncker & Humblot, Berlin

檜垣良成 1998：『カント理論哲学形成の研究　「実在性」概念を中心にして』渓水社

平井俊夫 1976：「Novalis の》Hymnen an die Nacht《に関する研究のための試論」（『京都大學文學部研究紀要』16, pp. 1-54 に所収）

平田俊博 1996：『柔らかなカント哲学』晃洋書房

廣松渉 1986：『相対性理論の哲学』勁草書房

廣松渉 1990：「総説 カントを承けてフィヒテへ」（廣松／坂部恵／加藤尚武（編）『講座 ドイツ観念論』第 3 巻『自我概念の新展開』弘文堂、1990 年、pp. 1-13 に所収）

廣松渉 1990：「総説 自然と大我との統一原理」（廣松／坂部恵／加藤尚武（編）『講座 ドイツ観念論』第 4 巻『自然と自由の深淵』弘文堂、1990 年、pp. 1-32 に所収）

Höffe, Otfried 1992: *Immanuel Kant*, Verlag C. H. Beck, München（オトフリート・ヘッフェ『イマヌエル・カント』薮木栄夫訳、法政大学出版局、1992 年）

Höffe, Otfried 2003: *Kants Kritik der reinen Vernunft. Die Grundlegung der modernen Philosophie*, Verlag C. H. Beck, München

本田敏雄 2002：『フィヒテ論攷―フィヒテ知識学の歴史的原理的展開―』晃洋書房

Horkheimer, Max 1987: "Über Kants *Kritik der Urteilskraft* als Bindeglied zwischen theoretischer und pragmatischer Philosophie (1925)," in: *Gesammelte Schriften*, Alfred Schmidt/Gunzelin Schmid Norr (ed.), vol. II, Fischer Verlag（マックス・ホルクハイマー『理論哲学と実践哲学の結合子としてのカント『判断力批判』』服部健二／青柳雅文訳、こぶし書房、2010 年）

星野太 2017：『崇高の修辞学』月曜社

細川亮一／齋藤元紀／池田喬（編）2015：『始まりのハイデガー』晃洋書房

細谷昌志 1993：「ドイツ観念論における宗教理解」（『叢書 ドイツ観念論との対話』第 1 巻「総説・ドイツ観念論と現代」大橋良介（編）、ミネルヴァ書房、pp. 126-169 に所収）

細谷昌志 1998：『カント 表象と構想力』創文社

Hühn, Lore 1997: "Das Schwaben der Einbildungskraft. Eine frühromantische Metapher in ücksicht auf Fichte," in: *Fichte-Studien* 12, pp. 127-151

Hume, David 1739/1740: *A Treatise of Human Nature: Being an Attempt to Introduce the Experimental Method of Reasoning into Moral Subjects*, Noon (1739); Longman (1740, with Appendix)（デヴィッド・ヒューム『人性論』［人間本性論］大槻春彦訳、岩波書店（岩波文庫））

Husserl, Edmund:

Husserliana, Martinus Nijhoff/Kluwer Academic Publishers/Springer:

vol. III, *Ideen zu einer reinen Phänomenologie und phänomenologischen Philosophie*, vo. I, 2 Books, 1. Einführung in die reine Phänomenologie, 2. Ergänzende Texte (1912-1929), Karl Schumann (ed.), 1976; *Ideen zu einer reinen Phänomenologie und phänomenologischen Philosophie*, vol. I, 1913（エトムント・フッサール『考案』［イデーン］第 1 巻、池上鎌三訳、岩波文庫；渡邊二郎訳、みすず書房）

vol. X, *Zur Phänomenologie des inneren Zeitbewußtseins* (1893-1917), Rudolf Boehm (ed.), 1969（フッサール『内的時間意識の現象学』邦訳各種）

vol. XVIII, *Logische Untersuchungen*,vol. I, Prolegomena zur reinen Phänomenologie und Theorie der Erkentniss, Ursula Panzer (ed.), 1984; *Logische Untersuchungen*, vol. I, 1900ff.（フッサール『論理学研究』第 1 巻、立松弘孝訳、みすず書房、新装版 2015 年）

vol. XXXIII, *Die Bernauer Manuskript über das Zeitbewusstsein* (1917/1918), Rudolf Bernet/Dieter Lohmar (ed.), 2001（フッサール『ベルナウ草稿』）

市嶋洋平／江藤哲郎 2019：『AI ゲームチェンジャー シリコンバレーの次はシアトルだ』日経 BP

五十嵐涼介「無限判断と存在措定」（日本カント協会『日本カント研究』16、知泉書館、2015 年に所収、ただし著者の参照・引用したのは PDF 版であり、頁数が異なる）

池田全之 1998：『シェリングの人間形成論研究』福村出版

伊古田理 1994：「同一哲学とモナドの問題——ヘーゲルとの対比において」（西川冨雄（監修）、高山守／藤田正勝／松山寿一／長島隆（編）『シェリング読本』法政大学出版局、1994 年に所収）

今井道夫 2001：『思想史のなかのエルンスト・マッハ——科学と哲学のあいだ——』東信堂

今泉文子 2021：『ノヴァーリス 詩と思索』勁草書房

今泉允聡 2021：『深層学習の原理に迫る　数学の挑戦』岩波書店（岩波科学ライブラリー 303）

今道友信 1982：「『想像力』の機能と構造」（今道（編）『藝術と想像力』東京大学出版会に所収）

稲葉振一郎 2021：『社会倫理学講義』有斐閣（有斐閣アルマ）

伊野連 2007：「F・ベイコンの「オルガノン」研究——新全集『オックスフォード・フランシス・ベイコン』を用いて——」（『横浜商大論集』第 41 巻第 1・2 合併号、pp. 29-59 に所収）

伊野連 2008：「ハイデガーとアリストテレス『命題論』」（『横浜商大論集』第 42 巻第 1 号、pp. 107- 121 に所収）

伊野連 2010：「「哲学のオルガノン」についての考察——アリストテレス、カント、シェリング、ヤスパースにおける藝術哲学と形而上学——」、博士（文学）学位論文、東洋大学、乙（文）第七十九号

伊野連 2015：『現代美学の射程』三恵社

伊野連 2016A：『哲学・倫理学の歴史』三恵社

伊野連 2016B：『生命の倫理　入門篇』三恵社

伊野連 2018：「正岡子規の病いと死」（関東医学哲学・倫理学会編『医学哲学・倫理』第 13 号、pp. 21-36 に所収）

伊野連 2020：「戸塚洋二の死生観——自然科学者の自己客観視——」（関東医学哲学・倫理学会編『医療と倫理』第 12 号、pp. 21-36 に所収）

伊野連 2023A：「科学の哲学と技術工学の倫理——AI に関するホーキングの提言をめぐって——」（『三重大学国際交流センター紀要』18（通巻 25）、pp. 1-15 に所収）

伊野連 2023B：「戸塚洋二、その科学観と死生観」（『東洋大学大学院紀要』哲学篇、59、pp. 1-17 に所収）

Ino, Ren 2012: *Doitsu kindai tetsugaku ni okeru geijutsu no keijijougaku: Kant, Schelling, Jaspers to 'Tetsugaku no Organon' no mondai* [*The Metaphysics of Art in the modern German Philosophy: Kant, Schelling, and Jaspers and the Problem of 'Organon of the Philosophy'*], Libertas Publishers, Tokyo (in Japanese: 伊野連『ドイツ近代哲学における藝術の形而上学——カント、シェリング、ヤスパースと「哲学のオルガノン」の問題——』リベルタス出版）

Ino, Ren 2019: "Masaoka Shiki's Last Days and His Creations: Note on a Poet Who Suffered from Tuberculosis and Spinal Caries," in: Japanese Association for Philosophical and Ethical Researches in Medicine (ed.), *Journal of Philosophy and Ethics in Health Care and Medicine*, 13, pp. 38-51

Ino, Ren 2020: "Ryoushi-rikigaku to tetsugaku. Heisenberg, Platon, Kant [Quantum mechanics and philosophy. Heisenberg, Plato, Kant]", in: *Saitama Gakuen Daigaku Kiyo* [Bulletin], Book for Faculty of Humanities, vol. 20, pp. 15-28 (in Japanese: 伊野連「量子力学と哲学——ハイゼンベルク、プラトン、カント——」、『埼玉学園大学紀要』人間学部篇に所収)

伊坂青司／長島隆／松山壽一（編）1994：『ドイツ観念論と自然哲学』創風社

伊坂青司／原田哲史（編）2007：『ドイツ・ロマン主義研究』御茶の水書房

石原達二 1990：「ロマン主義者の芸術論」（廣松渉／坂部恵／加藤尚武（編）『講座 ドイツ観念論』第 4 巻『自然と自由の深淵』弘文堂、1990 年、pp. 259-307 に所収）

石井栄一 1995：『フランシス・ベーコンの哲学』増補改訂版、東信堂

石井稔 1994：『構想力の自由 カント研究論文集』谷田信一／鹿島徹／清水明美／服部健司（編）、石井稔哲学論文集刊行会

石川文康 1990：「法廷モデルと無限判断」（廣松渉／坂部恵／加藤尚武（編）『講座 ドイツ観念論』第 2 巻『カント哲学の現代性』弘文堂、1990 年、pp. 133-176 に所収）

石川文康 1995：『カント入門』筑摩書房新社（ちくま新書）

石川文康 1996：『カント第三の思考 法廷モデルと無限判断』名古屋大学出版会

石川求 1988：「「無限判断」と批判哲学」、東北大学哲学研究会（編）『思索』, vol.21, pp.45-66

石川求 2018：『カントと無限判断の世界』法政大学出版局

岩城見一 2006：『〈誤謬〉論 カント『純粋理性批判』への感性論的アプローチ』萌書房

岩崎武雄 1965：『カント『純粋理性批判』の研究』勁草書房（新地書房版『岩崎武雄著作集』第 7 巻、1982 年に所収）

James, Wiliam 1890: *The Principles of Psychology*, Henry Holt & Co., New York; in: *The Works of William James*, 3 vols. [vol. VIII: 1-3], Frederick H. Burkhardt (General Editor), Harvard University Press, Cambridge/London 1981（ウィリアム・ジェイムズ『心理学』）

Jamme, Christoph/Schneider, Helmut (ed.) 1984: *Mythologie der Vernunft. Hegels »ältestes*

Systemprogramm« des deutschen Idealismus, Suhrkamp Taschenbuch Wissenschaft 413

Janke, Wolfgand 1970: *Fichte. Sein und Reflexion. Grundlagen der kritischen Vernunft*, Berlin（ヴォルフガンク・ヤンケ『存在と反省――批判的理性の基礎』上下巻、隈元忠敬／高橋和義／阿部典子訳、哲書房、1992/1994 年）

Janke, Wolfgang 1997: "Fichte, Novalis, Hölderlin: die Nacht des gegewärtigen Zeitalters," in: *Fichte-Studien* 12, pp. 1-24

Jaspers, Karl 1913/1946: *Allgemeine Psychopathologie*, 1st edn., 1913; enlarged and revised edn., 1946, Springer, Berlin（カール・ヤスパース［ヤスペルス］『精神病理学総［總］論』（1946 年増補改訂版の訳）、内村祐之／西丸四方／島崎敏樹／岡田敬藏訳、岩波書店；『精神病理学原論』（1913 年初版の訳）、西丸四方訳、みすず書房）

Jaspers, Karl 1919: *Psychologie der Weltanschauungen*, Springer, Berlin（ヤスパース『世界観の心理学』上下巻、上村忠雄／前田利男訳、理想社（『ヤスパース選集』25・26）；重田英世訳、創文社）

Jaspers, Karl 1932: *Philosophie*, 3 vols. [I. *Philosophischer Weltorientierung*, II. *Existenzerhellung*, III. Metaphysik], Springer, Berlin (English version: *Philosophy*, 3 vols. [I. *Philosophical World Orientation*, II. *Existential Elucidation*, III. *Metaphysics*], translated by E. B. Ashton, Chicago University Press, 1969 (I), 1971 (II & III)（ヤスパース『哲学』全三書：一『哲学的世界定位』武藤光朗訳、二『実存開明』信太正三／草薙正夫訳（他に抄訳『実存照明』小倉志祥／林田新二／渡邊二郎訳、中央公論新社『世界の名著』）、三『形而上学』鈴木三郎訳、創文社）

Jaspers, Karl 1947: *Philosophische Logik. Erster Band. Von der Wahrheit*, R. Piper Verlag, München（ヤスパース（『哲学的論理学』第一書）『真理について』全五巻のうち；第一巻、林田新二訳；第五巻、小倉志祥／松田幸子訳；Jaspers, *Über das Tragische*（現著者による抜粋『悲劇論』橋本文雄訳）、理想社『ヤスパース選集』3、31-35））

Jaspers, Karl 1948: *Unsere Zukunft und Goethe*, Artemis Verlag, Zürich

Jaspers, Karl 1955: *Schelling. Grosse und Verhängnis*, R. Piper Verlag, München（カール・ヤスパース『シェリング』那須政玄／山本冬樹／高橋章仁訳、行人社、2006 年）

Jaspers, Karl 1965: Kleine Schule des philosophischen Denkens, R. Piper Verlag, München（ヤスパース『哲学的思惟の小さな学校〔哲学の学校〕』松浪信三郎（／岩波哲男）訳、河出書房新社、1980 年；松代和郎訳、昭和堂、2020 年）

Jaspers, Karl 1970: *Chiffren der Transzendenz*, edited by Hans Saner, R. Piper Verlag, München（ヤスパース『神の暗号』草薙正夫訳、理想社（『ヤスパース選集』37））

Jaspers, Karl 1988: *Max Weber. Gesammelte Schriften*. Mit einer Einführung von Dieter Henrich, Serie Piper Bd. 799, München

【シュヴァーベ社版ヤスパース全集［KJG]について】

2016年から刊行が開始されたヤスパースの決定版全集はこの数年のうちに一気に19冊（著者が実際に手に取った物）が揃った。以下にその書誌情報を記す：

Karl Jaspers Gesamtausgabe. Herausgegeben im Auftrag der Heidelberger Akademie der Wissenschaften und der Akademie der wissenschaften zu Göttingen von Markus Enders/Thomas Fuchs/Jens Halfwassen（†)/Reinhard Schulz. In Verbindung mit Anton Hügli/Kurt Salamun/Hans Saner（†), Abteilung I: Werke, II: Nachlass, III: Briefe, Schwabe Verlag, Basel

I/3 *Gesammelte Schriften zur Psychopathologie*, Hrsg. v. Chantal Marazia, unter Mitwirkung von Dick Fonfara, 2019

I/6 *Psychologie der Weltanschauungen*, Oliver Immel (Hrsg.), 2019

I/7 1-3 *Philosophie* I-III, *Philosophische Weltorientierung; Existenzerhellung; Metaphysik*, Oliver Immel (Hrsg.), 2022

I/8 *Schriften zur Existenzphilosophie*, Dominic Kaegi (Hrsg.), 2018（うち、*Existenzphilosophie* (1938)および"Was ist Existentialismus?" (「実存主義とは何か」、1968年)の邦訳を収めた『実存哲学』中山剛史訳、リベルタス出版、2021年が既刊）

I/10 *Vom Ursprung und Ziel der Geschichte*, Kurt Salamun (Hrsg.), 2017

I/12 *Schriften zum philosophischen Glauben*, Bernd Weidmann (Hrsg.), 2022

I/13 *Der philosophische Glaube angeschichts der Offenbarung*, Bernd Weidemann (Hrsg.), 2016

I/15. 1 *Der großen Philosophen*. Erster Band. 1 Teilband: Die maßgebenden Menschen: Sokrates/Budha/Kunfuzius/Jesus, Die fortzeugenden Gründer des Philosophierens: Plato/Augustin/Kant, Dirk Fonfara (Hrsg.), 2022

I/15. *Der großen Philosophen*. Erster Band. 2 Teilband: *Aus dem Ursprung denkende Metaphysiker: Anaximander/Heraklit/Plotin/Anselm/Spinoza/Laotse/Nagarjuna*, Dirk Fonfara (Hrsg.), 2022

I/16 *Nikolaus Curanus*, Tolga Ratzsch (Hrsg.). In Verbindung mit Dirk Fonfara, 2022

I/18 *Nietzsche*, Dominic Kaegi/Andreas Urs Sommer (Hrsg.), 2020

I/21 *Schriften zur Universitätsidee*, Oliver Immel (Hrsg.), 2016

I/23 *Die Schludfrage*, Dominic Kaegi (Hrsg.), 2021

II/1 *Grundsätze des Philosophierens. Einführung in philosophischen Lebens*, Bernd Weidmann (Hrsg.), 2019

II/6 *Vom unabhängigen Denken. Hannah Arendt und ihre Kritiker. Nachgelassene Fragment*, Georg Hartmann (Hrsg.), 2022

III/8. 1 *Ausgewählte Verlags- und Übersetzer-korrespondenzen*, Dirk Fonfara (Hrsg.), 2018

III/8. 2 *Ausgewählte Korrespondenzen mit dem Piper Verlag und Klaus Piper 1942-1968*, Dirk Fonfara (Hrsg.), 2020

Jost, Johann 1927: *W. J. von Schelling Bibliographie der Schriften von ihm und über ihn*, Verlag von Friedrich Cohen, Bonn a. Rh.

Kahler [Kaehler], Klaus Erich 1981: "Systematische Voraussetzungen der Leibniz-Kritik Kants im Amphibolie-Kapitel," in: *Akten des 5. Internationalen Kant-Kongresses*, Teil I, Walter de Gruyter, Berlin

金丸隆志 2020：『高校数学からはじめる ディープラーニング 初歩からわかる人工知能が働くしくみ』講談社（ブルーバックス）

神林恒道 1993：「芸術は死んだか／ドイツ観念論美学のアクチュアリティ」（『叢書 ドイツ観念論との対話』第 2 巻『芸術の射程』神林恒道（編）、ミネルヴァ書房、pp. 1-19 に所収）

神林恒道 1996：『シェリングとその時代』行路社

金子武蔵 1974：『カントの純粋理性批判』以文社

Kappstein, Theodor 1921: *Schillers Weltanschauung* (Philosophische Reihe. Herausgegeben von Alfred Werner, 8. Band), Rösl & Cie. München

Kappstein, Theodor 1921: *Schleiermacher's Weltbild und Lebensanschauung* (Philosophische Reihe. Herausgegeben von Alfred Werner, 20. Band), Rösl & Cie, München

加藤尚武 1980：『ヘーゲル哲学の形成と原理―理念的なものと経験的なものの交差』未來社；別記全集第 1 巻に所収

加藤尚武 1993：「ドイツ観念論の中の技術論」（『叢書ドイツ観念論との対話』第 2 巻『自然とその根源力』西川富雄（編）、ミネルヴァ書房、pp. 281-305 に所収）；別記

　　著作集第 10 巻に所収

加藤尚武 2008：『「かたち」の哲学』岩波書店（現代文庫）；別記著作集第 13 巻に所収

加藤尚武 2012：『哲学原理の転換——白紙論から自然的アプリオリ論へ』未來社；別記
　　著作集第 4 巻に所収

加藤尚武 2017-2020：『加藤尚武著作集』全 15 巻、未來社：

　　第 1 巻『ヘーゲル哲学のなりたち』（『ヘーゲル哲学の形成と原理——理念的なものと
　　経験的なものの交差』他を所収）；第 2 巻『ヘーゲルの思考法』（『哲学の使命——ヘ
　　ーゲル哲学の精神と世界』より、他を所収）；第 3 巻『ヘーゲルの社会哲学』（『ヘー
　　ゲルの「法」哲学』、『哲学の使命——ヘーゲル哲学の精神と世界』より、他を所収）；
　　第 4 巻『よみがえるヘーゲル哲学』（『哲学原理の転換——白紙論から自然的アプリオ
　　リ論へ』他を所収）；第 5 巻『ヘーゲル哲学の隠れた位相』；第 10 巻『技術論』；第
　　12 巻『哲学史』；第 13 巻『形と美』（『形の哲学——見ることの概念史』他を所収）

加藤尚武（編）1999：『ヘーゲル哲学への新視覚』創文社

勝田守一 1936：『シェリング』弘文堂書房（『西哲叢書』）

Kaulbach, Friedrich 1969: *Immanuel Kant*, Walter de Gruyter & Co., Berlin（フリードリ
　　ヒ・カウルバッハ『イマヌエル・カント』井上昌計訳、理想社、1978 年）

Kaulbach, Friedrich 1981: *Philosophie als Wissenschaft*, Gerstenberg Verlag, Hildesheim（フ
　　リードリヒ・カウルバッハ『純粋理性批判案内——学としての哲学——』井上昌計訳、
　　成文堂、1984 年）

河本英夫 1990：「シェリングの自然哲学」（廣松渉／坂部恵／加藤尚武（編）『講座 ド
　　イツ観念論』第 4 巻『自然と自由の深淵』弘文堂、1990 年、pp. 81-125 に所収）

河本英夫 1995：『オートポイエーシス』青土社

河本英夫 2004：「自己組織化とオートポイエーシス シェリング自然哲学と現代科学」（松
　　山壽一／加國尚志（編）2004：『シェリング自然哲学への誘い』（シェリング論集 4）
　　晃洋書房、pp. 171-195（第 II 部第七章）に所収）

川村秀憲／大塚凱 2022：『AI 研究者と俳人 人はなぜ俳句を詠むのか』dZERO

木田元 2000：『哲学と文学 エルンスト・マッハをめぐって』（人文研ブックレット 10）、
　　中央大学人文科学研究所

木田元 2002：『マッハとニーチェ——世紀転換期思想史』新書館

木田元 2008：『木田元の最終講義』角川学芸出版（角川ソフィア文庫）

城戸淳 2014：『理性の深淵 カント超越論的弁証論の研究』（新潟大学人文学研究叢書 10）、知泉書館

Kiesewetter, Johann Gottfried Christian 1795/1796: *Gedrängter Auszug aus Kants Kritik der reinen Vernunft* nebst der Erklärung der wichitigsten darin vorkommenden Ausdrücke der Schule, Öhmigke dem Jüngern, Berlin 1795; *Gedrängter Auszug aus Kants Prolegomena* in einer jeden künstigen Metaphysik die als Wissenschaft wird auftreten können, Öhmigke dem Jüngern, Berlin 1796; *Aetas Kantiana* 142/143, Bruxelles 1974

Kiesewetter, Johann Gottfried Christian 1795-1796: *Grundriß einer allgemeinen Logik nach kantischen Grundsätzen. (Zum Gebrauch für Vorlesungen begleitet mit einer weitern auseinandersetzung für diejenigen die keine Vorlesungen darueber hören können)*, 2. völlig umgearbeitete und verm. Aufl., F. T. Lagarde, Berlin 1795-1796; Erster Theil, welcher die reine allgemeine Logik enthält. Vierte rechmäßige, völlig umgearbeitete und sehr vermehrte Aufl., H. A. Köchly, Leipzig 1826 [Kochly, Leipzig 1824]; Zwiter Theil (welcher die angewandte allgemeine Logik enthälte von JGCCK). Dritte verbesserte Aulf., H. A. Köchly, Leipzig 1825; *Aetas Kantiana* 144: 1-2, Bruxelles 1973

Kiesewetter, Johann Gottfried Christian 1799: *Prüfung der Herderschen Metaphysik zur Kritik der reinen Vernunft(, in welcher zugleich mehrere schwierige Stellen in der Kritik der reinen Vernunft erläutert weden)*, Erster Theil, C. Quien, Berlin; *Aetas Kantiana* 145, Bruxelles 1973

Kiesewetter, Johann Gottfried Christian 1804: *Immanuel Kant's Critik der Urtheilskraft für Uneingeweihte(, auf eine fassliche Art dargestellt)*, W. Öhmigke, Berlin

菊地健三 2023：『カントと「移行」の問題』晃洋書房

木村博 1998：「判断する自我――フィヒテの定立判断論――」（『法政大学教養部紀要』104、pp. 89-102 に所収）

木村素衞 1937：『フィヒテ』弘文堂

Kircher, Erwin 1906: *Philosophie der Romantik. Aus dem Nachlaß Herausgegeben* (Margarete Susmann/Dr. Heinrich Simon). Verlag bei Eugen Diederichs, Jena

北澤恒人／長島隆／松山壽一（編）2000：『シェリング自然哲学とその周辺』梓出版社

清野勉 1896：『韓図純理批判解説　標註』哲学書院
（以下は国立国会図書館デジタルコレクションのアドレス

http://dl.ndl.go.jp/info:ndljp/pid/752766）

Klau, Gerhardt (ed.) 1925: *Schelling. Sein Weltbild aud den Schriften.* Herausgegeben und eingeleitet von Dr. Gerhard Klau, Alfred Kröner Verlag, Leipzig

小林敏明 1989：『アレーテイアの陥穽』ユニテ

小林雅一 2013：『クラウドから AI へ　アップル、グーグル、フェイスブックの次なる主戦場』朝日新聞出版（朝日新書）

小林利裕 1994：『カント『純粋理性批判』研究』近代文藝社

Köppen, Friedrich 1803: *Schellings Lehre oder das Ganze der Philosphie desabsoluten Nichts.* Nebst drey Briefen verwandten Inhalts von Friedr. Heinr. Jacobi. Friedrich Perthers, Hamburg

甲田純生 1999：『美と崇高の彼方へ──カント『判断力批判』をめぐって──』晃洋書房

上妻精 1990：「ドイツ観念論の歴史哲学」（廣松渉／坂部恵／加藤尚武（編）『講座 ドイツ観念論』第 6 巻『問題史的反省』弘文堂、1990 年、pp. 225-282 に所収）

上妻精 1993：「ニヒリズムの萌芽──ヤコービとその周辺──」（『叢書 ドイツ観念論との対話』第 5 巻『神と無』大峯顯（編）、ミネルヴァ書房、pp. 147-221 に所収）

古明地正俊／長谷佳明 2018：『図解　人工知能大全　AI の基本と重要事項がまとめて全部わかる』SB クリエイティブ

髙坂正顯 1939：『カント解釈の問題』弘文堂

紺野大地／池谷裕二 2021：『脳と人工知能をつないだら、人間の能力はどこまで拡張できるのか　脳 AI 融合の最前線』講談社

郡和範 2021：「現代宇宙論と素粒子論で哲学者カントに挑戦」（KEK［高エネルギー加速器研究機構］エッセイ♯41）

https://www2.yukawa.kyoto-u.ac.jp/~kazunori.kohri/KEK-Essay20210326.pdf

Kopper, Joachim/Malter, Rudolf (ed.) 1975: *Materialien zu Kants Kritik der reinen Vernunft,* Frankfurt am Main

Kopper, Joachim 1976: *Reflexion und Determination,* Berlin

Körner, Stepahn 1955: *Kant,* Penguin Books Ltd. (A Pelican Book)（シュテファン・ケルナー『カント』野本和幸訳、みすず書房、1977 年；新装版 2000 年）

Kroner, Richard 1921: *Von Kant bis Hegel,* J. C. B. Mohr, Tübingen（リヒャルト・クローナ

―『ドイツ観念論の発展 カントからヘーゲルへ』上妻精監訳、理想社（刊行中（全四巻予定）、既刊第Ⅰ巻（原著第1巻・序論、第一章）、上妻／福田俊章／松崎俊之／宮島光志訳、1998年；第Ⅱ巻（原著第1巻・第二〜四章）、上妻／北岡崇／高野敏行／菅原潤訳、2000年）

久保正夫 1926：『フィヒテの研究』同朋舎

久保元彦 1987：『カント研究』創文社

久保陽一 1993：『初期ヘーゲル研究――合一哲学の成立と展開』東京大学出版会

久保陽一 2003：『ドイツ観念論への招待』放送大学教育振興会

久保陽一 2010：『生と認識』知泉書館

久保陽一 2012：『ドイツ観念論とは何か カント、フィヒテ、ヘルダーリンを中心として』筑摩書房（ちくま学芸文庫）

隈元忠敬 1970：『フィヒテ知識学の研究』協同出版

隈元忠敬 1986：『フィヒテ『全知識学の基礎』の研究』渓水社

隈元忠敬 1990：「後期フィヒテ その知識学・宗教論・道徳論」（廣松渉／坂部恵／加藤尚武（編）『講座 ドイツ観念論』第3巻『自我概念の新展開』弘文堂、1990年、pp. 177-222に所収）

隈元忠敬 1993：「日本におけるフィヒテ」（『叢書 ドイツ観念論との対話』第6巻『ドイツ観念論と日本近代』茅野良男（編）、ミネルヴァ書房、pp. 125-148に所収）

熊野純彦 2002：『カント 世界の限界を経験することは可能か』NHK出版

熊野純彦 2017：『カント 美と倫理とのはざまで』講談社

栗原聡 2019：『AI兵器と未来社会 キラーロボットの正体』朝日新聞出版（朝日新書）

栗原隆 1992：「歴史が物語られる時――ドイツにおける新旧論争と、シェリング及びヘーゲルにおける歴史哲学の成立――」（『新潟大学教養学部研究紀要』23、pp. 1-12に所収）

黒崎政男 1990：「ドイツ観念論と十八世紀言語哲学 記号論のカント転換点説」（廣松渉／坂部恵／加藤尚武（編）『講座 ドイツ観念論』第6巻『問題史的反省』弘文堂、1990年、pp. 283-323に所収）

黒崎政男 2008：「『純粋理性批判』のさらなる可能性――人はモノに還元できるのか――」（坂部恵／佐藤康邦（編）『カント哲学のアクチュアリティ――哲学の原点を求めて』ナカニシヤ出版、pp. 3-31に所収）

黒積俊夫 1992：『カント批判哲学の研究——統覚中心的解釈からの転換——』名古屋大学出版会

黒積俊夫 2000：『カント解釈の問題』渓水社

黒積俊夫 2003：『ドイツ観念論との対決 カント擁護のために』九州大学出版会（「批判哲学と知識学との差異」を収録）

Kurzweil, Ray 2005: *The Singularity is Near. When Humans Transcend Biology*, Viking（レイ・カーツワイル『ポスト・ヒューマン誕生 コンピューターが人類の知性を超えるとき』井上健訳、NHK 出版、2007 年；抜粋訳『シンギュラリティは近い 人類が生命を超越するとき』エッセンス版、NHK 出版、2016 年）

桑木巖［嚴］翼 1917：『カントと現代の哲学』岩波書店（第 6 版、1920 年）

桑木嚴翼 1949：『カントとその周辺の哲学』（『桑木嚴翼著作集』第 3 巻、伊藤吉之助（編）、春秋社）

桑島秀樹 2008：『崇高の美学』講談社（選書メチエ）

Lacroix, Jean 1966: *Kant et le kantisme*, Que sais-je? No. 1213, PUF（ジャン・ラクロワ『カント哲学』木田元／渡辺昭造訳、白水社（文庫クセジュ）、1971 年）

Lamacchia, Adda 1974: Über die transzendentale und logische Topik in der Kritik der reinen Vernunft, in: *Akten des 4. Internationalen Kant-Kongresses*, Teil I, pp.113-139

Lambert, Johann Heinrich 1764: *Neues Organon [oder Gedanken ueber die Erforschung und Bezeichnung des Wahren und dessen Unterscheidung vom Irrthum und Schein]*, 2 vols.; vol. 1, Dianoiologie oder Lehre von de Gesetzen des Denkens; Alethiologie oder Lehre von der Waheheit, vol. 2, Semiotik oder Lehre von der Bezeichnung der Gedunken und Dinege; Phaenomenologie oder Lehre von dem Schein, Johann Wendler, Leipzig; *Philosophischen Schriften*, vols. I-II, Hans-Werner Arndt (ed.), Reprographischer Nachdruck, Georg Olms Verlagsbuchhandlung, Hildesheim 1965（ヨハン・ハインリヒ・ランベルト『新オルガノン』）

Lambert, Johann Heinrich 1771: *Anlage zur Architectonic [, oder Theorie des Einfachen und des Ersten in der philosophischen und mathematischen Erkentniss]*, 2 vols., Johann Friedrich Hartknoch, Riga; *Philosophischen Schriften*, vols. III-IV, Hans-Werner Arndt (ed.), Reprographischer Nachdruck, Georg Olms Verlagsbuchhandlung, Hildesheim 1965（ヨハン・ハインリヒ・ランベルト『建築術』）

LeCun, Yann 2019: *Quand la machine apprend: La révolution des neurones artificiels et de l'apprentissage profond*, Odile Jacob（ヤン・ルカン『ディープラーニング　学習する機械　ヤン・ルカン、人工知能を語る』松尾豊監訳、小川浩一訳、講談社）

Lederman, Leon 2013: *Beyond the God Particle, with Christopher Hill*, Prometheus Books, New York（レオン・レーダーマン『量子物理学の発見　ヒッグス粒子の先までの物語』クリストファー・ヒル共著、青木薫訳、文藝春秋、2016 年）

Leibniz, Gottfreid Wilhelm 1686: *Discours de métaphysique*（ゴットフリート・ヴィルヘルム・ライプニッツ『形而上学叙説』河野与一訳、岩波文庫、1950 年；清水富雄／竹田篤司／飯塚勝久訳（中公クラシックス『ライプニッツ　モナドロジー　形而上学叙説』）、2005 年；橋本由美子監訳（『形而上学叙説　ライプニッツ・アルノー往復書簡』）、平凡社ライブラリー、2013 年；西谷裕作／竹田篤司／米山優／佐々木能章子／酒井潔訳（工作舎『ライプニッツ著作集』（＝著作集）8『前期哲学』）、1990 年／新装版 2018 年）

Leibniz, Gottfried Wilhelm 1704/1765: *Nouveaux essays sur l'entendement humain*（ゴットフリート・ヴィルヘルム・ライプニッツ『人間知性新論』米山優訳、みすず書房、1987 年、新装版 2018 年；『人間知性新論』上下巻、谷川多佳子／福島清紀／岡部英男訳、著作集 4・5『認識論』、1993 年）

Leibniz, Gottfried Wilhelm 1714: *Principles de la nature et de la Grâce fondés en raison*（ゴットフリート・ヴィルヘルム・ライプニッツ『理性に基づく自然と恩寵の原理』、著作集 9『後期哲学』西谷裕作／米山優／佐々木能章訳、1989 年に所収）

Leibniz, Gottfried Wilhelm 1714: *Monadologie*（ゴットフリート・ヴィルヘルム・ライプニッツ『モナドロジー』、河野与一訳（『単子論』）、岩波文庫、1951 年；西谷裕作／米山優／佐々木能章訳（著作集 9『後期哲学』「モナドロジー（哲学の原理）」）、1989 年；清水富雄／竹田篤司／飯塚勝久訳（中公クラシックス『ライプニッツ　モナドロジー　形而上学叙説』）、2005 年；谷川多佳子／岡部英男訳（『モナドロジー　他二篇』）、岩波文庫、2019 年）

佐々木能章 2002：『ライプニッツ術』工作舎

『ライプニッツの普遍計画』

Liedtke, Max 1966: Der Begriff der Reflexion bei Kant, in: *Archiv für Geschichte der Philosophie*, vol. 48, pp.207-216

エルンスト・マッハ 1987：『原典科学史』常石敬一／広政直彦（編）（「第 3 章　物理科学の誕生」にマッハ『力学』抜粋を所収、板垣良一訳）、朝倉書店

Lyotard, Jean-François 1988: *L'inhumain. Causeries sur le temps*, Éditions Galilée（ジャン＝フランソワ・リオタール『非人間的なもの　時間についての講話』篠原資明／上村博／平芳幸浩訳、法政大学出版局(叢書・ウニベルシタス 744)、初版 2002 年／新装版 2010 年）

Lyotard, Jean-François 1991/2015: *Leçons sur l'analytique du sublime: Kant, Critique de la faculté de juger*, §23-29, Paris（ジャン＝フランソワ・リオタール『崇高の分析論―カント『判断力批判』についての講義録』星野太訳、法政大学出版局（叢書・ウニベルシタス 1125）、2020 年）

前野隆司 2018：『AI が人類を支配する日　人工知能がもたらす 8 つの未来予想図』マキノ出版

Mahl, Hans Joachim 1963: "Novalis und Plotin. Untersuchungen zu einer neuen Edition und Interpretation des 'Allgemeine Boullion'", in: *Jahrbuch des FDH* [Freien Deutschen Hochstifts], pp. 139-150; in: Gerhard Schulz (ed.) 1970: *Novalis*, Darmstadt, pp. 357-423

牧野英二 1989：『カント純粋理性批判の研究』法政大学出版局

牧野英二 1994：「トポス論の試み」（牧野他（編）『カント―現代哲学としての批判哲学』に所収）

牧野英二 1996：『遠近法主義の哲学　カントの共通感覚論と理性批判の間』弘文堂

牧野英二 2003：『カントを読む　ポストモダニズム以降の批判哲学』岩波書店（岩波セミナーブックス 87）

牧野英二 2007：『崇高の哲学　情感豊かな理性の構築に向けて』法政大学出版局（思想＊多島海シリーズ 9）

牧野英二／中島義道／大橋容一郎（編）1994：『カント　現代哲学としての批判哲学』情況出版

Martin, David 2003: *Sublime Failures. The Ethics of Kant and Sade*, Wayne State University Press, Detroit

（一般財団法人）マルチメディア振興センター（編）2020：『世界の AI 戦略　各国が描く未来創造のビジョン』田中絵麻／小原弘嗣／藍澤志津／木賊智昭／黒川綾子／平井智尚／坂本博史著、明石書店

Martin, Gottflied 1951: *Immanuel Kant. Ontologie und Wissenschaftstheorie*, Walter de Gruyter, Berlin（ゴットフリート・マルチン『カント』門脇卓爾訳、岩波書店、1962 年）

Martin, Gottfried 1955/1974: *Kant's Metaphysics and Theory of Science*, Greenwood Press

Marin, Louis 1995: *Sublime Poussin*, Éditions du Seuil（ルイ・マラン『崇高なるプッサン』矢橋徹訳、みすず書房、2000 年）

桝矢桂一 1999：『カントにおける現象とフェノメナ』こびあん書房

松尾大 1990：「完全性の美学の帰趨　バウムガルテンとカント」（廣松渉／坂部恵／加藤尚武（編）『講座　ドイツ観念論』第 1 巻『ドイツ観念論前史』弘文堂、1990 年、pp. 317-341 に所収）

松尾豊 2015：『人工知能は人間を超えるか　ディープラーニングの先にあるもの』KADOKAWA

松尾豊 et al.（編）2019：『超 AI 入門　ディープラーニングはどこまで進化するのか』松尾／NHK「人間ってナンだ？ 超 AI 入門」制作班（編）、NHK 出版

松山壽一 1990：「ヘルダーリーンとシェリング」（廣松渉／坂部恵／加藤尚武（編）『講座　ドイツ観念論』第 4 巻『自然と自由の深淵』弘文堂、1990 年、pp. 33-80 に所収）

松山壽一 1997：『ドイツ自然哲学と近代科学』増補改訂版、北樹出版（初版 1990 年）

松山壽一 1993：「自然科学と自然哲学」（『叢書ドイツ観念論との対話』第 2 巻『自然とその根源力』西川富雄（編）、ミネルヴァ書房、pp. 252-280 に所収）

松山壽一 2004：『人間と自然——シェリング自然哲学を理解するために——』（叢書シェリング入門 2）、萌書房

松山壽一 2014：『悲劇の哲学——シェリング芸術哲学の光芒——』（叢書シェリング入門 6）、萌書房

松山壽一 2015：『造形芸術と自然　ヴィンケルマンの世紀とシェリングのミュンヘン講演』法政大学出版局

McFarland, J. D. 1970: *Kant's Concept of Teleology*, Edinburgh（J・D・マクファーランド『カントの目的論』副島善道訳、行路社、1992 年）

三重野清顕 2014：「無限判断の射程」（『江戸川大学紀要』24、pp. 65-80 に所収）

道下拓哉 2023：「カントの〈形式が質料に先行する〉というテーゼ」（日本カント協会第 48 回大会（2023 年 11 月 11 日群馬大学荒牧キャンパス）研究発表）

三木清 1966-1968/1984-1986：『三木清全集』全 20 巻、岩波書店（「ボルツァーノの「命

題自體」」第 2 巻『詩的観念論の諸問題他』、『哲学入門　技術哲学他』第 7 巻、『構想力の論理』第 8 巻、『アリストテレス、ソクラテス』第 9 巻、「年譜」「著作年譜」第 19 巻（年譜の追記（四行）と「「著作年譜」追記」は第 20 巻）にそれぞれ所収）

Mitchell, Melanie 2019: *Artificial Intelligence. A Guide for Thinking Humans*, ICM Partners（メラニー・ミッチェル『教養としての AI 講義　ビジネスパーソンも知っておくべき「人工知能」の基礎知識』日経 BP、2021 年）

三渡幸雄 1974::『カント哲学研究』協同出版

三渡幸雄 1987:『カント哲学の基本問題』同朋舎出版

宮原勇 1993:「現象学の中のカント――二つの「統覚」概念――」（竹市明弘／坂部恵／有福孝岳（編）『カント哲学の現在』世界思想社（『哲学の現在 6』）に所収）

三宅陽一郎／森川幸人 2016:『絵でわかる人工知能 明日使いたくなるキーワード 68』SB クリエイティブ株式会社（サイエンス・アイ新書）

三宅陽一郎 2016:『人工知能のための哲学塾』BNN 新社

三宅陽一郎 2017:『なぜ人工知能は人と会話ができるのか』マイナビ出版社（マイナビ新書）

三宅陽一郎 2018:『人工知能のための哲学塾　東洋哲学篇』BNN 新社

三宅陽一郎／大山匠 2020:『人工知能のための哲学塾　未来社会篇』BNN 新社

宮田眞治 1993:「反省と表象　――ノヴァーリスにおける「絶対なるもの」の探求と言語――」（『叢書 ドイツ観念論との対話』第 3 巻『芸術の射程』神林恒道（編）、ミネルヴァ書房、1993 年、pp. 142-164 に所収）

宮﨑裕助 2009:『判断と崇高』（新潟大学人文学部研究叢書 5）、知泉書館

Mohr, Georg/Willaschek, Marcus (ed.) 1998: *Immanuel Kant. Kritik der reinen Vernunft*, Akademie Verlag:

6. The Divisions of the Transcendental Logic and the Leading Thread (A50/B74-A83/B109; B109-116) (Béatrice Longuenesse)

13. Phenomena/Noumena und die Amphibolie der Reflexionsbegriffe (A235/B294-A292/B349) (M. Willaschek)

24. Der Kanon der reinen Vernunft (A795/B823-A831/B859) (Birgit Recki)

森田邦久 2011:『量子力学の哲学　非実在性・非局所性・粒子と波の二重性』講談社（現代新書）

村岡晋一 2008：『対話の哲学——ドイツ・ユダヤ思想の隠れた系譜』講談社（選書メチエ）

村田誠一 1993：「美と崇高（カント）——自然との和解を中心に——」（『叢書 ドイツ観念論との対話』第 2 巻『芸術の射程』神林恒道（編）、ミネルヴァ書房、pp. 43-64 に所収）

妙木浩之 2022：『AI が私たちに嘘をつく日』現代書館

永井務／福山隆夫／長島隆（編）1991：『物象化と近代主体』創風社

長倉誠一 1997：『カント知識論の構制』晃洋書房

長澤邦彦 1990：「超越論哲学としての「知識学」」（廣松渉／坂部恵／加藤尚武（編）『講座 ドイツ観念論』第 3 巻『自我概念の新展開』弘文堂、1990 年、pp. 73-122 に所収）

長澤邦彦 1993：「フィヒテ知識学における事行と知的直観」（『叢書 ドイツ観念論との対話』第 4 巻『知と行為』門脇卓爾（編）、ミネルヴァ書房、pp. 54-76 に所収）

長澤邦彦／入江幸男（編）2014：『フィヒテ知識学の全容』晃洋書房

長島隆 1993：「フィヒテとシェリング——〈生きている自然〉と思惟（知）との同一性——」（『叢書ドイツ観念論との対話』第 2 巻『自然とその根源力』西川富雄（編）、ミネルヴァ書房、pp.77-100 に所収）

中井章子 1978：「ノヴァーリスにおける「自然」」（日本独文学会（編）『ドイツ文學』60, pp. 64-74 に所収）

中井章子 1998：『ノヴァーリスにおける自然神秘思想——自然学から詩学へ』創文社

中川明才 2004：『フィヒテ知識学の根本構造』（西洋思想叢書）、晃洋書房

中島秀之／丸山宏（編）2018：『人工知能——その到達点と未来』小学館

中島義道 1990：「ランベルトの現象学」（廣松渉／坂部恵／加藤尚武（編）『講座 ドイツ観念論』第 1 巻『ドイツ観念論前史』弘文堂、1990 年、pp. 257-288 に所収）

中島義道 2010：『『純粋理性批判』を噛み砕く』講談社

中野明 2021：『最新 通信業界の動向とカラクリがよくわかる本』第 5 版（図解入門業界研究）秀和システム

仲正昌樹 2001：『モデルネの葛藤——ドイツ・ロマン派の〈花粉〉からデリダの〈散種〉へ——』御茶の水書房

Nakazawa, Takeshi 2009: *Kants Begriff der Sinnlichkeit. Seine Unterscheidung zwischen apriorischen und aposteriorische Elementen der sinnlichen Erkenntnis und deren lateinische*

Vorlagen, FMDA (see, Baurgarten 2011) Abteilung II: Monographien, Band 21, frommann-holzboog, Stuttgart-Bad Canstatt

那須政玄 2012：『闇への論理 カントからシェリングへ』行人社

南部陽一郎 1998：『クォーク』第二版、講談社（ブルーバックス）

新山龍馬 2019：『超ロボット化社会 ロボットだらけの未来を賢く生きる』日刊工業新聞社

日経クロストレンド（編）2018:『ディープラーニング活用の教科書 先進 35 社の挑戦から読む AI の未来』日本ディープラーニング協会監修、日経 BP 社

日経クロストレンド（編）2019:『ディープラーニング活用の教科書 実践編 ディープラーニング活用なくしてビジネスの飛躍的成果なし』日本ディープラーニング協会監修、日経 BP 社

日本カント協会（編）1996：『カントと現代——日本カント協会記念論集——』晃洋書房

西田洋平 2023：『人間非機械論 サイバネティクスが開く未来』講談社（選書メチエ）

西垣通 2018：『AI 原論』講談社（選書メチエ）

西垣通 et al.（編） 2014：『基礎情報学のヴァイアビリティ ネオ・サイバネティクスによる開放系と閉鎖系の架橋』西垣／河島茂生／西川アサキ／大井奈美（編）、東京大学出版会（第 7 章に Clarke, B. / Hansen, M. B. N. 2009: "Neocybernetic Emergence: Retuning the Posthuman," in: *Cybernetic & Human Knowing*, 16 (1-2); ブルース・クラーク／マーク・ハンセン「ネオ・サイバネティックな創発 ポストヒューマンの再調律」大井奈美訳を所収）

西垣通／河島茂生 2019：『AI 倫理 人工知能は「責任」をとれるのか』中央公論新社（中公新書ラクレ）大澤昇平 2019：『AI 救国論』新潮社（新潮新書）

西川富雄 1993：「自然は蘇えるか」（『叢書ドイツ観念論との対話』第 2 巻『自然とその根源力』西川富雄（編）、ミネルヴァ書房、pp. 1-23 に所収）

西村清和 1993：「イロニーの精神・精神のイロニー」（『叢書 ドイツ観念論との対話』第 2 巻『芸術の射程』神林恒道（編）、ミネルヴァ書房、pp. 93-117 に所収）

新田義弘 1993：「意識と自然 その生ける関わりへの問い」（日本シェリング協会（編）『シェリング年報』創刊号、晃洋書房、1993 年, pp. 18-27 に所収）

新田義弘（編）2000：『フッサールを学ぶ人のために』世界思想社

野口悠紀雄 2018：『AI 入門講座 人工知能の可能性・限界・脅威を知る』東京堂出版

野本和幸 2023：『カントと分析哲学』勁草書房

Novaris:

Novalis Schriften [*Die Werke Friedrich von Hardenbergs*], Paul Kluckhohn/Richard H. Samuel (ed.), W. Kohlhammer GmbH; Wissenschaftliche Buchgesellschaft, Darmstadt

Bde. II: *Das philosophische Werk I*, 1968 (Kohlhammer); 3ᵉ Aufl., 1981

III: *Das philosophische Werk II*, 1968 (Kohlhammer); 3ᵉ Aulf., 1984

hrsg. v. R. Samuel; in Zusammenarbeiten mit Hans-Joachim Mähl/Gerhard Schulz

Philosophische Studien der Jahre 1795/96 (Fichte-Studien)(1799-1800), in: NS, vol. II（『フィヒテ研究』）

Vorarbeiten zu verschiedenen Fragmentsammlungen (1798), in: NS, vol. II（『さまざまな断章集のための準備稿』）

Das Allgemeine Brouillon (Materialien zur Enzyklopädistik) (1798/99), in: NS, vol. III（『一般草稿』）

小田実 1999：『崇高について　「ロンギヌス」』河合文化教育研究所

小熊勢記 1992：『カントの批判哲学—認識と行為—』京都女子大学研究叢刊 18

大橋良介 1993：『絶対者のゆくえ　ドイツ観念論と現代世界』ミネルヴァ書房

大橋良介（編）2006：『ドイツ観念論を学ぶ人のために』世界思想社

大峯顕 1976：『フィヒテ研究』創文社

大森淳史 1993：「古代への憧れ——ヴィンケルマンとその影響——」（『叢書 ドイツ観念論との対話』第 2 巻『芸術の射程』神林恒道（編）、ミネルヴァ書房、pp. 22-42 に所収）

大沢啓徳 2010：「「永遠の哲学」へ向けて　ハイゼンベルク量子力学的世界像によるヤスパース形而上学の基礎づけと限界」博士（文学）学位論文、早稲田大学、甲第 3181 号

大澤真幸 et al. 2022：『私たちは AI を信頼できるか』大澤／川添愛／三宅陽一郎／山本貴光／吉川浩満著、文藝春秋

太田裕朗 2020：『AI は人類を駆逐するのか？ 自律［オートノミー］世界の到来』幻冬舎メディアコンサルティング

大友詔雄 et al. 1989：『情報の科学 シャノン情報からファジィ情報へ』大友／田中幸雄清藤正著、桑園学園情報科学センター

大坪直樹 et al. 2021：『XAI（説明可能な AI） そのとき人工知能はどう考えたのか？』

大坪／中江俊博／深沢佑太／豊岡祥／坂元哲平／佐藤誠／五十嵐健太／市原大暉／堀内新吾著、リックテレコム

岡林洋 1993：「シュライエルマッハーによる文学的解釈学の示唆」（『叢書 ドイツ観念論との対話』第 2 巻『芸術の射程』神林恒道（編）、ミネルヴァ書房、pp. 65-92 に所収）

岡村康夫 1993：「自由と遊戯——シェリングにおける〈神と無〉の問題——」（『叢書 ドイツ観念論との対話』第 5 巻『神と無』大峯顯（編）、ミネルヴァ書房、pp. 105-127 に所収）

小田部胤久 1990：「「理性に類比的なものの術」の誕生と変容 バウムガルテンからドイツ観念論にいたる美学の展開とその原理」（廣松渉／坂部恵／加藤尚武（編）『講座 ドイツ観念論』第 6 巻『問題史的反省』弘文堂、1990 年、pp. 60-113 に所収）

小田部胤久 1993：「芸術と自然——ドイツ観念論における「自然模倣」説の帰趨」（『叢書ドイツ観念論との対話』第 2 巻『自然とその根源力』西川富雄（編）、ミネルヴァ書房、pp. 154-177 に所収）

小田部胤久 2004：「自然の暗号文字と芸術 自然哲学と芸術哲学の交叉をめぐるカント・シェリング・ノヴァーリス」（松山壽一／加國尚志（編）2004：『シェリング自然哲学への誘い』（シェリング論集 4）晃洋書房、pp. 67-90（第 I 部第三章）に所収）

小田部胤久 2009：『西洋美学史』東京大学出版会

小田部胤久 2020：『美学』東京大学出版会

Paton, Herbert James 1936: *Kant's Metaphysics of Experience*, 2 vols., The Muirhead Library of Philosophy, Allen & Unwin LTD., London/Macmillan, New York; reprint, Read Books, 2008（ハーバート・ジェイムズ・ペイトン『カントの経験の形而上学』）

Peter Plaass, Peter 1965: *Kants Theorie der Naturwissenschaft. Eine Untersuchung zur Vorrede von Kants "Metaphysischen Anfangsgründen der Naturwissenschaft,"* Vandenhoeck & Ruprecht in Göttingen (Mit einer Vorrede von Carl Friedrich von Weizsäcker)（ペーター・プラース『カントの自然科学論』C・F・フォン・ヴァイツゼッカー序言、犬竹正幸／中島義道／松山壽一訳、晢書房、1992 年）

Penrose, Roger 1989：*The Emperor's New Mind. Concerning Computers, Minds, and the Laws of Physics*, Oxford University Press（ロジャー・ペンローズ『皇帝の新しい心 コンピュータ・心・物理法則』林一訳，みすず書房、1994 年）

Peter of Spain [Petrus Hispanus Portugalensis/Pope John [Ioannes] XXIII] 1972: *Tractatus (Summa Logicales)*, ed. by L. M. De Rijk, Van Gorcum & Co., Assen（別記山下 1981 が全訳『論理学綱要』を収める）

Philonenko, Alexis 1982: *Études kantiennes*, Librairie Philosophique, J. Vrin, Paris（アレックシス・フィロネンコ『カント研究』中村博雄訳、東海大学出版会、1993 年（「フィヒテにおける知的直観」を収録））

Philonenko, A. 2012: *Commentaire de la Critique de la Faculté de Juger*, Librairie Philosophique, J. Vrin, Paris

Pippin, Robert B. 1982: *Kant's Theory of Form: An Essay on the Critique of Pure Reason*, Yale University Press

Platon 1900-1907: *Platonis Opera*, recognovit Ioannes Burnet, Typographeo Clarendoniano, Oxonii (Scriptorum Classicorum Bibliotheca Oxoniensis/Oxford Classical Text [= OCT]))（邦訳『プラトン全集』田中美知太郎／藤沢紀令夫編者代表、岩波書店、1974-1978 年；各篇でその他多数有り）

Prauss, Gerold (ed.) 1973: *Kant. Zur Deutung seiner Theorie von Erkennen und Handeln*. Neue wissenschaftliche Bibliothek 63. Philosophie, Kiepenheuer & Witsch, Köln

Radrizzani, Ives 1997: "Zur Geschichte der romantischen Ästhetik: Von Fichtes Transzendentalphilosophie zu Schlegels Transzendentalpoesie," in: *Fichte-Studien* 12, pp. 181-202

Ramus, Petrus [Pierre de La Ramée] 1543: *Petri Rami veromandvi Dialecticae partitiones* (Part 1 of his *Dialecticae instutiones*), Excudebat Iacobus Bogardus, Paris

Ramus, Petrus 1543: *Petri Rami veromandvi Aristotelicae animadversiones*,(Part 2 of his *Dialecticae instutiones*), Excudebat Iacobus Bogardus, Paris

Ramus, Petrus 1555: *Dialectique*, André Wechel, Paris

Ränsch-Trill, Barbara 1986: "Die Schöne Nature --- Chiffre für Innerlichkeit," in: *Zeitschrift für Ästhetik und allgemeine Kunstweissenschaft*, 31/1, pp. 58-79

ラインハルト・ラウト 1987：『フィヒテのヘーゲル批判』隈元忠敬訳、協同出版（以下の a〜f の論文の邦訳集）

Rauth, Leinhardt 1981: "Hegels spekulative Position in seiner "Differenz des Fichteschen und Schelingschen System der Philosophie" im Lichte der

Wissenschaftslehre," in: *Kant-Studien* 72 Jahrgang [= a]

Rauth, Leinhardt 1983: "Hegels Fehlversändnis der WIssenschaftslehre in "Glauben und Wissen," in: *Revue de Métaphysique et de Morale* 1982 [= b]

Rauth, Leinhardt [?]: "FIchtes Kritik an Hegels spekulativen Voraussetzungen im Jahre 1804" [= c]

Rauth, Leinhardt 1984: "Transzendenlatphilosophie in Abgrenzung gegen ablosuten Idealismus"（1984 年 10 月 25 日 京都大学講演）[= d]

Rauth, Leinhardt 1984: "Das verändere Bild von Fichtes Wissenschaftslehre seit dem zweiten Weltkrieg"（1984 年 10 月 5 日 東京大学講演）[= e]

Rauth, Leinhardt 1984: "Fichtes revolutionierrende neue Konzeption von Philosphie als Wissenschaft"（1984 年 10 月 18 日 広島大学講演）[= f]

Reese, Byron 2018: *The Fourth Age: Smart Robots, Conscious Computers, and the Future of Humanity*, Atria Books（バイロン・リース『人類の歴史と AI の未来』古谷美央訳、ディスカヴァー・トゥエンティワン、2019 年）

Riehl, Aloys 1876/1908/2016: *Der philosophische Kritiz[c]isismus und seine Bedeutung für die positive Wissenschaft*, W. Engelmann

Rosenzweig, Franz (ed.) 1917: "Das älteste Systemprogramm des deutschen Idealismus. Ein handschriftlicher Fund" (1796/1797), in: *Sitzungsberichte der Heidelberger Akademie der Wissenschaften*, phil.-hist. Klasse Bd. 1917, 8, 5. Universitätsverlag C. Winter, Heiderberg; in: F. W. J. Schelling, *Briefe und Dokumente*, vol. III, Horst Fuhrmans (ed.), 1975; in: *Mythologie der Vernunft. Hegels »ältestes Systemprogramm« des deutschen Idealismus*, Christophe Jamme/Helmut Schneider (ed.), STW 413, 1984（ローゼンツヴァイク（編）、ヘーゲル／ヘルダリーン／シェリング「ドイツ観念論の最古の体系計画［プログラム］」神林恒道訳（薗田宗人／深見茂（編）『無限への憧憬 ドイツ・ロマン派の思想と芸術』国書刊行会、1997 年に所収））

Rudolphi, Michael 2001: *Produktion und Konstruktion. Zur Genese der Naturphilosophie in Schellings Frühwerk. Schellingiana* [Hrsg. v. Walter E. Ehrhardt im Auftrag der Internationalen Schelling-Gesellschaft], Band 7, frommann-holzboog, Stuttgart-Bad Cannstatt

坂部恵 1990：「総説 ドイツ観念論と〈ヨーロッパ世界の哲学〉」（廣松渉／坂部／加藤

尚武（編）『講座 ドイツ観念論』第 1 巻『ドイツ観念論前史』弘文堂、1990 年、pp. 1-17 に所収）

坂部恵 1990：「総説 カント哲学の歴史的位置」（廣松渉／坂部／加藤尚武（編）『講座 ドイツ観念論』第 2 巻『カント哲学の現代性』弘文堂、1990 年、pp. 1-17 に所収）

坂部恵／ゲアハルト・シェーンリッヒ／加藤泰史／大橋容一郎（編）1998-2000：『カント・現代の論争に生きる』上下巻、理想社（西洋の研究者による論文（上下巻 15 篇ずつ）の邦訳集。訳者名は省略）：

【上巻】ヘルベルト・シュネーデルスバッハ「近代の哲学者カント」；ハンス・レンク「理念としての理性・解釈用構成物としての理性——カントの「理性」概念の再構成に向けて」；ヘルマン・クリングス「規則と規則設定——カントに依拠した規則の根拠づけの論理についての考察」；ハンス・ミヒャエル・バウムガルトナー「理性の平和創設機能——一つのスケッチ」；カレン・グロイ「カント哲学と実験」；リュディガー・ブプナー「綜合とは何か」；アンネマリー・ピーパー「カントと類推の方法」；ヴィルヘルム・フォッセンクール「個物を理解する——判断力の主観性と志向性について」；ヴォルフラム・ホグレーベ「認識なき認識論」；ゲアハルト・フォルマー「経験の可能性と諸条件——アプリオリズム・仮説的実在論・投影的認識論」；ペーター・ロース「知覚判断と経験判断」；ヨーゼフ・ジーモン「概念 - 内 - 存在——カントにおける「記号化能力」と予期する思考」；ゲロルト・プラウス「現実性に関するカントの批判的概念」；ヘルマン・クリングス「カント『純粋理性批判』における「超越論的弁証論」の機能と限界」

【下巻】リュディガー・ビトナー「行為と作用」；ハンス・レンク「解釈の作業仮説としての自由な行為——カントの規範的行為論に寄せて」；ゲロルト・プラウス「自己自身に対して実践的な理性」；フリードリッヒ・カムバルテル「人間の実践的自己理解を、カント的見地から論ずる」；コンラート・クラーマー「カントによる倫理学の基礎づけにおける形而上学と経験」；カール・オットー・アーペル「責任倫理（学）としての討議倫理（学）——カント倫理学のポスト形而上学的変換——」；ヴォルフガング・クールマン「カントの実践哲学における独我論と討議倫理学」；オットフリート・ヘッフェ「一つの共和的理性——〈独我論＝非難〉の批判のために」；ハンス・ミヒャエル・バウムガルトナー「カントの宗教書における神と倫理的公共体——神の倫理神学的な証明の特殊形式」；ラインハルト・ブラント「カントにおける正義と刑罰正義」；フォルカ

ー・ゲアハルト「実地の法論――カントの政治概念」；オットフリート・ヘッフェ「国家間法的共同体の理論家としてのカント」；マンフレート・リーデル「自然に対する感受性――カントの美の哲学における趣味判断と解釈との関係について」；グレゴーア・パウル「体系構制、説得力、重要性――カントの「快・不快の原理」および「関心を欠いた満足感」という構想」；ゲアハルト・シェーンリッヒ「理性と文化的図式機能」

酒井邦嘉（編）2022：『脳と AI――言語と思考へのアプローチ』酒井／合原一幸／辻子美保子／鶴岡慶雅／羽生善治／福井直樹著、中央公論新社（中公新書 125）（羽生善治「次の一手を決めるプロセス」を pp. 37-46 に、「鼎談 脳と AI」（酒井／合原／羽生）を pp. 47-69 に、それぞれ所収）

坂井修一 2022：『サイバー社会の「悪」を考える 現代社会の罠とセキュリティ』東京大学出版会

坂本賢三 1981：『ベーコン』（人類の知的遺産 30）講談社

三田一郎 2018：『科学者はなぜ神を信じるのか コペルニクスからホーキングまで』講談社（ブルーバックス）

Saner, Hans 1967: *Kants Weg vom Krieg zum Frieden*, vol. I, *Widerstreit und Einheit: Wege zu Kants politischen Denken*, München

Saner, Hans 1970: *Karl Jaspers: in Selbstzeugnissen und Bilddokumenten*, rororo Filmographie, Rowohlt, Leippzig

Sandkühler, Hans Jörg (ed.) 1998: *F. W. J. Schelling* (Sammlung Metzler), J. B. Metzlersche Verlagsbuchhandlung & Carl Ernst Poeschel Verlag GmbH, Stuttgart/Weimar（written by Sandküller/Walter E. Ehrhardt/Michael Franz/Wilhelm G. Jacobs/Jörg Jantzen/Lothar Knatz/Siegbert Peetz/Christian Danz/Martin Schraven）（ハンス・イェルク・ザントキューラー（編）『シェリング哲学――入門と研究の手引き』松山壽一監訳、昭和堂、2006 年）

佐々木閑 2013：『科学するブッダ 犀の角たち』角川ソフィア文庫（初出：『犀の角たち』大蔵出版、2006 年）

Sato, Katsuhiko 1981: "First-order phase transition of a vacuum and the expansion of the Universe," in: *Monthly Notices of Royal Astronomical Society*, 195, p.467.

佐藤勝彦 2008：『宇宙論入門――誕生から未来へ』岩波新書

佐藤勝彦 2010A：『インフレーション宇宙論 ビッグバンの前に何が起こったのか』講談

社ブルーバックス

佐藤勝彦 2010B:『相対性理論から 100 年でわかったこと』PHP サイエンス・ワールド新書

佐藤康邦 2005：『カント『判断力批判』と現代――目的論の新たな可能性を求めて――』岩波書店

Savile, Anthony 2005: *Kant's Critique of Pure Reason. An Orientation to the Central Theme*, Blackwell Publishing

Scheible, Hartmut 2012: *Kritische Ästhetik. Von Kant bis Adorno*, Königshausen & Neumann, Würzburg

Schelling, Friedrich Wilhelm Joseph von:

    Sämtliche Werke [= SW], K. F. A. Schelling (ed.), Cotta, Stuttgart/Augsburg 1856-1861

    Werke. Auswahl in drei Bänden, herausgegeben und eingeleitet von Otto Weiß, Fritz Eckardt Verlag, Leipzig 1907

    Schellings Werke [Münchner Jubiläumsdruck], Manfred Schröter (ed.), C. H. Beck, 1927ff.

    Historisch-Kritisch Ausgabe, Bayerische Akademie der Wissenschaften (ed.), 1975ff.

    Ausgewählte Werke [Unveränderter reprografischer Nachdruck der Ausgabe F. W. J. v. *Schellings sämtliche Werke*, Cotta, Stuttgart/Augsburg 1856-1861], Darmstadt 1976ff.

    F. W. J. Schelling Ausgewählte Schriften, Suhrkamp, Frankfurt a. M. 1985

    Briefe und Dokumente, 3 vols., Horst Fuhrmans (ed.), H. bouvier, Bonn 1962/1973/1975

Schelling, Friedrich Wilhelm Joseph von 1865: *Clara oder Zusammenhang der Natur mit Geisteswelt. Ein Gespräch von Schelling.* Separat=Ausgabe. Zweite Auflages. (Herausgegeber: Dr. K. F. A. Schelling, 1862) Verlag der J. G. Cottaschen Buchhandlung, Stuttgart 1865.

    （主な邦訳は以下のとおり：『哲学の原理としての自我について』1795 年、『独断主義［教条主義］と批判主義に関する哲学的書簡』1795/1796 年、『自然哲学の諸考案［理念］』1797 年（『自然哲学体系の第一草案』・『自然哲学体系の草案序説』）、（「最近の哲学的文献の一般的概観」1797-1798 年、）『宇宙霊［世界霊］について』1798 年、『超越論的［先験的］観念論の体系』1800 年、『私の哲学体系の叙述』1801 年、『哲学体系のさらなる叙述［詳述］』1802 年、『ブルーノ』1802 年、『芸術の哲学』

講義 1802/1803 年、『哲学における構成について』1803 年、『学問論［大学における研究の方法についての講義／学術研究の方法論／学問研究法に関する講義］』1802/1803 年、『哲学との関連からみたダンテについて』1803 年、『哲学と宗教』1804 年、『哲学一般に対する自然哲学の関係について』1806 年、『人間的自由の本質（とそれに関連する諸対象についての哲学的考察）［自由意志論］』1809 年、『シュトゥットガルト私講義』1810 年、『諸世界時代［世界諸年代］』1811/1813 年、『哲学的経験論の叙述［叙説］』1830 年、『啓示の哲学』講義 1841-1842/1858 年、他）（なお『近世哲学史』講義 *Zur Geschichte der neueren Philosophie, Münchener Vorlesungen* (1827-1841), in: SW, X, pp. 3-200; SW [Schröter], V, 1928, pp. 71[73]-270 について、カントの章は 1827 年の、フィヒテのそれはやや古い〔エアランゲン時代の〕手稿から編集された。前掲シュレーター版全集第 5 巻はいわゆる息子版全集第 10・11 巻を合わせたもの: *Zur Geschichte der neueren Philosophie. Münchener Vorlesungen.* (Aus dem handschriftlichen Nachlaß) herausgegeben von Karl Fridrich August Schelling, 1861 (Bd. X) [1856 (Bd. XI)]. 邦訳は『近世哲学史講義』細谷貞雄訳、福村出版、1950/1974 年）

Schelling, Friedrich Wilhelm Joseph (von) 1989: *Einleitung in die Philosophie* [1830], *Schellingiana*, vol. 1, Walter E. Ehrhardt (ed.), frommann-holzboog, Stuttgart-Bad Canstatt

Schiller, Friedrich von 1795: *Über die ästhetische Erziehung des Mensche*, in: *Nationalausgabe* （邦訳『人類の美的教育に関する書簡』他）

Schleiermacher, Friedrich Daniel Ernst 1799: *Über die Religion,* in: *Werke Schleiermachers.* Ausgewählt und eingeleitet von Hermann Mulert, Propyläen-Verlag, Berlin 1924, pp. 19-174 (*Reden über Religiorn/Über die Religion.* Reden an die Gebilderen unter ihren Verächtern)（F. D. E. シュライアマハー『宗教論』、佐野勝也／石井次郎訳、岩波書店（岩波文庫））

Schmidt, Raymund 1924: "Kants Lehre von der Einbildungskraft. Mit besondere Rücksicht auf die Kr, d. Urteilskraft," in: *Annalen der Philosophie und philosophische Kritik*, 4, pp. 1-41

Schmied-Kowarzik, Wolfdietrich 1997: "Das Problem der Natur. Nähe und Differenz Fichtes und Schellings," in: *Fichte-Studien* 12, pp. 211-233

Schneeberger, Guido 1954: *Friedrich Wilhelm Joseph von Schelling*. Eine Bibliographie. Mit acht Faksimile-Reproduktionen und drei Beilagen, Francke Verlag, Bern

Schulz, Johann 1784/1791: *Erläuterungen über des Herrn Professor Kant Critik der reinen Vernunft*, Carl Gottlob Dengel, Königsberg 1784; Verlag der Hartungschen Buchhandlung, Könoigsberg 1791 (J[ohan]. Schulze, *Éclairclassements sun la Critique de la raison pure de M. le Professeur Kant*, translated into French by J. Tissot, 1865 (translation from original 1791 version)（ヨハン・シュルツ［シュルツェ］『カント『純粋理性批判』を読むために』菅沢龍文／渋谷繁明／山下和也訳、梓出版社、2008 年）

Schüßler, Werner 1995: *Jaspers zur Einführung*, Julius Verlag GmbH, Hamburg（ヴェrナー・シュスラー『ヤスパース入門』岡田聡訳、月曜社、2015 年））

Schwabe, Karl-Heinz/Thom, Martina (ed.) 1993: *Naturzweckmäßigkeit und ästhetische Kultur. Studien zu Kants Kritik der Urteilskraft*, Academia Verlag, Sankt Augustin

瀬戸一夫 1990：『カントとフィヒテとの間』（廣松渉／坂部恵／加藤尚武（編）『講座 ドイツ観念論』第 3 巻『自我概念の新展開』弘文堂、1990 年、pp. 15-72 に所収）

瀬戸一夫 2004：『無根拠への挑戦 フィヒテの自我哲学』勁草書房

瀬戸一夫 2013：『カントからヘルダーリンへ──ドイツ近代思想の輝きと翳り──』（成蹊大学アジア太平洋研究センター叢書）、東北大学出版会

Siep, Ludwig 1970: *Hegels Fichtekritik und die Wissenschaftslehre von 1804*, Verlag Karl Alber GmbH, Freiburg/München（ルートヴィヒ・ジープ『ヘーゲルのフィヒテ批判と一八〇四年の『知識学』』山内廣隆訳、ナカニシヤ出版）

宍戸常寿 et al.（編）2020：『AI と社会と法 パラダイムシフトは起きるのか？』宍戸／大屋雄裕／小塚荘一郎／佐藤一郎（編）、有斐閣

Sim, Stuart：*Postmodern Encounters. Lyotard and the Inhuman*, Icon Books Ltd., Cambridge（スチュアート・シム『リオタールと非人間的なもの』加藤匠訳、岩波書店（ポストモダン・ブックス）、2005 年）

新保祐司 2008：『フリードリヒ 崇高のアリア』角川学芸出版

『思想』2010:「ネオ・サイバネティクスと 21 世紀の知」、7 月号、No. 1035、岩波書店

Smith, Norman-Kemp 1923：*A Commentary to Kant's Critique of Pure Reason*, 2. edn. (1. edn., 1918), The Macmillan Press Ltd.（ノーマン＝ケンプ・スミス『カント『純粋理性批判』

註解』上下巻、山本冬樹訳、行路社、2001年）

薗田宗人 1974：「ノヴァーリスにおける詩と思索（1）：ドイツ・ロマン派の言語論研究（I）」（大阪市立大学文学部編『人文研究』第26巻第2号、pp. 99-120に所収）

薗田宗人 1976：「ノヴァーリスにおける詩と思索（2）：ドイツ・ロマン派の言語論研究（II）」（大阪市立大学文学部編『人文研究』第28巻第1号、pp. 26-52に所収）

薗田宗人 1993：「符牒としての自然――ドイツ観念論と初期ロマン派の詩人たち」（西川富雄（編）『自然とその根源力』（『叢書ドイツ観念論との対話』第2巻）ミネルヴァ書房、1993年、pp. 228‒249に所収）

Stegmüller, Wolfgang 1975: Hauptströmungen der Gegenwartsphilosophie, Alfred Kröner Verlag, Stuttgart（ヴォルフガンク・シューテークミュラー『現代哲学の主潮流』第1巻、中埜肇（監訳）、杉尾治一郎／森田孝／礒江景孜訳、法政大学出版局（りぶらりあ叢書）、1978年）

Stout, G. F. 1918: *Analytic Psychology*, 4th edn.

Strawson, P. F. 1966: *The Bounds of Sense. An Essay on Kant's Critique of Pure Reason*, Methuen & Co. Ltd., London（Ｐ・Ｆ・ストローソン『意味の限界 『純粋理性批判』論考』熊谷直男／鈴木恒夫／横田栄一訳、勁草書房、1987）

鈴木志乃恵 1973：「カント人間学の構造――教育の立場からの一考察――」（教育哲学会編『教育哲学研究』28、pp. 26-42に所収）

角忍 1993：「自然の技術」（『叢書ドイツ観念論との対話』第2巻『自然とその根源力』西川富雄（編）、ミネルヴァ書房、pp. 26-76に所収）

田端信廣 2019：『書評誌に見る批判哲学―初期ドイツ観念論の展相――『一般学芸新聞』「哲学欄」の一九年――』晃洋書房

立花隆 2000：『脳を鍛える　東大講義　人間の現在①』新潮社

立花隆 2009：『小林・益川理論の証明』朝日新聞出版

田口啓子 1977：『スアレス形而上学の研究』南窓社

田篭昭博 2021：『AIセキュリティから学ぶ ディープラーニング［技術］入門』技術評論社

高田純 2017：『現代に生きるフィヒテ フィヒテ実践哲学研究』行路社

高橋明彦 1984：「シェリングにおける分裂」（上智大学大学院STUFE刊行委員会編『Stufe』4、pp. 33-48に所収）

高橋慈子／原田隆史／佐藤翔／岡部晋典 2020：『改訂新版　情報倫理　ネット時代のソーシャル・リテラシー』初版 2015 年、技術評論社

高橋昭二 1969：『カントの弁証論』創文社

高橋昭二 1984：『カントとヘーゲル』晃洋書房

高橋透 2017：『文系人間のための「AI」論』小学館（小学館新書）

高峯一愚 1981：『カント講義』、論創社；新装版 2022 年

高峯一愚 1984：『カント純粋理性批判入門』論創社

高峯一愚 1990：『カント判断力批判注釈』論創社

高峯一愚 1993：「ドイツ観念論私観」（『叢書 ドイツ観念論との対話』第 6 巻『ドイツ観念論と日本近代』茅野良男（編）、ミネルヴァ書房、pp. 200-214 に所収）

高峯一愚 1996：「日本におけるカント研究の回顧——カントの「判断表」と「範疇表」との対応をめぐって——」（日本カント協会（編）『カントと現代』pp. 141-157 に所収）

髙山守 1996：『シェリング——ポスト「私」の哲学——』（理想哲学選書 11）理想社

髙山守 2001：『ヘーゲル哲学と無の論理』東京大学出版会

竹峰義和 2007：『アドルノ、複製技術へのまなざし　〈知覚〉のアクチュアリティ』青弓社

武村泰男 1993：「日本におけるカント」（『叢書 ドイツ観念論との対話』第 6 巻『ドイツ観念論と日本近代』茅野良男（編）、pp. 98-124 に所収）

田村恭一 1993：「日本におけるシェリング」（『叢書 ドイツ観念論との対話』第 6 巻『ドイツ観念論と日本近代』茅野良男（編）、ミネルヴァ書房、pp. 149-169 に所収）

田中潤／松本健太郎 2018：『誤解だらけの人工知能 ディープラーニングの限界と可能性』光文社（光文社新書）

種村完司 1977：「ヘーゲルにおける表象の問題」（『鹿児島大学教育学部研究紀要』人文・社会科学編、29、pp. 1-21 に所収）

Tegmark, Max 2017: *LIFE 3.0. Being Human in the Age of Artificial Intelligence*, Brockman Inc., New York（マックス・テグマーク『LIFE 3.0　人工知能時代に人間であるということ』水谷淳訳、紀伊國屋書店、2020 年）

徳井直生 2021：『創るための AI　機械と創造性のはてしない物語』BNN

冨田恭彦 2017A：『カント哲学の奇妙な歪み　『純粋理性批判』を読む』岩波書店（岩波

現代全書）

冨田恭彦 2017B：『カント入門講義　超越論的観念論のロジック』ちくま学芸文庫

冨田恭彦 2018：『カント批判　『純粋理性批判』の論理を問う』勁草書房

Tonelli, Giorgio 1966: "Die Voraussetzungen zur Kantischen Urteilstafel in der Logik des 18. Jahrhunderts," in: Kaulbach, Friedrich/Joachim Ritter (ed.), *Kritik und Metaphysik: Studien. Heinz Heimsoeth zum achtzigsten Geburttag*, Walter de Gruyter, Berlin, pp. 134-158

Trebels, Andreas Heinrich 1967: *Einbildungskraft und Spiel. Untersuchungen zur Kantischen Ästhetik*, Kantstudien. Ergänzungshefte, herausgegeben von Ingeborg Heidemann im Auftrage der Kantgesellschaft Landesgruppe Rheinland-Westfalen, H. Bouvier u. Co. Verlag, Bonn

戸塚洋二 2008：『戸塚教授の「科学入門」　E=mc^2 は美しい！』講談社

辻村公一 1993：『ドイツ観念論断想 I』創文社

内井惣七 2016：『ライプニッツの情報物理学——実体と現象をコードでつなぐ』中央公論新社

上山春平 1972：『歴史と価値』岩波書店（「カントのカテゴリー体系」を所収）

宇都宮芳明／熊野純彦／新田孝彦（編）1997：『カント哲学のコンテクスト』北海道大学図書刊行会

宇都宮芳明 1998：『カントと神 理性信仰・道徳・宗教』岩波書店

Vaihinger, Hans 1922: *Kommentar zu Kants Kritik der reinen Vernunft*, 2 vols., 2. edn. (1. edn., 1881-1892)

Völker, Jan 2011: *Ästhetik der Lebendigkeit. Kants dritte Kritik*, Wilhelm Fink, München

涌井良幸／涌井貞美 2017：『ディープラーニングがわかる数学入門』技術評論社

Wachtendorf, Thomas 2010: "Was es heißt, den menschen als Menschen zu sehen: Wittgenstein und der Existenzialismus," in: *Beiträge des 33. Internationalen Ludwig Wittgenstein Symposium,* edited by Österrechischen Ludwig Wittgenstein Gesellschaft, pp. 313-315;

http://wab.uib.no/agora/tools/alws/collection-10-issue-1-article-71.annotate

[PDF: 5 pages version]

スティーヴン・ワインバーグ 2008：『宇宙創成はじめの 3 分間』小尾信彌訳、ちくま学

芸文庫

Wanning, Berbeli 1997: "Statt Nicht-Ich --- Du! Die Unwendung der Fichteschen Wissenschaftslehre ins Dialogische durch Novalis (Friedrich von Hardenberg)," in: *Fichte-Studien* 12, pp. 153-168

Warner, Richard (ed.) *Aspects of Reason*, Oxford University Press（ポール・グライス（H. Paul Grice）による 1979 年のジョン・ロック講義（1977 年のカント講義と概ね同内容の）を所収）

渡邊二郎 1993 ：「ドイツと日本の〈無〉の哲学」（『叢書 ドイツ観念論との対話』第 6 巻『ドイツ観念論と日本近代』茅野良男（編）、ミネルヴァ書房、pp. 257-299 に所収）

渡邊二郎 2010-20111：『渡邊二郎著作集』全 12 巻、髙山守／千田義光／久保陽一／榊原哲也／森一郎（編）、筑摩書房：
第 1〜4 巻『ハイデッガーI』〜『IV』；第 5 巻『フッサールと現象学』；第 6 巻『ニーチェと実存思想』；第 8〜9 巻『ドイツ古典哲学 I』『II』；第 10 巻『芸術と美』；第 11 巻『歴史と現代』

渡邉浩一 2012：『『純粋理性批判』の方法と原理——概念史によるカント解釈』京都大学学術出版会

渡辺祐邦 1990：「ドイツ観念論における自然哲学」（廣松渉／坂部恵／加藤尚武（編）『講座 ドイツ観念論』第 6 巻『問題史的反省』弘文堂、1990 年、pp. 169-224 に所収）

von Weizsäcker, Carl Friedrich（Freiherr） 1973: "Kants "Erste Analogie der Erfahrung" und Enthaltungssätze der Physik," in: Prauss (ed.), *Kant. Zur Deutung seiner Theorie von Erkenntnis und Handeln*

Weldon, T[homas]. D[ewar]. 1945: *Introduction to Kant's Critique of Pure Reason*, Clarendon Press, Oxford

Wieland, Wolfgang 2001: *Urteil und Gefühl. Kants Theorie der Urteilskraft*, Vandenhoeck & Ruprecht, Göttingen

Wittgenstein, Ludwig 1921: *Logisch-Philosoophische Abhandlung/Tractatus Logico-philosophicus*, Suhrkamp, 1998（ルートヴィヒ・ヴィトゲンシュタイン『論理哲学論考』邦訳各種）

Wittgenstein, Ludwig 1922: *Tractatus Logico-philosophicus*, Routledge & Kegan Paul,

London（前掲英訳版原典）

Wittgenstein, Ludwig 1953: *Philosophische Untersuchungen/Philosophical Investigations* (translated into English by G. E. M. Anscombe), Macmillan, New York（ヴィトゲンシュタイン『哲学探究』邦訳各種））

Wolff, Robert Paul 1963: *Theory of Mental Activity: A Commentary on the Transcendental Analytic of the Critique of Pure Reason*, Harvard University Press

薮木栄夫 1997：『カントの方法』法政大学出版局

八幡さくら 2017：『シェリング芸術哲学における構想力』晃洋書房

山田誠二 2019：『本当は、ずっと愚かで、はるかに使える AI──近未来人工知能ロードマップ』日刊工業新聞社

山口一郎 2002：『現象学ことはじめ』日本評論社

山口一郎 2005：『存在から生成へ』知泉書館

山口一郎 2008：『人を生かす倫理　フッサール発生的倫理学の構築』知泉書館

山口祐弘 1991：『ドイツ観念論における反省理論」勁草書房

山口祐弘 2010：『ドイツ観念論の思索圏──哲学的反省の展開と広袤』学術出版会

山口祐弘 2021：『フィヒテ哲学の行路』知泉書館

山口修二 2005：『カント超越論的論理学の研究』渓水社

山本一成 2018：『人工知能はどのようにして「名人」を超えたのか？』ダイヤモンド社

山本道雄 2008：『カントとその時代　ドイツ啓蒙思想の一潮流』晃洋書房

山岡忠夫 2018：『将棋 AI で学ぶディープラーニング』マイナビ

山下正男 1981：『ヒスパーヌス論理学綱要──その研究と翻訳』京都大学人文科学研究所

(https://repository.kulib.kyoto-u.ac.jp/dspace/bitstream/2433/244878/1/Yamashita_Hispanus.pdf　アクセス確認 2023 年 11 月 1 日)

山下正男 1983：『論理学史』岩波書店（岩波全書）

山下正男（監修）1994：『中世末期の言語・自然哲学』（『中世思想原典集成』第 18 巻）、平凡社（ペトルス・ヒスパヌス［ヒスパーヌス］『論理学論集』山下訳を所収、底本は *Textus omnium tractatuum Petri Hispani etiam sincathegreumatum et parvorum logicalium cum copulatis secundum doctrinam divi Thomae Aquinatis iuxta processum magistrorum Colonie in bursa Montis regentium*（『ペトルス・ヒスパヌス論理学全著作集

（以下略）』）のインクナブラ［初期刊本］、1498 年、大英図書館カタログ・ナンバ
ー I. B. 4548、後半部分の訳（前半部分は別記 Peter of Spain 1972 およびその山下訳に
所収））

山内史朗 1990：「ライプニッツの影響 apperceptio をめぐって」（廣松渉／坂部恵／加
藤尚武（編）『講座　ドイツ観念論』第 1 巻『ドイツ観念論前史』弘文堂、1990 年、pp.
67-122 に所収）

山内得立 1960：『ギリシアの哲学　4』弘文堂

山脇直司 1990：「シュライエルマッハーの哲学思想と学問体系」（廣松渉／坂部恵／加
藤尚武（編）『講座　ドイツ観念論』第 4 巻『自然と自由の深淵』弘文堂、1990 年、pp.
217-258 に所収）

柳本光彦 2020-2022：『龍と苺』既刊全 10 巻、小学館

吉岡洋 1993：「芸術という病――症候としてのドイツ観念論――」（『叢書　ドイツ観念
論との対話』第 2 巻『芸術の射程』神林恒道（編）、ミネルヴァ書房、pp. 228-249 に
所収）

湯浅正彦 2020：『絶対値の境位　フィヒテ知識学読解への誘い』（立正大学文学部学術叢
書 06）、角川文化振興財団

読売新聞科学部 2001：『日本の科学者最前線　発見と創造の証言』中公新書ラクレ

寄川条路 2003：『構築と解体――ドイツ観念論の研究――』晃洋書房

Zeltner, Hermann 1931: *Beiträge zur Philosophie 20 Schellings philosophische Idee und das
Identitätssystem*, Carl Winters Universitätsbuchhandlung, Heidelberg

Zilsel, Edgar 1913: "Bemerkungen zur Abfassungszeit und zur Methode der Amphibolie
der Reflexionsbegriffe," in: *Archiv für Geschichte der Philosophie*, 26 (4), pp. 431-448

【叢書・事典等】

『岩波哲学・思想事典』1998: 岩波書店；

坂部恵 1998：「『純粋理性批判』」項目執筆

坂本百大 1998：「心身問題」項目執筆

廣松渉／坂部恵／加藤尚武（編）1990：『講座　ドイツ観念論』全 6 巻、弘文堂：

1『ドイツ観念論前史』；2『カント哲学の現代性』；3『自我概念の新展開』；4『自然
と自由の深淵』；5『ヘーゲル　次代との対話』；6『問題史的反省（総索引）』

『シェリング論集』晃洋書房：

1『シェリングとヘーゲル』髙山守／藤田正勝（編）、1995 年；2『シェリングとドイツ・ロマン主義』伊坂青司／山口和子（編）、1997 年；3『モデルネの翳り』渡邊二郎／山口和子（編）、1999 年；4『シェリング自然哲学への誘い』松山壽一／加國尚志（編）；5『交響するロマン主義』長野順子／小田部胤久（編）、2006 年

『叢書 ドイツ観念論との対話』全6巻、ミネルヴァ書房、1993 年：

1『総説・ドイツ観念論と現代』大橋良介（編）；2『自然とその根源力』西川富雄（編）；3『芸術の射程』神林恒道（編）； 4『知と行為』門脇卓爾（編）； 5『神と無』大峯顯（編）； 6『ドイツ観念論と日本近代』茅野良男（編）

『哲学の歴史』内山勝利／小林道夫／中川純男／松永澄夫（編集委員）、中央公論新社、2007-2008 年：

1『哲学誕生 古代 I 始まりとしてのギリシア』／2『帝国と賢者 古代 II 地中海世界の叡智』ともに内山勝利（責任編集）；5『デカルト革命 17 世紀』小林道夫（責任編集）；7『理性の劇場 18－19 世紀』加藤尚武（責任編集）

Chapter 12

A Debate Between Physicists and a Philosopher Over Kant.
With an Introduction to Jaspers on Hamlet and Agnosticism

Preface

In his book, Nobel laureate physicist Leon M. Lederman (1922-2018) refers to these famous words of Hamlet: "There are more things in heaven and earth," "Than are dreamt in your philosophy."

In philosophy, as represented by Kantian criticism, we have endeavored to constantly identify the possibilities and limits of human cognitive ability. Therefore, from the philosophical side, it is naturally necessary to carry out self-verification based on the results of modern physics.

In this chapter, the author of this book will analyze a fruitful discussion on Kantian philosophy from the dialogue version of Werner Heisenberg, one of the founders of quantum mechanics, and scrutinize its contents.

In the introduction, the author also discuss Jaspers and Wittgenstein on agnosticism.

Introduction. The Limit Known as Agnosticism

The history of science, especially that of 20th-century physics, has overturned preconceived notions, even what seemed to be the 'standard mode,' with the unexpected consequences of constant new experiments. It was a series of surprises for us.

A prominent experimental physicist and winner of the Nobel Prize in Physics stated that "Physics is the ultimate philosophy about nature and reality. And whenever we think we've gotten close to understanding it all, Hamlet pops up and reminds us that there is much more" (Lederman 2013: 125).

These words come from the protagonist in Hamlet telling his friend;

There are more things in heaven and earth,

Horatio,

Than are dreamt of in your philosophy.

(Act I, Scene 5)

However, what exactly 'dreamt of in philosophy' is?

The meaning is not clarified here, but when it comes to Hamlet, readers are familiar with the following. Hamlet in this scene had already met the murdered father's spirit and was told the truth.

So, it is no wonder that Horatio does not believe him leaving the protagonist to walk alone in the face of this revelation, ultimately to his tragic end.

In that sense, instead of being suspected of madness, Hamlet, who dared to take revenge while pretending to be a madman, dies in the end leaving behind the word "the rest is silence" (Act V, Scene 2), the sign of which overlaps with the ancestor of philosophy, Socrates.

Socrates, who escaped from the cave of the human spirit and saw the world of ideas outside, was finally sentenced to death for blaspheming the traditional god for the plot of the enemy, and he faced his sentence with composure, stating his proud theory that was handed down in *Apology* and *Criton*.

It can be seen that they have a common appearance that collapsed and fell before 'more things' than dreamed of in philosophy.

It was Karl Jaspers (1883-1969) who regarded Hamlet as a philosopher and discussed the essential analogy between philosophy and tragedy (cf. Jaspers 1947: esp. 881, 943; Ino 2012: 113; Ino 2020: 16).

Hamlet's saying "the rest is silence" and dying without doubt or expectation is an expression of his transcendence without deception. The rich silence, that is, not empty silence, hides what cannot be said, what would be destroyed if it were said (Jaspers 1947: 881).

Has Saner, who served as a secretary in his later years leading up to his death, also wrote in his biography (cf. Saner 1970) that Jaspers was deeply moved by the concluding passage of *Tractatus Logico-philosophicus*, the masterpiece of young Ludwig Wittgenstein (1889-1951), who would have had little contact with him ideologically and personally at the same generation.

Wittgenstein's famous phrase is "Whereof one cannot speak, thereof one must be silent [*Wovon man nicht sprechen kann, darüber muss man schweigen*]" (Wittgenstein 1922: Proposition/*Abschnitt* 7). Jaspers associates Wittgenstein's words with the words of Hamlet's death (however, Wittgenstein also said in the earlier part, Proposition 4. 116 of the same book, "Everything that can be thought at all can be thought clearly. Everything that can be said can be said clearly": tautology).

The philosophy of Jaspers and that of Wittgenstein, however, were decidedly different.

At the time of publication of Wittgenstein's monumental work, Jaspers has been working on his first major philosophical work for almost a decade. In his more than one thousand pages book, entitled Philosophy, Jaspers' philosophical thinking from several essential triads.

The first triad on the search for the truth is the type of the speculating subject; "orientation of the knowledges in the world," "existential clarification," and "metaphysics" (these three make up each of the 3 volumes of this book *Philosophie*).

And the second triad is the type of objects to be thought; "direct language of the transcendence," "intuitive language of art, etc.," and "speculative [introspective] language of philosophy" (these three correspond to each of the three languages [ciphers/*Chiffren*] of the transcendence.

In the first triad, everything we have done disappears at the limit of the knowledge-oriented in the world (religion, ordinary philosophy, science, etc.) and existential clarification. However, this is nothing but an opportunity for "metaphysical transcendence."

This opportunity for "disappearance" is described in terms of "frustration [*Scheitern*: sink/fall]" and "silence."

So how the metaphysical transcendence is done; in the second triad, Jaspers recognizes the pursuit of truth in three realms: the direct first language of the transcendence, or God; the intuitive second language such as art; and the third language of philosophical speculation.

For example, when a hero (Jaspers cites Oedipus and Hamlet as representatives) is frustrated by intuitive knowledge, the significance of speculation [*Spekulation*] beyond intuition [*Anschauung*] or understanding [*Verstand*] becomes apparent.

The original philosophy that Jaspers advocates does not cease [*aufhören*] in silence. Philosophy as metaphysics always tries to express existence [being/Sein] itself, that is, the truth, in ambiguous terms, either by the abstract logical categories in the third language of the philosophical speculations, or, by the realistic or mythical interpretations of intuitions in the second language of the artistic meditations: He went the former way.

However, are the words of philosophers that natural scientists expect aware of limits like them? Even in physics, which seems to achieve such great progress that gives the illusion of infinity (even in the 2010s, the largest discoveries of the century such as the Higgs boson or the measurement of gravitational waves, are being made one after another), scientists are always aware of the limits and are working hard to overcome them.

This is also true in the field of philosophy, as represented by Kantian criticism, we have endeavored to constantly identify the possibilities and limits of human cognitive ability. Therefore, from the philosophical side, it is naturally necessary to carry out self-verification based on the results of modern physics. This is because Kantian philosophy was self-verification by a critical method in the philosophy itself.

In this chapter, the author will analyze a fruitful discussion on Kantian philosophy from the dialogue version of Werner Heisenberg (1901-1976), one of the founders of quantum mechanics, and scrutinize its contents.

Regarding modern physics, for example, Ernst Cassirer, an authority on Kant's research, discussed Einstein's theory of relativity; quantum mechanics, for example, time theory is often discussed with Kant's antinomy theory.

This book has views not only discussing physics from the perspective of philosophers, but also on philosophy from the perspective of physicists, and there are not many precedents.

1. Grete Hermann

Heisenberg and his disciple, Carl Friedrich Freiherr von Weizsäcker (1912-2007), who obtained his degree in 1932, were discussing with a young female philosopher at the University of Leipzig, where Heisenberg was a professor at the time. This debate, called "Quantum Mechanics and Kantian Philosophy," between two great physicists and one clever *Doktorin* is included in Heisenberg's book of his later years, *Die Teile und das Ganze* ("the part and the whole," English translation's title *Physics and Beyond*). The views of Heisenberg and von Weizsäcker are influenced by the ideas of Niels Bohr (1885-1962).

This "young female philosopher who studied in a school presided over by the Göttingen philosopher Nelson" (Heisenberg 1974: 189) is Grete Hermann (1901-1984). She was also a mathematical physicist and earned a degree from the University of Göttingen in 1926 under the guidance of the genius scientist Emmy Noether* (who was forced into an unfavorable researcher life because of prejudice that she was a woman). In the early days of her research life, Hermann wrote some articles on the philosophical foundation of quantum mechanics.

* Noether, Amalie Emmy (1882-1935), is a great mathematical physicist whose work in "Noether's Theorem" greatly influenced "quantum field theory."

Nelson, Leonard (1882-1927), is a philosopher and mathematician belonging to the Neo-Kantian School (Neo-Fries School). Fries, Jacob Friedrich (1772-1842), is a German idealism/Neo-Kantian philosopher.

2. The Causal Law

There are many problems shared by Kant's Critique of Pure Reason and physics, such as space-time theory (the Transcendental Aesthetics) and the Antinomy of pure reason (infinitive/finiteness of space-time, existence of ultimate particles, causality, etc.). Kantian philosophy is based on Newtonian physics.

Regarding this Kantian philosopher, Hermann argued about quantum mechanics over causality as follows; the causal law is not an empirical assertion (proved or disproved by experience) but the very basis of all experiences. Kant called this part of the categories of understanding "a priori."

Any given impression must follow from a preceding impression. With this rule, we can understand our subjective experiences as the objective relationship between impressions, and thus assert the fact that we have experienced. Thus, the existence of a strict relationship between a cause and its effect is a prerequisite.

The natural sciences deal precisely [*präzis*] with objective [*objektivierend*] experiences, so its subjects are limited to the phenomenon that can be verified by others. If we can incorporate the raw material of our sense impression into our experience with the causal law as our mental tool [*Werkzeug*], we grasp the object [*Gegentand*] of natural science. So, quantum mechanics, which tries to relax the causal law, cannot remain a branch of science (cf. Heisenberg 1969: 142; Heisenberg 1971: 118).

She criticizes that it should be impossible for quantum mechanics to remain a natural science while continuing to loosen causality.

So, Heisenberg tried to describe the experiments that had led to the statistical interpretations of quantum theory (of course, Hermann must have already learned this historical background). For example, when observing the atom of Radium B, we see exactly the appearance of some sort of breakdown of causality. Sooner or later (usually it happens in less than half an hour, or even a second later, or even a day later), it also emits an electron in one direction (not constant). Then, it transfers to the atom of Radium C.

That is exactly where we see some sort of failure of causality; in the case of each Radium B atom, on average, this will happen after half an hour or so, but a particular atom may transform in seconds or after days but it cannot be explained (the causal law breaks down) why a particular atom will decay at one moment and not at the next, or what causes it to emit an electron in precisely one direction rather than another. Rather, there is a list of reasons certainly it is fairly certain that such a cause does not even exist (cf. Heisenberg 1969: 143; Heisenberg 1971: 119).

Hermann, of course, criticizes that it must be a mistake in current atomic physics, "that is precise, where so many people think modern physics has gone wrong" (Heisenberg 1969: 143; Heisenberg 1971: 119). It is impossible to conclude that the cause itself does not exist from the mere fact that no cause can be found for a certain result. That is, the knowledge about Radium B as mentioned above is incomplete.

That knowledge is incomplete, as there are still unsolved issues. "I myself would simply conclude that the problem has still to be solved, that atomic physicists must go on searching until discovering the cause," she said, "in other words, you will have to keep looking [Note: the emphasis is by the author of this book]." Atomic physicists should explore further until they have acquired complete knowledge and discovered its true cause (cf. Heisenberg 1969: 143; Heisenberg 1971: 119).

3. Incompleteness as Uncertainty

It is clear that Hermann's criticism of the incompleteness of quantum theory. However, of course, Heisenberg, founder of the "Uncertainty Principle," argues that this knowledge, which Hermann criticizes as "incomplete," is already 'complete.' This is because other experiments on Radium B also conclude that no other determinant can be given other than the known ones (cf. Heisenberg 1969: 143; Heisenberg 1971: 119).

Heisenberg explained as follows: the physicists think that they have found all there is to be found in this field, for from other experiments with Radium B they know that there are no determinations beyond those they have established. "Let me put it more precisely: we have just said that it is impossible to tell in which direction an electron will be emitted" (Heisenberg 1969: 143; Heisenberg 1971: 119).

Hermann said that the physicists must keep looking for further factors, but even assuming that she was right and they could discover such factors, Heisenberg said, "we should get into new difficulties" (cf. Heisenberg 1969: 143; Heisenberg 1971: 119).

The electron can also be treated as a material wave sent only by the atomic nucleus. Such a wave can cause interference phenomena. Suppose that the parts of the wave which the atomic nucleus emits in the opposite direction can be made to interfere within a special apparatus. The result will be extinction in certain predictions that the electron will not ultimately be emitted in that direction. But if the physicists had discovered new determinants from which they could tell that the electron was originally emitted in a clearly defined direction, then no interference could have occurred.

There would be no observed decay, and our earlier conclusion would have been wrong. That being said, because the decay can be observed through experimentation, nature teaches them that there is no determinant and therefore our knowledge is already complete without new determinants (cf. Heisenberg 1969: 143-144; Heisenberg 1971: 120).

Hermann [Note: among philosophers, including myself] is not convinced by Heisenberg's explanation. "On the one hand, you claim that your knowledge of nature is incomplete, while, on the other hand, you tell me that your knowledge is incomplete because, if there were further determinants, you would get into trouble with other experiments (Heisenberg 1969: 144; Heisenberg 1971: 120). Human knowledge cannot possibly be complete and incomplete at the same time [rex contradictionis/law of contradiction].

4. *Ding an sich*

What exactly do quantum theorists mean when they say that knowledge is both complete and incomplete?

Von Weizsäcker argued that we should analyze the premise of Kantian philosophy more accurately.

According to him, the contradiction that Hermann pointed out arises because of the physicists' behaving as if a Radium B atom were a "thing-in-itself," a Kantian "Ding an sich."

However, it is by no means self-evident or correct. Even Kant, the 'thing-in-itself' was certainly a problematic concept as we can say nothing about the 'thing-in-itself.' Although only the object of perception is given to us, Kant hypothesized that this perceived object could be associated with or organized into a model of the "thing-in-itself."

In other words, Kant treated the structure of experience to which we have become used in daily life and which is also the basis of classical physics as a priori (transcendentally).

In the view of classical physics, the world consists of things in space that change with time, of processes that follow one another according to a set of rules.

In atomic physics, however, the physicists have learned that observation can no longer be correlated or arranged on the model of the "thing-in-itself." Hence there is also no such thing as the "Radium B atom itself" (cf. Heisenberg 1969 144-145; Heisenberg 1971: 120).

Of course, Hermann is not convinced by is counterargument [Note: again, many philosophers are not]. She, a New-Kantian philosopher, rebutted as follows: such use of Kant's "thing-in-itself" concept by von Weizsäcker is not exactly in line with the spirit of Kantian philosophy. It must clearly be distinguished between "thing-in-itself"and the physical object. According to Kant, the "thing-in-itself" does not appear in phenomena, not even indirectly.

Therefore, if we refer to a "Radium B atom an sich," in the sense of classical physics, it would simply be referring to what Kant calls a thing or an object [*Gegenstand*].

Even if they are like atoms [Note: they would be elementary particles today in the 21st century] and are not visually perceivable we deduce their existence and properties from observable phenomena, and the world of phenomena has a coherent structure. It is impossible to distinguish precisely between what we see directly and what we merely infer. Yet, we are positive that the objects exist. Science is objective because it speaks of objects, not of perceptions.

"Without objects, there can be no objective science," said Hermann, "and what objects are is determined by such categories [Note: Kant's pure concepts of the understanding [*Kategorien/reine Verständesbegriffe*]] as substance, causality, etc. The strict application of a category guarantees the possibility of experience" (Heisenberg 1969: 145; Heisenberg 1971: 121).

5. Complementary and Relativity

However, von Weizsäcker did not back down. He said that in quantum theory, physicists have to use a new method of objectifying perception of which Kant would never have <u>dreamt</u> [Note: emphasis is by the author] in his critical philosophy.

If perception should also result in experience, then any perception involves an <u>observational</u> situation [Note: the emphasis is by the author] that must be pre-specified. A resulting perception is an object, so it can no longer be transformed the way it was possible in classical physics.

The resulting knowledge from an experiment is complete for one particular observational situation, but incomplete for the other [observational situation].

If two observational situations are in the relationship Bohr called "complementary [*Komplemetarität*]," then having a complete understanding of one necessarily means having an incomplete understanding of the other (cf. Heisenberg 1969: 146; Heisenberg 1971: 121).

Hermann might wonder if that would "overthrow," or even destroy the whole Kantian analysis of experience.

Of course, von Weizsäcker never intended to say so. He makes an explanation. "Kant has perceived very shrewdly how we come by our experiences. His analysis is essentially correct. But when he makes the intuitive forms "space" and "time," and the category "causality," a priori conditions of experience, he runs the danger of postulating them as absolute and of claiming that they must enter into the content of all physical theories." (Heisenberg 1969: 145; Heisenberg 1971: 121-122).

Nevertheless, Kant is correct in his own right. Experiments set by physicists must first of all be described in the language of classical physics. Otherwise, the result cannot be communicated to other physicists who have to verify them. And only then will others be in a position to do so.

Therefore, the Kantian "a priori" is by no means eliminated from modern physics; it has simply been "relativized."

The concepts of classical physics, which include space, time, and causality, may be said to be 'a priori' conditions of relativity and quantum theory, in as much as they must be used (in more careful words, "they are used") in that way. However, their content is nevertheless changed by new theories (cf. Heisenberg 1969: 146-147; Heisenberg 1971: 122).

6. What Exactly an Atom is?

Sure enough, Hermann complains that in all the stories so far, she still does not have a clear answer to her initial question: She complains that she wants to know why they should not go further if they have not found enough cause to calculate the emission of an electron in advance.

The physicists claim that further searching would be futile since no further determining factors can be found and if it is formulated in precise mathematical language, indeterminacy allows it to be confirmed by a definite prediction in another experiment. They say that their claim is borne out by the results.

For Hermann, however, the physicists turn uncertainty into physical reality with an objective character. Uncertainty is a synonym for ignorance and as such something purely subjective.

However, that was the very point that Heisenberg would point out. It was a very precise description of the most characteristic feature of modern quantum theory; "something purely subjective." Physicists no longer correlate objective processes in space and time, but only observational situations. There are only empirical laws. The mathematical symbols with which they describe such observational situations represent possibilities rather than facts, or an intermediate stage between the possible and the factual (cf. Heisenberg 1969: 147; Heisenberg 1971: 122).

As a rule, our knowledge about what is possible only allows us to speculate as to the probability of a future event. "Kant could not possibly have foreseen that in an experimental realm so far beyond daily experience we could no longer treat observations as if they referred to "Ding an sich" of "objects"." In other words, Kant "could not foresee that atoms are neither things nor objects" (Heisenberg 1969: 147; Heisenberg 1971: 123).

According to Heisenberg, we cannot give an expression using words of what exactly an atom is. We can only say that "atoms are parts of observational situations, parts that have a high explanatory value in the physical analysis of the phenomena involved" (Heisenberg 1969: 148; Heisenberg 1971: 123).

In addition, von Weizsäcker raised the following; regarding linguistic difficulties, the most important lesson we can learn from modern physics is perhaps the fact that all the terms with which we describe experience apply to a limited realm only. All such concepts as, "thing," "object of perception," "moment," "simultaneity," "extension," etc., get us into trouble in certain experimental situations. That does not mean that these concepts have ceased to be the presupposition that must be critically evaluated in each case, and from which no absolute rules can be deduced (cf. Heisenberg 1969: 148; Heisenberg 1971: 123).

However, Hermann seemed dissatisfied with this turn in their conversation; She had set out to refute the arguments of atomic physics with Kantian propositions [Note: tool/*Werkzeug*] or, conversely, had hoped to be shown that Kant had been guilty of a serious philosophical lapse. Nevertheless, neither of her hopes has been fulfilled.

Hence Hermann asked, is not the relativization of the Kantian "a priori" not tantamount to complete resignation in the sense of 'I see that nothing can be known'? Or, is there no ground of knowledge on which we can safely take our stand? (cf. Heisenberg 1969: 148; Heisenberg 1971: 123).

Again, von Weizsäcker answered boldly by likening Kant to Archimedes: His lever laws were the right formulation of the practical rules of technology in his day, but do not meet the needs of modern technology. Similarly, Kant's concepts represent true knowledge; extensions of knowledge have helped us to advance into realms of quantum mechanics in which his concepts no longer suffice, which signifies neither the relativization nor the historicization of these concepts; it simply means that in the course of historical development these concepts have lost the central significance they originally enjoyed. Even Kantian 'a priori' can be displaced from its central position and become part of a much wider analysis of the process of understanding.

The very structure of human thought changes in the course of historical development. Science progresses not only because it helps to explain newly discovered facts, but also because it teaches us over and over again what the world of 'understanding' may mean (cf. Heisenberg 1969: 148-149; Heisenberg 1971: 124).

Von Weizsäcker's reply, based partly on Bohr's teaching seemed to satisfy Hermann to some extent, and the three had the feeling that each had learned a good deal about the relationship between Kantian philosophy and modern science; Heisenberg concluded so.

Conclusion

At the introduction of this chapter the author referred to two other great philosophers: Wittgenstein and Jaspers, one kept the silence where the other broke it. They both knew about "the situation of limit [*Grenzsituation*]". Wittgenstein was frustrated by language, while Jaspers struggled with existence (cf. Wachtendorf 2010).

And in late years, Wittgenstein also said that we can only see what is known to us through a language game (cf. Wittgenstein 1953; Wachtendorf 2010).

Speaking of Jaspers, he began his own career as a natural scientist; a young genius psychopathologist, who also made a name for himself as a psychologist, and later as a philosopher of existential thought, and continued to break the silence until his death.

Regardless, just as stated above, it is interesting that the debate between two physicists and a philosopher settled on linguistic difficulties and language issues. For both science and philosophy, one of the biggest problems seems to be language.

This debate has not been concluded, but it was also closed by mediation or compromise to avoid an 'unclear draw.' The following year (1933), the Nazi government was established, and the peace issue, which Heisenberg himself was strongly concerned about, became desperate.

We would never see him continue this debate with Hermann.

Chapter 13

Philosophy and Ethics[*1] of AI/Robots:

On Kantian Philosophy, Aesthetics, and Awe

Introduction:
Differences Between AI and robots

The era termed the "3rd AI boom" commenced in 2022. Ethics, especially applied ethics, which seeks to address problems in contemporary society, deals with science and technological engineering as important topics of ethics. These arguments are intertwined in a complex manner; further "AI ethics" has been discussed for a quarter of a century.

This chapter is a part of these investigations and discussions: it examines the "two-zero sum finite definite perfect information game." In particular, these games are considered in this study, 1) chess, 2) Go and 3) shogi; the focus of the study is on how human players and AI operate in these games and the related implications, analyzed from the perspectives of philosophy and ethics (note: The author is not very familiar with chess, shogi, or Go as a player of the games; my study and discussion are grounded in my field of expertise, namely philosophy and ethics).

An overwhelming rate of success and advantage of AI use has been noted for all the three games/competitions, and the results are both remarkable and commercially lucrative from the development side. While individuals from the general public coming across such reports praise the wonders of advanced technology, they also seem to be worried that humanity's status could be usurped by such technology.

What about the players? If this is literally a "warrior," then of course "defeat" means "death," so obviously it is not easy to say. At first, some people looked down on AI. However, with advancements in the technology they have started to comprehend the superiority of AI and even explore ways to incorporate this technology in their lives (e.g., even high-ranking Shogi players are preparing for games by training with AI).

In this context, we revisit a rather ironic episode related to AI, in particular with regard to how it was viewed in the past and its current status. An article of the annual edition of the *Shogi Yearbook* 1996 (cf. Habu 2017) mentions that the following question was posed to professional Shogi players: "When will be the day when computers beat professional Shogi players?" This was the year before a notable event and the first of its kind in human history: in 1997, IBM's *Deep Blue* supercomputer beat world chess champion Garry Kasparov (in a series of six matches: two wins, one loss, and three draws). As this may not have been anticipated by most people, in response to the question, many Shogi players flatly denied that such a day would come. Some of the comments shared were as follows (stated along with players' real name): "Never" (YONENAGA Kunio); "It will not come" (KATO Hifumi); "Not coming" (MURAYAMA Kiyoshi); "A hundred years, we will not lose" (SANADA Keiichi); and "I think it will come someday, but I don't think it will be possible for it to surpass humans." (GODA Masataka). However, there was a Shogi player who almost accurately predicted that "that day" would come, HABU Yoshiharu, who even predicted when: "2015" (Habu 2017: 3-4).

The aforementioned literature (Habu 2017) was developed in conjunction with an NHK Special TV program "Angel or Demon? Yoshiharu Habu Exploring Artificial Intelligence" (aired in May 2016 in Japan). When the project began, Habu was asked by the production supervisor (executive producer) whether he could beat AI to which Habu replied:

"Right now, the artificial intelligence in Shogi is as strong as Usain Bolt in athletics. But in a few more years, it will reach the level of an F1 car. At that time, humans will no longer think of competing with artificial intelligence" (Habu 2017: 4).

In his book (Habu 2017), Habu is regarded as the "last stronghold" (Habu 2017: 4) among shogi players successively defeated by AI. Even he has graciously admitted defeat.

Habu needs almost no introduction: born in 1970, he boasts outstanding results among active shogi players (a total of 99 titles, first professional players to ever hold monopoly of seven (at that time) major titles in 1996, a total of 1,434 victories (as of 2022), all of which are unprecedented), and is the strongest Shogi player of our time, along with OHYAMA Yasuharu, an invincible figure of yesteryear (and FUJII Sohta, who remains undefeated and achieved his current monopoly of eight titles). However, it is true that the peak of a shogi player's ability is generally at a relatively young age; in 2018, Habu went uncrowned for the first time in 27 years. Moreover in 2022, he fell into Class A, where he was enrolled for 29 terms [years].

It was the power of AI at the time to make him have to judge such a harsh and sober assessment (and as of 2022, the "several years" that Habu said in 2015 have already passed).

Before presenting the main arguments, the author would like to first discuss some popular notions concerning AI, namely, that AI has already surpassed human wisdom and will eventually become a threat to humanity in the near future (e.g., according to Kurzweil 2005 the year 2045 will mark a significant historical turning point called the "singularity," reversing the status of humanity and AI, and when all human occupations will be taken away by the technology).

Several issues need to be examined from the perspective of ethics and philosophy; therefore, it is necessary to first clarify the distinction between AI and robots. This is deeply related to various views that have been considered important in the history of philosophy, such as mind-body dualism.

According to one robotics researcher, "robots are the moving mechanical devices," while artificial intelligence [AI] is "a type of invisible information processing that mimics the workings of the human brain" (cf. Niiyama 2019: 16-20, esp. 17).

In Figure A, the word "AI" is rather ambivalent. The machine that is about to strike a black Go stone on the board is "vertically articulated,"; literally, a "robot," which operates based on a "five-axis" mechanism (generally a six-axis mechanism, as shown in Figure B[*2] is the mainstream for industrial robots, but in Figure A, it is simplified), and the black "robot hand" [end effect] picking the stone with a "claw," which has two "axes" and three white "robot arms" [manipulator] to a stand painted "AI": five-axis vertical articulated robot (serial robot).

Figure A   Figure B

However, it is not clear which part is called "AI" from the appearance of this robot. Whether it is built into the platform or remotely controlled from the computer itself via wires or is wireless (although not depicted in the picture), this "robot" is engaged in hitting the Go stone on the board under the command of AI, and whether it should be regarded as AI will require a "wait" (this "wait" means "stop and think carefully"; however, in shogi, as in other competitive games, "wait [cancel]" is forbidden).

Revisiting Niiyama's definition above, we can see that the difference between AI and robots is connected to the mind-body dualism of the early modern period, represented by Descartes: AI imitates the "workings" of the human "brain" ("esprit/spirit" in Descartes' works). Meanwhile, the core of a robot is not a function, but a movement, and the robot's hand is an "extension" (also "extentio" in Descartes' works) that realizes the work intended by AI. From this perspective, it can be seen that the basic concept of AI/robots appears to be based on typical modern scientism.

That this interpretation is not a sophism [a forced attempt or analogy] from an important and well-known concept in the history of philosophy can be justified by presenting the following genealogy. That is, Descartes' mind-body dualism[*3] was critically deepened later by epiphenomenalism (the theory of the concomitant phenomena; the view that mental phenomena arise with physical phenomena) and together with the development of cerebral physiology, in the 20th century, "the concomitant phenomena theory of the mind came to be regarded as the only solution to the mind-body problem" (Sakamoto 1998: 823).

Furthermore, in 1948, "cybernetics" was proposed by Norbert Wiener. This broadens the perspective to include the phenomenon of communication and its control, "supporting the material-mechanistic nature of human mental activity and reinforcing the theory of concomitant phenomena" (Sakamoto 1998: 823). Cybernetics is a particularly important concept in the third-generation understanding of AI right today.

In response to Wiener, Nishigaki[*4] defined living organisms as neo-cybernetic; therefore, AI and robots are clearly distinguished (cf. Nishigaki 2017: 64).

Humans are defined as "homo faber" (ancient philosophical concept reintroduced by Henri Bergson or Max Scheler in the 20th century, also traced back to Benjamin Franklin), in accordance with Cartesian mind-body dualism, because prehistoric humans processed things with their hands at the direction of the mind.

Millions of years after the era of prehistoric humans, an ancient Greek lyric poet composed the following:

"ψυχῆς γὰρ ὄργανον τὸ σῶμα, θεοῦ δ'ἡ ψυχή" (Ἀνάχαρσις)
"The body is an instrument of the soul, and the soul is God's"

(Anakarsis, ca. BC 6C)

In my opinion, these words are one of the world's first expressions of the idea of mind-body dualism.

Indeed, if that is all, it is just a retrospective of human history. However, in the case that AI gains autonomy and true "self-creation" is possible, then the analogy of AI/robots is:

· AI manipulates the robot's hands to process something

Yet, if this is all there is to it, it will be limited to technological innovations that have been constantly developed throughout human history; however, there is another aspect;

· AI operates the robot's hands to process the AI itself

This stage will become a reality. Needless to say, the idea that "the mind processes itself using the extension of the hand" applies not only at the level of acquired acquisition activities such as learning. However, if a system is to acquire a new state of autonomy that did not originally exist, it would lead to an unprecedented situation not only in human history but also in the history of life on the entire.

Therefore, among the ethical, legal and social issues (ELSI) surrounding AI, if we first discuss only the issue of responsibility of AI, we will question whether AI has the same autonomous ability as humans.

However, the possibility of AI having autonomy is something that many experts disagree on; thus, the responsibility for the blunders (mistakes; is there, on earth, able to be any "care"-lessnesses in AI?) made by AI shouldered by the designer or operator (to be determined depending on the situation). Further, if we do so, the idea R. Kurzweil, Y. N. Harari (cf. Harari 2015: chapter 9), and other influential intellectuals state that AI technologies are inciting the general public, whether this is intended or not) that human civilization is threatened by the "runaway" of AI seems to be nothing but unsubstantiated, and one triggering unfounded fear (groundless apprehensions).

I

AI That Overwhelms Humanity

Section 1
Dramatic Development in the Quantity of Information Engineering

Next, I expand more on the theme of this book to contrast the capabilities of AI and humans.

A common explanation is that AI distinguishes between dogs and cats (e.g., Inaba 2021: 211-212). As mentioned earlier, the "3rd AI boom" is very different from its predecessors, and it is often discusses based on the example of how the distinction between dogs and cats, which was not easy in the past, has improved dramatically.

Conventional technology counts the indicators representing the characteristics of dogs and cats and inputs them into the machine, and it is "difficult" to know what kind of indicators should be input.

The reason why it is "difficult" is that we humans distinguish between dogs and cats almost unconsciously, through automatic cognitive processing (on a side note, there is an authentication system for smart phones called AwareLess: deep connotation!). However if we are not conscious or aware of this data, we cannot explicitly verbalize program or input them into machines.

This is where philosophy comes into play. According to one theory, this is nothing but the "ἰδέα [idea]" that is extremely familiar to mankind.

In my [the author's] college lectures, I also use the ἰδέα of "cat" as an example and study topic: Everyone certainly knows what cats are, and they can also be distinguished from dogs. However, they cannot be understood and explained by additive definitions (enumerating definitions, exhaustive); if we try to do so, there is no limit.

According to the idea theory, we get an idea of cats, or anything else, by internalizing them (e.g., countless cats), and thus we can say that we know what cats are. Furthermore, Plato (from whose words the idea theory originated) goes to the extreme, arguing that the idea of a cat sleeping in our souls is conjured. However, this would be almost unacceptable in modern science, where even the innateness of cognition is hardly recognized as it once was.

Personally, my background has helped me become familiar with and gain knowledge on the internalization of the aforementioned ἰδέα (very familiar with the ἰδέα theory or idealism as a specialist in applied ethics, and having studied modern and contemporary German philosophy and ethics [completed my PhD in this field] as well as ancient Greek philosophy and ethics). However, today's cognitive theory provides a much more detailed explanation.

The question here is whether the capacity for thinking power in the formation of human ideas is greater than that of modern general-purpose computers. There seem to be two explanations, however, the conclusion clarifies which of them is valid and which is yet to be confirmed.

In this context, a metaphor is often used; it says that "the function of the human brain is immeasurable, which is equivalent to data from "dozens" or "hundreds" of "phone books" (not very common today, phone books list telephone subscribes in a geographical area or subscribes to serves provided by the organization that publishes them). Nowadays, even if you search the Internet for "phone book" or "telephone directory," you will most likely only be able to access one that is that is smart phone built-in (please try it). This can be considered a type of praise for human wisdom.

Meanwhile, today, when the capacity of PC memory is being put to practical use on a scale of tens of terabytes (i.e., a few tenth of a petabyte), we often see a completely contrasting theory: "the capacity of the human brain is not much" (possively disregarding human wisdom).

Now, 1 TB is said to be constitute approximately 550 billion full-width characters for full-width (Japanese letters)/approximately 1.1 trillion characters for half-width characters. The A5 edition (or Letter Size), which is often used in academic books, is said to be equivalent to two Japanese 400-character manuscript sheets (e.g., 250 pages equal to approximately 500 sheets of manuscript paper), and even if we ignore the fact that the Japanese is a mixture of KANJI, KANA (HIRA-g[k]ana/KATA-kana) and Arabic numerals, alphabets and so on: it is approximately 700 million pages at 1TB.

In the case of the historical novels that can be said to be a genre peculiar to Japan, the longest one, *TOKUGAWA Ieyasu*, written by YAMAOKA Sohachi, the volume consists of 17 thousand 400 pages of manuscript paper [400 letters per page], and is said to contain 6.95 million characters (Japanese full-width).

Considering the Masterpieces of World Literature in Marcel Proust's *À la Recherche du Temps Perdu* [*In Search of Lost Time*], there are approximately 9.6 million alphabetic characters (not including spaces, etc.) from the first volume "The Way by Swann's" to the last "Time Regained." However, this is the case for (the Japanese) half-width characters; even so, it is only approximately 9.16 MB when converted.

Since we researchers know the size of the Microsoft Word [MS Word] data of the papers we wrote from the folder information on the computers screen (in fact, we probably do not even look at each one), we were not surprised that the size was so small.

Naturally, character data are smaller than the image data [JPG], and the latter are smaller than the video data [MP4], and the size of one document is at most several tens of KB to several thousand of KB (a little over 1 MB).

As an aside, if I recall correctly, a developer at a major Japanese AV equipment manufacturing company once said "never underestimate the capacity of a video tape, that much surface area, so its potential is immeasurable" (note: this is from the author's memory of reading this material, so every word may not be exact). Surprisingly, he seems to seriously think that magnetic media can compete with bit media. The reversal relationship between the "quality" of recording methods and the "quantity" of recording media does not seem to be not properly accepted by him.

Whether it is a 1-inch tapes still in use for professional video (which is much larger than the home video tapes of the past) or the 1/4-inch reel-to-reel tapes of yesterday for sound recording (the faster the tape speed, the higher the sound quality; the maximum speed is 76 cm/s), in terms of quality, these have been overtaken by the advent of digital recording using PCM [pulse code modulation]. However, regarding digital recording, PCM does not have data compression, but the so-called "audible range" is generally cut at 22000 Hz [22k Hz] (however, in live performances such as concerts, it contains generally approximately 40000 Hz). Therefore, discussions among audiophiles about sound quality have been underway for many years, leading to a semi-psychological theory or an urban legend as to why there is still an advantage in analog.

A large group of data in various formats that cannot be easily grasped in its entirety, called Big Data, has already become the basis of our daily lives (information abundant on the Internet, GPS information, server usage data in offices, access logs, document data, medical information, purchase data, surveillance camera information, etc.), and the scale of information is already growing and expanding to an extraordinary extent.

However, there are still many mysteries about the above-mentioned ἰδέα [idea], namely idealistic information acquisition and the operation of human beings. Related investigation will probably continue forever and "mysticism" surrounding human wisdom also continues to remain deeply rooted in the process.

In any case, it is clear that AI overwhelms human intelligence in terms of data volume and processing power; the question is, what is the same and what is different about the relationships between AI and human? This may be related to the fact that the Abacus [*Soroban*, Japanese traditional calculator] has still not completely lost its support in cultivating calculation skills and thinking methods for children.

Summarizing the above points, regarding quantity and quality, it can be said that the latter can be reduced to the former: this is because, similar to AI, a difficult question is how to assess the "quality" of a computer's ability to compute quickly and accurately as programmed. Ultimately, how quickly and accurately it can calculate will be reduced to "quantity," that is, calculating power. All areas in which AI has already outperformed humans are based on this aspect.

If we were to question the "quality" of AI, as will be discussed in detail later in this chapter, the question would be what are the factors that are same and what is different from humans. As an example of this point of view, this book considers two aspects, "aesthetics" and "awe."

Now, let us consider areas where AI is clearly seen as having already surpassed humanity.

Section 2
Based on the AI Theory by the "Strongest Shogi Player"

As part of the illustrious history of the 3rd AI boom, this book considers Go, and especially shogi, as an examples. A suitable reference for this is *The Core of Artificial Intelligence* [Habu 2017] written by Habu when he collaborated with NHK program production.

At first, I expected to read interesting discussions about the game between AI and shogi players from this book [Habu 2017]; however, there was much more than expected. As will be discussed later, some important topics in this book concern not only applied ethics (which is my field of expertise), but also goes back further and relates to Kantian critical philosophy (which is my original areas of specialty).

If the possibility of a connection between AI and Kantian critical philosophy could be found here, it would be very interesting.

From this perspective, I point out these two important facts: at first, Habu repeatedly mentions in the same book the new "aesthetics" in AI. Secondly Habu points out that there is no "awe [fear]" in AI. These naturally have a great deal to do with the third critique of Kantian critical philosophy: *Critique of Judgment*.

However, to arrive at that conclusion, it would be necessary to have a precise discussion. Thus, I will first quote some of Habu's statements (below, all quotes and references are from Habu 2017: Arabic numerals are the page numbers).

To begin the quotations, the author would like to pay attention to the sentences by Habu that he does not simply let AI and shogi players play against each other and compete for victory or defeat, but "I [=Habu] think the idea of absorbing something from the state of AI algorithms and presenting a new 'aesthetics' is rather constructive and meaningful"(44). This is a quote from the first chapter of his book, represented just after the section titled "Spinning New Thoughts from AI" (43-45).

The second chapter that follows is titled "What Humans Have, but AI Does Not: Aesthetics." The following can be predicted from this discussion alone. However, in the case of Habu, he writes his essays entirely based on shogi, and there are many things to learn from him for us who are outsiders (especially those of us who do not play shogi or Go, like the author of this book).

In other words, Habu describes the "the overlook of wider situation [*Taikyoku-Kan*]." According to Habu, it is one of the three tools that players use to deliberate during a game, along with "intuition" and "reading"(71).

In this context, human beings are considered superior to AI because shogi players value the elimination of useless moves by "subtraction" from among the large number of possible moves (71). In the first place, it is not true that AI is completely incapable of such tricks as "subtraction," but it is easy to see that this "intuition" power is the strength of human beings.

This is related to the overwhelming amount of information that accompanies the game/competition, which is categorized in game theory as a "two-person zero-sum finite deterministic complete information game," represented in Japanese, Western, and Chinese games: shogi, chess, and Go.

The chess board has 8*8=64 squares, and the shogi board has 9*9=81 squares. In contrast, the Go board has a grid of vertical and horizontal straight lines, with 19×19=361 intersection points. A game with the most numbers is often thought to be the most complicated, but in reality, each game has its own strategies for competing (it is often said that in shogi, there is a unique tactic in which one can use the opponent's captured pieces as one's own), so it is difficult to choose.

In addition, Go does not require placing stones in squares: it is a game where you hit the intersection of 19×19 vertical and horizontal lines (i.e., Go is not a game in which players place a stone or piece in each square of 18×18 lines [total 324 squares], different from the games such as *Gomoku-narabe* [five-in-a-row] or Othello [reversi]).

However, the total number of legal positions in Go makes it a good subject for modern mathematics. Currently, the correct value is said to be approximately $2.1*10^{170}$ (10 to the 170th power, or 171 digits) after years of calculations by Tromp et al.[5] The number of possible moves in Go is overwhelming and can be said to be astronomical; shogi is also said to have an average of 80 possible moves in one position, according to Habu (66).

Confronting such an astronomical number of possible moves, Habu says that in shogi, the concept of "subtraction" may be more important than in other games. This is because shogi is a game in which there are many situations wherein the optimal solution is to do nothing (however, the rules do not allow this) (71-72).

An important aspect when learning shogi (i.e., not only for playing but also for mastering the game) is to not only think more but also throw away superfluous thoughts (24). In other words, the aim is to not be deceived or led by incorrect information. Now, the same can be said of the individual aspects. According to Habu, "the most important thing to become good at Shogi is to be able to instantly recognize a bad move" (73). Further, that "instantaneous understanding of bad moves" is related to "intuition" and "the overlook of wider situation," and is "something learned through the accumulation of experience in actual game" (73).

It is easy to understand what "intuition" and "the overlook of wider situation" may mean. However, "Aesthetic sense (beautiful consciousness)" is not only a common word, but also a technical term in the theory of aesthetics and sensibility. In what sense does Habu use it?

Section 3
"Aesthetic Sense" and "Awe" in Shogi

Habu says:

"Whether or not you can feel the beauty of your well-balanced hands is an important point in discovering Shogi talent. It comes to the strength of Shogi depends on how finely you refine your own Aesthetic sense. Why humans can throw away about 90% of their hands with 'intuition' with a few seconds, and it is possible to them to control the direction of tens of thousands of 'readings' with a 'the overlook of wider situation': the core of the selection process is the 'aesthetic sense'" (75-76).

When we think about it, the word "aesthetic sense" is not just an aesthetic preference. With a broader sense of practicality, in the "battle" of shogi, it literally means "the point where you decide whether to be able to live, or, die."

However, it should be noted in advance that in analogy or extension to "*Geido* [traditional arts]," and then "*Bugei/Bujutsu* [martial arts as military]," and further to "*Budo*" (moreover *Bushi*-do, the internationally renowned thinker (also the Under-Secretaries General League, in the League of Nations) NITOBE Inazo called it "the Soul of Japan." DO [Dao] means "the teachings," "the righteousness that one should observe," ultimately "the principles of the universe"); for example, cowardice is criticized as "ugly," or even in a game, it is often said that one "[must] win beautifully" (e.g., Dutch legendary football player/head coach Johan Cruijff's witticism *"Mooie Winnen* [Beautiful Win]," "Be beautiful losers rather than ugly winners"). It is also very common to express the concepts of good and evil in a broad sense using the concepts of beauty and ugliness.

Therefore, it is not only the tactics themselves, such as how to attack or receive, but also the manner of death such as "stabbing oneself" or *Seppuku* in the ultimate meaning in *Bushido* (using the popular Ruth Benedict-esque formulation, we can also call it a "culture of shame" that abhors anything that looks ugly in the eyes of others). Thus, it might be better to express this as a kind of "fear" and "awe," or something that is "humbling."

According to Habu's summary, "if humans narrow down their hands through the three processes of 'intuition,' 'reading' and 'the overlook of wider situation,' AI will 'read' with enormous computing power and finally select the best move with the function of evaluation" (80). He also states, however, "here, what humans have but AI does not is the process of narrowing down the hand 'roughly like this'" (80). What is particularly interesting is that "in the case of Shogi players, this is done with 'aesthetics,' but AI seems to not have an equivalent to such 'aesthetics' (80).

The Author earlier referred to Kant's *Critique of Judgment* because the discussion involved aesthetics, however, that is not all. Habu goes on to say, "I think the reason has to do with the fact that AI [note: also] has "no fear [awe]" (81). (NB: Here are some reasons why the author supplements Habu's words: The author does not consider it a coincidence that AI has neither "aesthetics" nor "fear," besides, "fear" is not mere "terror," but something closer to the feeling of "awe": this is also discussed by Kant in his *Critique of Judgment*, which will been discussed in detail later in this book).

Indeed, it would be irrational to ask Habu, who is Japanese, about what corresponds to the term in Kant's mother tongue, German, when Habu speaks of this "fear [awe]." It is already widely known that Kant developed an important argument in his critical philosophy about "Furcht" (traditionally translated into English as "fear," "awe," etc.).

However, Kobundo publisher's *Kant Encyclopedia*, famous in Japan, does not contain the German word "Furcht" or the Japanese word 「おそれ awe [fear]」). Here, the author would like to draw attention to Habu's interesting observation that "aesthetics" (under the category of beauty) and "fear [awe]" (which Kant refers to in his theory of the sublime) are related.

With this in mind, let us continue to read Habu's book. According to him, AI, which calculates the optimal solution based on an overwhelming amount of past data, will calmly hit the opponents (us humans) in their (our) blind spot in "fearless" (81).

Meanwhile, having no choice but to think that the blind spots or dead angle of humankind's thinking are derived from the instincts of defense and survival; it seems that human beings have a natural tendency to exclude dangerous choices and ideas from their thoughts in order to survive, Habu argues (81).

Furthermore, not only do we (outsiders with regard to shogi) think so but the strongest player Habu himself also says that is "interesting," that both aspects are familiar and close to the basic shape [*Joseki*: see below]: one, the result of these habits and, the other, what seems to be "beautiful"; an example is when shogi players narrow down their choices and choose with their "aesthetics," as the author mentioned earlier (81).

It is interesting to note the result of these habits and the "sense of beauty" as mentioned above: For example, when professionals narrow down their moves, the "beautiful" moves are those that are close to the basic shape [*Joseki*] and familiar to them.

Shogi players are unmistakable "warriors," and in Japan, not only in the war-torn world before the Middle Ages and at the end of the *Edo* period [the reign of *Tokugawa shogunate*], but also in the war-torn world in the primitive age, the ancestors of humans sought to win (more passive/negatively, just survive) the fierce competition for survival. Parallelly, to win the "battle" of the game (there is no way to survive other than winning in shogi, even though it is just a game, permitting no passive/negative way), shogi players became literally "fearful" of dangerous choices and ways of thinking. By continuing to reject them, the refined notion of "定跡 *Joseki*" ("定石 *Joseki*" in Go) was developed. Through this refinement, a consciousness of "beauty" is constructed.

This is why in the martial arts, first, it is important to win and survive, and second, even if one loses, it is important to avoid an undignified death; thus beautiful fighting "styles" 「方／型」 are respected. This "beauty" is not only an aesthetic category but also clearly an ethical category.

II

Differences Between Humanity and AI
in a Relation to Kantian Critical Philosophy

Section 1

Questioning the Potential of AI

Habu states that "the real fear may be when AI becomes to be able to fear. The reason for this is that it will become something unknown to humans as well" (83). It has connections to the construct of "aesthetics/sense of beauty" in the "*DO* [*DAO*: way/art]" of shogi (although Habu does not directly refer to the "*Do*" of shogi), and its opposite, the notion of "fear/awe."

We now consider how AI acquaints to a mind of fear. From this point on, the discussion turns to Kant.

As is well known, *Critique of Judgment* is divided into two parts: "Part 1. Critique of Aesthetic Judgment" and "Part 2. Critique of Teleological Judgment." The former is further subdivided into "Part 1. The Analytic of Aesthetic

Judgment" and "Part 2. The Dialectic of Aesthetic Judgment." Further, the former is divided into "Chapter 1. Analytic of the Beauty" and "Part 2. Analytic of the Sublime." With regard to the "sublime," as is also well known, the Analytic is divided into two categories: a) On the Mathematically Sublime of Nature and b) On the Mechanistically Sublime of Nature.

The following table shows the structure of the entire work *Critique of Judgment*:

Introduction (in addition to this section, there is a "First Introduction" that was originally written and later replaced in its entirety)			
Part I. Critique of Aesthetic Judgment	Division I. Analytic of Aesthetic Judgment	Book I. Analytic of the Beauty	
		Book II. Analytic of the Sublime	A. On the Mathematically Sublime of Nature
			B. On the Dynamically Sublime in Nature
	Division II. Dialectic of Aesthetic Judgment		
Part II. Critique of Teleological Judgment	Division I. Analytic Theory of Teleological Judgment		
	Division II. Dialectic of Teleological Judgment		

*"On the Methodology of Taste" and "Methodology of Teleological Judgment" are placed as appendices at the end of Part I, Chapter II, and at the end of Part II as a whole, respectively. It has also been noted that the argumentation in Part II (Teleology), which is not discussed much in this book, follows the same highly formalistic format as Part I, reflecting Kant's peculiar systematic preferences. For details, see, for example, MAKINO Eiji's commentary (Kant 1999: 313-344).

Of these, which is particularly relevant to the discussion of AI in this chapter, is the first part, discussion of the "sublime." Prior to that, however, two quotations from the second part, which is different from the first part, are given below.

"Fear was able to create Gods [*DEMON*/demi-gods] in the beginning, however, reason was able to create the concept of God only through its own moral principle" (*Critique of Judgment*, Part II, Section 86, *Remark*, V [=the Academy-version of *Kant's Complete Works*, vol. V], p. 447)

This is a passage that describes the transition in the history of human thought from the demigod as an object of blind fear to God, the source of moral principles, baptized in reason, so to speak.

"If, instead, our respect [*Hochachtung*] for the laws of human morality, quite freely, causes us to represent the ultimate object of our mission according to the dictates of our own reason, we willingly submit to this cause, incorporating into our moral outlook the causes that are compatible with this ultimate object and its execution, with a most sincere reverence [*Ehrfurcht*] that is quite different from a sentient fear [*pathologische Furcht*]" (*Critique of Judgment*, Part II, "General Remark on Teleology," V 481-482).

At the end of this quotation f000rom "General Remark on Teleology," there is an original note by Kant himself, and I quote it in full bellow:

"Admiration for beauty and impression by so many diverse natural objects can already be felt before the contemplative mind has any clear representation of the rational creator of the world. And this admiration and impression have in themselves something similar to certain religious sentiments. Thus, it is said that when admiration and impression evoke praise, which is associated with far more interest than mere theoretical observation can evoke, they seem to work on the moral emotions (of gratitude and reverence for a cause unknown to us) first by means of analogous moral judgments, therefore, they seem to work on the mind by evoking moral ideas."(V 482)

Here again, as in the previous quote (Part II, Section 86), it makes a huge difference whether it is through reason or not. The "pathological fear" is, so to speak, superficial and sensual, and of course is "entirely distinct from" "the most genuine reverence" [note: awe]. The latter is "gratitude and veneration toward the cause that is unknown to us" as the root of morality. Contrary to the order of the narrative in the *Critique of Judgment*[6], we must recall that reverence/awe has already been discussed in the ibid. Section 23-29, "Analytic of the Sublime" (Sublime Theory). Further, as will be discussed in the next section of this book, the theory of the "dynamically sublime" in particular becomes problematic.

Now, finally, we consider Kant's views on the "dynamically sublime," which is the main topic of this book, focusing mainly on "awe [fear]."

Section 2

On Kant's Theory of the Dynamically Sublime

Kant's theory of the sublime in the *Critique of Judgment* is based on two subjects: mathematical and dynamical (this corresponds to the contrast between the first with second categories, and third with fourth categories in the *Critique of Pure Reason*). In the first place, the sublime is, according to Kant, "that which is absolutely great" (*Critique of Judgment*, Section 25, V 248), while the mathematical is concerned with quantity and the dynamical with (as we shall see below) superiority. In the original sense, the sublime, in its original sense, is attributed to the infinite capacity of the human spirit to contemplate sublime nature, namely, supersensible morality[7].

As shown in the table above, "B. On the Dynamically Sublime of Nature" consists of two sections, "28. On Nature as a Might" and "29. On the Modality of a Judgment about the Sublime in Nature."

First, Kant begins his discussion in section 28 by distinguishing between "power [*Macht*]" and "dominion [*Gewalt*]." According to Kant, power is "a capacity that is superior to great obstacles," and "[t]he same thing is called dominion if it is also superior to the resistance of something that itself possesses power" (V 260). Kant asserts that [w]hen in an aesthetic judgment, we consider nature "as a might that has no dominance force over us, then it is dynamically sublime" (V 260).

Therefore, since nature makes us feel sublime, nature must be represented as something that causes fear which clarifies the relationship between the notions of "sublime" and "fear" here. Nevertheless (as we have already seen in the quotations from the second half of the *Critique of Judgment*, in Part II, Section 86, and Part II, "General Commentary on Teleology"), not all objects that cause fear are sublime in our aesthetic judgment.

Rather, for humans, God is a being that can be regarded as something to be feared rather than being feared. "So <u>fürchtet</u> der Tugendhafte Gott, ohne sich vor ihm zu <u>fürchten</u> [Thus a virtuous person fears God without being afraid of him] (V 260). The word Kant uses in this quotation, both "fear" and "be afraid of" in this English translation, is the verb from of *Furcht, fürchten* (underlined text; the former is in the third-person singular present tense).

Thus, Kant clearly distinguishes between mere "fear" and "fear [awe]" through reason. The former is only a vague feeling of anxiety, whereas the latter is an awareness of one's own limitations and is well discriminated (the "Kritik [critique]" of Critical Philosophy is a rigorous study of such possibilities and limitations).

On this subject, Kant states:

"For just as we found our own limitation in the immeasurability of nature and the insufficiency of our capacity to adopt a standard proportionate to the aesthetic estimation of the magnitude of its domain, but nevertheless at the same time found in our own faculty of reason another, nonsensible standard, which has that very infinity under itself as a unit against which everything in nature is small, and thus found in our own mind a superiority over nature itself even in its immeasurability : likewise the irresistbility of its power certainly makes us, considered as natural beings, recognize our physical powerlessness, but at the same time it reveals a capacity for judging ourselves as independent of it and a superiority over nature on which is grounded a self-preservation of quite another kind than that which can be threatened and endangered by nature outside us, whereby the human being must submit to that dominion." (V 261-262)

Kant concludes by explaining why such a theory of the sublime was called for in his critical/transcendental philosophy in the third book, *Critique of Judgment*.

"This is the ground for the necessity of the assent of the judgment of other people concerning the sublime to our own ...... In this modality of aesthetic judgments, namely their presumed [citation supplement: mentioned above] necessity, lies a principal moment for the critique of the power of judgment. For it makes us cognizant of an a priori principle in them, and elevates them out of empirical psychology, in which they would otherwise remain buried among the feelings of enjoyment and pain (only with the meaningless epithet of more refined feelings), in order to place them and by their means the power of judgment in the class of those which have as their ground a priori principles, and as such to transpose them into transcendental philosophy." (V 265-266)"

Indeed, the power that transcends mere judgments of beauty and ugliness, what Kant calls reflective judgment, or the "aesthetics [sense of beauty]" that is the subject of my book, arouses not mere fear or cowardice toward the sublime that surpasses us, but a "fear [awe]" that can be called an opportunity to become aware of the transcendental mechanism that is inherently a priori in humanity. By being aroused by this "fear [awe]," we strive to discover the depths of our reason; this activity is nothing less than "transcendental philosophy."

Thus, if we read Kant's *Critique of Judgment*, it seems that the original "fear [awe]" is nothing but the necessary condition for humanity to be truly human. This is precisely what Kant meant when he said that the object of the greatest lamentation/admiration is "[s]omeone who is not frightened, who has no fear, thus does not shrink before danger but energetically sets to work with full deliberation" (V 262).

The "fear" that we humans have of AI is, therefore, a very natural expression of our feelings toward "something that we have not yet fully grasped, but that far surpasses us in some situations. Even though AI has already surpassed us in many areas, it is impossible for AI to have this kind of feelings by itself; it has not yet developed, and it is not impossible for AI to develop them on its own (e.g., from the perspective of pre-modern epic poems, a non human, demonic entity cannot be compatible with us humans; however, works with these perspective have gained a wider readership and audience, forming the genre of fantasy and science fiction in contemporary society).

Section 3
Humanity and AI: From the Respective of "Aesthetics" and "Awe"

To structure the discussion we clarify the subject and object as follows:

1. The "aesthetic" and "fear" of which humankind is the subject (at this stage, we do not consider what the "object" is).
2. The "aesthetic" and "fear" in which AI is the subject (again, we do not consider what the "object" is at this stage).

What emerges more clearly is the following point:

3. The "aesthetic" and "fear" in which humankind is the subject and AI is the object.

Furthermore, the following two points emerged.

4. The "aesthetic" and "fear" in which AI is the subject.

The last one, however, may be conceivable, but is it likely to become a reality? This is a problem related to autonomy and self-creation.

At any rate, the nature of such "fear" is also related to the somewhat refractory feelings we humans have toward AI: Humanity will not have such feelings of fear toward computers, unlike toward AI. The same is true for calculators and even power shovels.

In other words, computers are nothing more than tools to be used by humans, even if they have far superior data processing and computing power or carrying and excavating capabilities.

The same is true for calculators performing arithmetic operations and heavy equipment lifting mud, sand, and rocks (although if they are so large that they are recognized by the Guinness Book of Records, we would at least be overwhelmed by their size. Rather, it is simply the sight of a huge, tremendously heavy hunk of metal that makes one feel like one is being crushed by such objects).

For example, when we hear the news that a domestic supercomputer has broken a world record, we are impressed by its high performance (in May 2022, the U.S. FRONTIER took the top spot, and RIKEN's FUGAKU dropped to second place. The frontier's computational speed is 1.102E [exa] flops (exa is 10^{18}, or 10 quadrillion), or approximately 1 quadrillion 102 trillion operations per second).

Similarly, fictionalized robots in the movies, cartoons, and animations of the old days were often depicted as being looked down upon and enslaved by humans.

However, while the robot society has not yet arrived, the AI society has already arrived. Many AI tools (with the exception of those being developed by, for example, Softbank, Japan) do not mimic the human body, but are housed in a computer chassis, with only their functions to show us their power. This semi-invisibility is one of the reasons for the vague anxiety surrounding AI.

Another concern regarding AI is that the basis for its superior judgment is so outstanding that it will soon (or even after a very long time) become difficult for humans to understand.

This is often referred to as a "black box," and remains a source of anxiety for humanity.

Thus, it goes without saying that the "fear" (not what Kant means by "*Furcht*") that we humans, as the subject, feel when we view AI as the object is the cause of the aforementioned pessimism about AI.

Further, as Habu foresees, if AI, which was originally supposed to remain an object forever, will become a subject, and, for example, in a certain phase of shogi, it becomes "fearful" of the activity of the object, which is us, human beings; then, there is an inter-subjective structure.

However, the "subjectivity" that such AIs have, be it (anthropomorphically) "fear" or "dread," is only pseudo or provisional, and is too far removed from the true awe that a rational being or personality would have, as Kant describes it.

The most essential characteristic of the original AI is what can be described as "neo-cybernetical" or "autopoietic" (Nishigaki 2019: 64-67; 70-73), as mentioned above.

Autopoiesis, or the property of "self-creation", is assumed to be a renewal of the celebrated cybernetics proposed by N. Wiener in 1948 (as aforementioned). AI may go beyond the allopoietic [other-creating] and heteronomous systems of today and reach what Kant calls autonomy [*Autonomie*].

However, at least at the present stage, however, this remains only a "pipe dream," and is definitely not something that is possible in principle.

Conclusion

In our discussion thus far, some readers may find it odd that I have not quoted what is sometimes regarded as Kant's perhaps most famous phrase about "awe [*Furcht*]."

"Two things fill the mind with ever new and increasing admiration and reverence [*Ehrfurcht*], the more often and more steadily one reflects on them: the starry heavens above me and the moral law within me." (V 161-162)

The German word "*Ehrfurcht*" should be translated literally as "awe [*Furcht*]" with "respect [*Ehr*]." It expresses Kant's frank feelings toward the two extremes, the macrocosm of the sky (space) and the microcosm of reason (mind).

Curiously, although it has not been pointed out very often, this contrast between the macrocosm and the microcosm is even more profound than the former in that the former is merely objective (certainly, even outer space contains us ourselves), while the latter is self-objective, or self-referential.

Kant believed that law is motivated only for its own sake (out of reverence for law), and duty is also motivated only for the sake of duty. For the will, there is no other end than the end created by the will itself, namely, its own freedom.

This is true autonomy, from which the categorical proposition — the essence of Kantian practical philosophy — is deduced. This proposition is simply a tautology of opposites in terms of content (case ↔ legislative principle), and therefore cannot be explained by inference (syllogism). However, in form and not in content or substance, the moral law is explained as something that ought to be carries out by itself.

Therefore, it depends on the freedom of one's will, which is also the true freedom of the subject.

At least for the present, AI is not autonomous, and it is unlikely to become autonomous. The difference between AI and human beings depends on whether AI can experience a sense of fear and awe.

Thus, as Habu reminds us, if AI could feel fear, that would be a truly frightening situation for us. It would be as if nature, which we think of as indifferent, was perhaps as interested in us as we are in it, and was actually looking at us from the other side without saying a word, just as we are fascinated by it.

At this juncture, an important question emerges: Is a somewhat reversed situation looming in which AI's initial "indifference" to us humans is lost or transformed by its own fear or trepidation, and this arouses in us a fear that we have never had before?

Against this background, anthropocentric philosophy, aesthetics, and ethics are also put to the test, encouraging new perspective and discussions.

Notes

[*1] In Japanese, "*Rinri*" and "*Rinri-Gaku* [science 学 of ethics 倫理]" have slightly different

nuances, but in English, for example, they are of course both tems translate to "ethics." There is no distinction between the two in terms of notation. In this book, no distinction is made between the two.

*2 From "Selection Methods and Criteria for Robot Hand and Robot Arm" (Keyence "FA Robot.com").

https://www.keyence.co.jp/ss/products/vision/fa-robot/industrial_robot/robotic-arm.jsp

(accessed confirmed on February 2, 2023)

*3 This "Cartesian mind-body dualism" was developed extensively in the sixth reflection "On the Existence of Material Things" in his *Meditations*, one of his major works (Cf. Descartes 1996: VII-78); and in the cosmological naturalism of Parts II-IV of the *Principles of Philosophy*; in his philosophical correspondence with Queen Elisabeth of Sweden, Antoine Arnauld, and others; as well as in his late *Essay on the Sentiments*.

Note that the cosmological naturalism based on Descartes' "matter-immediate extension" theory was refused by Newtonian mechanics; it was further refused by relativism and quantum mechanics in the 20th century (especially by the concept of "field" in general relativity and the holistic "Mach principle"), as Kobayashi argues (cf. Kobayashi 2007: 245-247).

Naturally, this momentum is also applicable in the context of contemporary AI/robotics theory. However, I will pursue a detailed discussion on this another time.

*4 On these topics, what I consider to be a neutral and dispassionate argument is, for example, based on Nishigaki's (2019) stance (the arguments presented in the current work are informed to a large extent by Nishigaki's work): one of neither pessimism (humanity will be dominated by AI, as in the blockbuster movie "Terminator") nor optimism (believing, without evidence, that humanity and AI can work hand in hand to build a "bright" future).

However, it is highly conceivable that AI will have the autonomous capability to cope with harsh conditions, such as in space, polar regions, deserts, dense forests, and deep sea regions.

*5 Tromp, John/Farnebäck, Gunnar 2016: "Combinatorics of Go" (note: there is also a 2007 preliminary version of the same paper)

The final version was the one Tromp presented on the first day of the 9th International Conference on Computing and Gaming, held at Leiden University in the Netherlands on 29th, January, 2016 (lasting three days).

Link below (accessed February 2, 2023).

Papers: https://tromp.github.io/go/gostate.pdf

Conference https://www.chessprogramming.org/CG_2016

*6 Makino's explanation of "awe [fear]" and the "object of awe" in Kant (2000: 283); translation note 47 (leading to ibid., section 28)

*7 Kant 1999: 341 (Makino's translator's commentary)

Literature (Kant's work first, then alphabetized)

Kant, Immanuel 1788/1906: *Kritik der praktischen Vernunft*, herausgegeben von Karl Vorländer, Felix Meiner, Hamburg

Kant, Immanuel 1790/1924: *Kritik der Urteilskraft*, herausgegeben von Karl Vorländer, Felix Meiner, Hamburg

Kant's gesammente Schriften, edited by Königlich Preußischen Akademie der Wissenschaften; vol. II, *Beobachtungen ueber das Gefühl des Schoenen und Erhabenen*, 1764

Vol. III, *Kritik der reinen Vernunft*, 2. Auflage, 1787

vol. V, *Kritik der praktischen Vernunft*; *Kritik der Urteilskraft*

† † †

Translations:

Critique of practical Reason, translated into English by Werner S. Pluhar, Hackett Publishing Co., 2002

Critique de la faculté de juger, translated into French and introduction by Alexis Philonenko, Librairie Philosophique, J. Vrin, 1993

Critique of Judgment, translated into English by Werner S. Pluhar, Hackett Publishing Co., 1987

Critique of the Power of Judgment, translated into English by Paul Guyer/Eric Mathews, Cambridge University Press, 2000

Handan-ryoku Hihan, 2 vols., translated into Japanese by Makino Eiji, Iwanami-shoten publishers, 1999-2000

† † †

Benedict, Ruth 1946: *The Chrysanthemum and the Sword: Patterns of Japanese Culture,* Houghton Mifflin

Bostrom, Nick 2014: *Superintelligence: Paths, Dangers, Strategies,* Oxford University Press

Burke, Edmund 1757: *A Philosophical Enquiry into the Origin of Our Ideas of the Sublime and Beauty,* R. and J. Dodsley, London

Chivers, Tom 2019: *The AI Does Not Hate You. Superintelligence, Rationality and the Race to Save the World,* Janklow & Nesbit Limited, UK

Clarke, B./Hansen, M. B. N. 2009: "Neocybernetic Emergence: Retuning the Posthuman," in: *Cybernetic & Human Knowing,* 16 (1-2); Japanese translated edn. by Ooi Nami, in: Nishigaki et al. (ed.), *Viability of Fundamental Informatics,* chapter 7, University of Tokyo Press, 2014

Deleuze, Gilles 1963: *La philosophie critique de Kant,* Press Universitaire de France, Coll. Quadrige, reprint 2004

Descartes, Rene 1996: *Œuvres de Descartes,* publiée par C. Adam et P. Tannery [=AT], 11 vol., Paris, 1897-1909; réédition, 1964-1974; tirage en format réduit, 1996

Floridi, Luciano 2010: *Information: A very short introductions,* 1st edn., Oxford University Press

Floridi, Luciano 2014: *The Fourth Revolution: How the Infosphere is Reshaping Human Reality,* Oxford University Press

Harari, Yuval Noah 2016: *Homo Deus. A Brief History of Tomorrow,* Harvill Secker, London

Kurzweil, Ray 2005: *The Singularity is Near. When Humans Transcend Biology,* Viking

Lyotard, Jean-François 1988: *L'inhumain. Causeries sur le temps,* Éditions Galilée

Lyotard, Jean-François 1991/2015: *Leçons sur l'analytique du sublime: Kant, Critique de la faculté de juger,* §23-29, Paris

McFarland, J. D. 1970: *Kant's Concept of Teleology,* Edinburgh

Penrose, Roger 1989: *The Emperor's New Mind. Concerning Computers, Minds, and the Laws of Physics,* Oxford University Press

† † †

In Japanese:

Habu, Yoshiharu et al. 2017: *The Core of Artificial Intelligence*, NHK Publishing

Kobayashi, Michio (editor in charge) 2007: *History of Philosophy*, vol. 5: *Cartesian Revolution*, Chuo-koron-shinsha publishers (in Japanese)

Kumano, Sumihiko 2002: *Kant. Is It Possible to Experiment the Limit of the World?*, NHK Publishing

Kumano, Sumihiko 2017: *Kant. Between the Beauty and the Ethics*, Kodan-sha publishers

Kuwashima, Hideki 2008: *Aesthetics of Sublime*, Kodan-sha publishers

Makino, Eiji 2007: *Philosophy of Sublime*, Hosei University Press

Matsuo, Yutaka 2015: *Will Artificial Intelligence Surpass Human?*, KADOKAWA publishers

Niiyama, Ryoma 2019: *Super Robot Society*, Nikkan-Kogyo-Shimbun Newspapers

Nishigaki, Tooru 2018: *Principle of AI*, Kodan-sha publishers

Nishigaki/Kawashima 2019: *AI Ethics*, Shincho-sha publishers

Otabe, Tanehisa 2009: *History of the Western Aesthetics*, University of Tokyo Press

Otabe, Tanehisa 2020: *Aesthetics*, University of Tokyo Press

Satoh, Yasukuni 2005: *Kant's Critique of Judgment and Today*, Iwanami-shoten publishers

Utsunomiya, Yoshiaki 1998: *Kant and God*, Iwanami-shoten publishers

I N D E X

for English Articles

著者紹介

伊野 連 (いの れん)

1968年生まれ。東京出身。早稲田大学第一文学部哲学専修卒業。東洋大学大学院文学研究科哲学専攻博士後期課程単位取得満期退学。論文博士（文学、東洋大学）。

哲学・倫理学・美学専攻。早稲田大学等講師、三重大学人文学部特任教授を経て、現在、静岡文化芸術大学ならびに慈恵看護専門学校講師。

主な著書に、『ドイツ近代哲学における藝術の形而上学——カント、シェリング、ヤスパースと「哲学のオルガノン」の問題』（リベルタス出版、2012年）、『現代美学の射程』（三恵社、2015年）、『哲学・倫理学の歴史』（同、2016年）、『生命の倫理 入門篇』（同、2016年）、『図説 芸術論の諸相』（同、2018年）、『看護学生のための医療倫理』（共著、丸善出版）、*Kulturkonflikte und Kommunikation. Zur Aktualität von Jaspers Philosophie/ Cross-Cultural Conflicts and Communication. Rethinking Jaspers's Philosophy Today*（共著、Könighausen & Neumann）など。

カント哲学における影響関係
—形式論理学、観念論から量子力学、AI まで—

2024年1月31日　　初 版 発 行

著 者　　伊 野　連

発行所　　株 式 会 社　三 恵 社
〒462-0056 愛知県名古屋市北区中丸町2-24-1
TEL 052 (915) 5211
FAX 052 (915) 5019
URL http://www.sankeisha.com

ISBN978-4-86693-873-8 C3010 ¥3000E